岩 波 文 庫

33-119-2

余はいかにして
キリスト信徒となりしか

内 村 鑑 三 著
鈴 木 範 久 訳

Uchimura Kanzo

HOW I BECAME A CHRISTIAN

Out of My Diary

1895

凡　例

一、テキストは警醒社書店による日本版の初版(*How I Became a Christian: Out of My Diary*, 1895)を用い、アメリカ版(*Diary of a Japanese Convert*, 同)を参考にした。

一、改行は原文に従った。

一、イタリック体および大文字始まりの語は傍点で表した。

一、“ ”は「 」に変えた。

一、日記部分は原文と同じく文字を大きくした。

一、聖書からの引用は原則として、新約聖書は一八八〇年訳の改訳(一九一七)を、旧約聖書は一八八八年訳の一九一四年版を用い、かなづかいは現代かなづかいに改め、送りがなは適宜整理した。いずれも岩波文庫の「文語訳聖書」に収められている。

一、必要に応じて訳語の後に元の英文を補った。

一、詩文のなかで内村自身による訳文のあるものは、かなづかいはそのままに、漢字は新字体に改めて用いた。
一、原文の明らかな誤りは改めた。
一、本文中、今日の人権意識に照らして不適切と判断される記述もあるが、作品の歴史性に鑑み、原文のままとした。
一、原注は本文内に、訳注は巻末にまとめた。
一、各章の扉・解説・カバーに用いた図版は、訳者蔵のものを用いた。

目　次

奨　励*

誠実、心の真の単純さ、このなんと常に貴重なことであろう！　自己の内部に真にあるものを語る人には、どんなに話下手でも耳を傾ける人がいる。

――トマス・カーライル

私の魂を天にそなえるため、
カミよりつかわされた使者として、
本書に頭文字などで登場する、
すべての善良な人たちに、
この罪人のかしらの拙い著述を、
とくに真心をこめて献げる。

まえがき

私はアメリカに滞在していた間に何度も信仰上の集会に招かれて、きっちり十五分以内に（時間の大部分は、その会合のゲストである大博士というような人にあてられていたので）話をするようにと頼まれました。私は司会者（ときには女性の司会者）に向かって、いったい、この私にどんな話をお望みなのかと、たびたび尋ねたものであります。それに対して私の受け取りました最も普通の返事は、「いかにしてあなたが回心したのか、その話でありさえすればよいのです」でありました。私は、そのような要求にどうしたら応じられるのか、いつも当惑したものであります。私がキリスト教に接するようになって以来、自分の魂に訪れた恐ろしい変化を、「きっちり十五分以内」にはとても話せなかったからです。実際、異教徒の回心という問題は、キリスト教国の人たちにとっては好奇心の対象とまではいえないとしても、きまって驚異的な出来事であるのです。

いかにして私が「私の偶像を火中に投じて福音にすがるようになったか」というなまなましい説明を、その人たちが私にも語るように求めるのは、ごく当然の話でした。しかし、私の回心は、他の多くの人たちと異なってなかなかに頑固なケースでありました。瞬時のエクスタシーと急激な霊の輝き(spiritual illuminations)に欠けていたわけではありませんが、私の回心は、ゆっくりした段階的な歩みでした。私は一日にして回心したのではありませんでした。偶像の前に額ずくことをやめてからも長い間、いや洗礼を受けてからでもかなり長い間、今では自分をキリスト信徒と呼ぶのに不可欠とみなしているキリスト教の根本的な教えに対する信仰が、私には欠けていたからであります。今でもまだ「われは既に捉《とら》えたりと思わず」*であります。そして、目標を目ざして走りイエス・キリストにおいて上に召してくださるカミの賞与をえようと努めているのであり*、この現在の立場が依然として異教的であるかどうかもわかりません。本書の各ページは、私が通過してきた魂の成長のさまざまな段階の正直な告白であります。どうか読者は、これを一人の人間の心の飾りない表白として受け取り、書かれた言葉につきましては、なにぶんにも私の母の口から習った言葉でもなく、美文をもってこの世の暮しをたてる職業としている者でもありませんから、どうか寛大にみて下さいますように。

太平洋の一島国にて
一八九五年五月一日

著者ヨナタン・X*

余はいかにしてキリスト信徒となりしか——日記より

序　文

私は自分がいかにして(*how*)キリスト信徒となったかを書こうとしているのであって、なぜ(*why*)ではありません。いわゆる「回心の哲学」は、私のテーマではありません。回心までの「現象」を記すにすぎません。回心の哲学的考察は、私とは別の専門家にふさわしい仕事であり、私はそのための資料を提供することになりましょう。私には昔から日記をつける習慣があって、その日記に自分に臨んだ考えや出来事を、なんでも書きつけてまいりました。私は自分自身を注意深い観察の材料にしました。その結果、自分というものが今までに学んだ何ものにもまして不思議な存在であるとわかりました。私は、その向上と進歩、堕落と後退、歓喜と希望、罪業と悪事とを書きとめました。このような観察に伴う恐ろしさにもかかわらず、それは、今までにかかわったいずれの勉強にもまして、実に興味深いものであることがわかったのであります。私は、自分の日記を「航海日誌(log-book)」と呼んでいます。それは、このみすぼらしい小舟が、罪と涙と多くの苦悩とを通り抜けて、天上の港に向かう日々の進み具合を記したノートであるからです。それと同じく「生物学者のスケッチブック」と名づけてよいかもしれません。そこには一粒の種子からたわわな実りの穂に至るまでの、発生学的展開からみた魂のあらゆる形態学的、生理学的変化の全容が記されているからであります。その記録の一部がここに公表されていて、読者がそこからどんな結論を引き出されるのも自由でありますす。それはともかく、日記は私がキリスト教を受容するに至るわずか数か月前から始まります。

第一章　異教

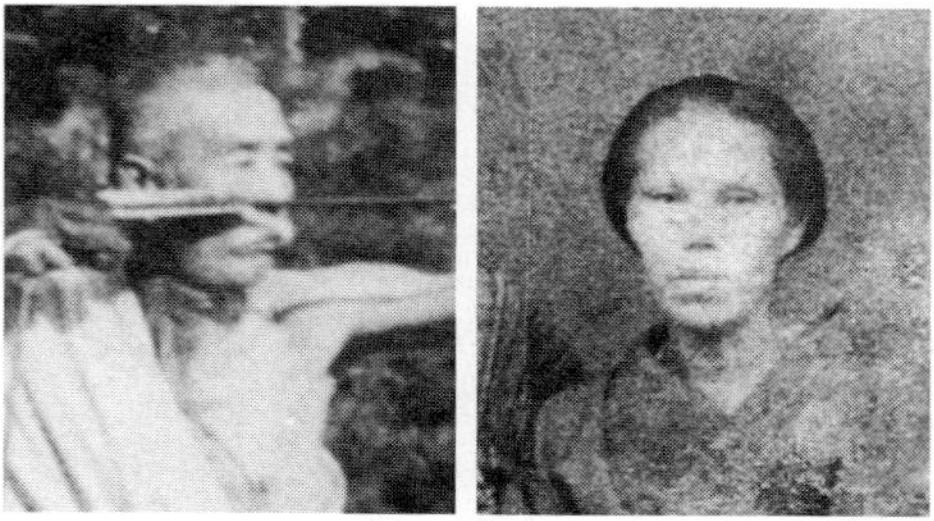

内村鑑三の父（宜之《よしゆき》）と母（ヤソ）

私は西暦一八六一年三月二十三日*に生まれました。家は武士階級*に属していましたので、私はゆりかごのうちから、すでに生くるは戦うなり*(*vivere est militare*)、戦うために生まれたのです。父方の祖父は典型的な武士でありました。祖父が最も生きがいを感じるのは、重いよろいを身にまとい、竹の弓にキジの羽根の矢、五十ポンドの火縄銃で武装して出で立つときでありました。祖父は国土が平和であるのを嘆き、一度も本務に従えなかったことを無念に思いながら世を去りました。父*は祖父よりは教養があり、漢詩をよくし指導力にたけていました。父にも相当な軍事能力があり、きわめてがさつな連隊を実に巧みな方法で統率できました。——母方の祖父は根っからの正直者でありました。このおそろしく利己的な時代にあって正直を一つのとりえと呼んでよいなら、この祖父は正直以外にほとんどなんのとりえもなかった、といってよいでしょう。その祖父については次のような話があります。あるとき祖父は公金を高利で貸し出すように命ぜられました(地方の小大名の会計役人にはよくある習慣で、その利息はむろん役人たちがふところに入れてしまうのでした)。祖父は、自分が拒めば上役を立腹させる結果になることはよく承知していました。そうかといって、貧しい借り手から法外な利息を取りたてる行為は良心に反しました。そこで祖父はその金を手もとに保管しておき、借用期限の切れたとき、金銭につく高い利息を自分のふところから出して強欲な役人に返却したのでした。祖父は、また徹底した禁酒家でもありました。おそらく一生の間に口にした酒は盃二十杯を越えなかったと思います。それも医者の勧めで飲んだにすぎません。——母方の祖母は、この正直でつましい男にまことに似あいの伴侶でありました。祖母は働くために生まれました——祖母は生くるは働くなり（*vivere est laborare*）でありました。——四十年の間、かよわい女の働きながら精いっぱい働きました。五十年間のやもめ暮しにもかかわらず、女手ひとつで五人の子供を育てあげ教育を授けました。その間、決して近所の信頼を裏切ることなく一度も借金をしませんでした。いまや祖母は八十四歳であり、その耳にはこの世の喧噪は届かず、くぼんだ目はいつも涙でうるんでいます。祖母は、その勇ましく戦い抜いた人生から解き放たれる日の訪れを心静かに待っているのであります。この祖母に見られるような気高い人生の情調が「異教国」にはあるのです。神学や哲学については論じうる人でありましても、祖母と同じ経験のない人は、祖母の神聖さに手を触れることはできません。どうかカミの霊のみ祖母の上に働き、その多くの試練に堪え抜いた魂にいかなるわざわいも来たりませんように。[原注]——

私の母は、その母親からこの過度の仕事癖《マニア》を受け継ぎました。母は仕事をしているかぎり人生の苦しみと悲しみをいっさい忘れてしまいます。人生の苦労が多すぎてふさぎ込む「ひまのない」人間の一人であります。その小さな家庭が母の王国であり、どんな女王でもかなわぬほどみごとに母はその国を治め洗濯をし食事の支度をするのであります。

（原注）祖母は、本書の成る前に安らかに世を去りました。

私と私の家系を形成した人々は右のごとくでありました。しかし、そのなかのだれ一人にも私が少年時代に早くも抱いていた「宗教的感性」の源は認められません。父は異教の神々をことごとく小ばかにしていました。あるとき父は寺の賽銭箱に一枚のびた銭を投じ入れると、せせら笑いながらその本尊に向かって、もし今進行中の裁判にとにかく勝たせてくれるなら、もう一枚くれてやると言いました——まったく私の宗教生活を通じて一度として思いもよらない振舞でした。しかし私は自分が一度なりとも人肉を食したり、ジャガノート*の山車の前に身を投じたり、赤ん坊をワニの餌にする*のを見なかったことを私のカミに感謝しています。たしかに私の子供時代には、奥深く隠されている心に良き感化を与えて、それを高める聖なる安息日を守るホーム(Sabbath home)というものはありませんでした。しかし、異教国以外の諸国でよく見られる拝金主義や酒の密売買という恐ろしい害からは免れたのです。たしかに子供の情熱が手のつけられなくなるのを鎮める福音物語はありませんでしたが、男女を問わず若死にさせてしまう、いわゆるキリスト教世界の狂信と妄動を味わわなくてすんだのです。異教はたとえ暗黒の支配するところでありましても、それは月と星との支配するところであり、その光はかすかではありますが、静かでなかなか清らかであります。

父はすぐれた儒学者でありました。聖賢の書にある事がらや言葉なら、ほとんど何でもそらんじることができました。そのため私の子供時代の教育はおのずと儒教によりました。私には中国の聖賢たちの倫理的、政治的な教訓は理解できませんでしたが、その教えのもつ大まかな感じは心に吹き込まれました。藩主に対する忠、親と師とに対する孝と敬とが、その中国倫理の中心的な徳目でありました。「エホバを畏るるは知識の本なり」*とのソロモンの箴言に似て、孝は百行のもとであると教えられました。寒中にタケノコ(東洋のアスパラガス)がほしいという年老いた親の無理な要求に応じて藪《やぶ》に捜しに行き、奇跡的にも雪の下からその芽を見つけた孝子の話*は、ちょうどヨセフの話*がキリスト教国のどの子供にもなじみ深いのと同じように、私の国の子供ならだれでもはっきり知っている物語であります。たとえ親のわがままや無理な要求でも、それは素直に堪えて聞き従うものとされていました。これに適する昔の名高い人の行いから引用された話がたくさんありました。――藩主に対する忠は、とくに戦いのとき、私の国の若者の倫理観によりロマンチックなかたちであらわれました。危急のときにあたり主君に召された場合、おのが生命は羽毛のごとく軽くみなさなければなりません。最もりっぱな死に場所は主君の馬前であり、おのが死体がその馬蹄にかけられるならば大きな名誉でありました。――これと同じく重視されましたのは、師（知識と道徳の師）に対する考えでありました。師に対しては、単なる等価交換（*quid pro quo*）の上に成り立つ学校教師や大学教授との関係と異なり、その心身のすべてを託することができ、また託さなくてはならないので、師は真の教育者（didaskalos）でありました。君と父と師とは、三位一体でありました。三者に対する考えには優劣がなかったのであります。もしも三者がともに水に溺れんとしていて、その一人しか助けることができないとしたらだれを救うべきか、これほどの難問はありません。また三者の敵は自分にとりましても不倶戴天の敵となります。地の果てまでも追い求め、目には目、歯には歯*でもって復讐をしなくてはなりません。

東洋の教えでは、目上の人に対しては服従と尊敬とを要求しますが、同輩と目下の者とに対する関係につき、全然触れていないわけではありません。朋友の信、兄弟の和、年下の者や部下に対しては仁が強調されています。異教国での女性に対する扱いのひどさがよく語られていますが、それは決して道徳律で勧めているのでもなければ、そこでまったく述べられていないわけでもありません。私たちの理想とする母、妻、娘の像は、キリスト教国での最高の女性像に比してさほど遜色は見られないのであります。人間を高めるキリスト教の影響がないにもかかわらず、そのなかには行為と人格とにおいてきわめてすぐれた女性がいるという事実があり、そのために私は彼女たちを尊敬しています。

このような教えは、自称キリスト信徒のもつ教えに比べて少しも劣るものではないと信じますが、他方、私は多くの悪と迷信とにとらわれてもいました。

中国の倫理の最大の欠点は性道徳に関する弱さです。性の純潔の徳を全然説かないわけではありませんが、貞潔の法を犯した場合の扱い方と、それを犯した人を大目に見のがす点で、結果的には純潔に対する無関心をひき起こしています。厳密な意味での一夫多妻制を東洋人は考えてきませんでした。それに匹敵するお妾制についての道徳家からの非難は、かりにあったとしても、ほんの軽い非難にすぎません。私の父は義務と高い志とについて厳粛な教えを説いてきましたが、そのなかに側妻《そばめ》を引合いに出すことで勉強と努力とを励まさんとする言葉が見られました。すぐれた政治力と学問とは、貞潔の観念となんの関係がなくてもよいのです。覚めては握る天下の権、酔うては枕す美人の膝であります。ひどい不品行と、鋭い知性および高い社会的名誉とが両立することが多いのです。私は、他国においても同じような大きな暗黒のあることを知らないわけではありません。だが、こと純潔の問題に関するかぎり、その無力の原因を中国道徳に帰してためらいません。

ところで、私の過ぎし日をかえりみるとき、もっと恥ずかしい問題は、愚かな迷信を懸命に守りながら、何かを求めんとしていた精神の暗黒であります。無数の神社にはそれぞれの神が住し、その支配権の侵犯に心を配り、気に入らぬ行為をなす者はだれであれ、ただちに罰するものだと私はただ信じるだけでなく信じこんでいました。私が最も崇敬した神は学問と書道の神であり、毎月二十五日[*]には忠実に相応の潔斎をして供物を捧げる儀礼を行ないました。その像の前に額ずき、書道が上達してもの覚えがよくなるようにと熱心に嘆願したのであります。また稲作を司る神*があります。その神と人間との間の使者は白狐です。この神は、火災と盗難とに対して家内安全の祈りを聞き入れてくれます。父が不在がちで母と私との二人だけになることが多いため、私は貧しい我が家を災害から守ってくれるようにと、この稲作の神に始終祈っていました。もう一つの神は、私がどの神々にもまして最も恐れた神であります。その象徴は烏で人間の内心を見抜く神でありました。神主は黒ずんだ色で烏を印刷した紙*を発行していましたが、その紙全体には、うそをつく人は誰でもそれを食べるとただちに胃に出血をするという不思議な力が宿っていました。私は友人に対し、もしも私の主張が疑わしいなら、この聖なる紙を使って私が正しいかどうか試すがよいといって、何度も自分の正しさの立証をしました。そのほかに歯の痛みを治す力をもつ神もいました。私は常に歯痛に苦しんでいましたので、この神にもお願いばかりしていました。この神は梨を好まず、信者にはとくに梨を断つ誓いを求めました。私は喜んでその求める断ち物を実行しました。のちに化学と毒物学とを学ぶようになって、この断ち物がかなり科学的にも根拠のあることを知りました。ブドウ糖が虫歯に有害な事実は当然の話です。だが、異教の迷信がすべてそのようにうまく説明できるとはかぎりません。ある神は断ち物として卵を、別の神は豆を求め、どれにも誓った結果はついに子供の好きなものは、たいてい私が食べてはいけないものになってしまいました。たくさんの神々の存在は、互いの神の要求の間に矛盾衝突をひき起こすことが多くなります。そうなると悲惨なのは、どの神をも満足させようとする良心的な人間の場合です。あまりにも多くの神々を満足させ、なだめようとして、私はいつの間にか落ち着きのない内気な子供になってしまいました。私はどの神にも共通する祈りを考案しました。各神社の前を通り過ぎるときには、当然、これに加えてそれぞれの神社にふさわしい特別の祈りをつけ加えました。毎朝顔を洗うとすぐに四方にある神々のそれぞれに、この共通な祈りを捧げました。日の出の太陽は、あらゆる神々のうちでは最高の神*にあたるので、東方の神々には特別の注意を払いました。いくつかの社寺が隣り合って続いているところでは、同じ祈りを何度もくり返すのはきわめて厄介でした。それで私は、祈りを唱えるわずらわしさから良心の咎めなく逃れるために、社寺の数の少ない遠回りの道を選んだものです。拝まなくてはならない神々の数は、日増しに加わって、やがて、私の小さな魂では、すべての神々の気に入るようにすることは不可能だとわかるようになりました。しかし、とうとう救いが訪れました。

第二章　キリスト教に入信

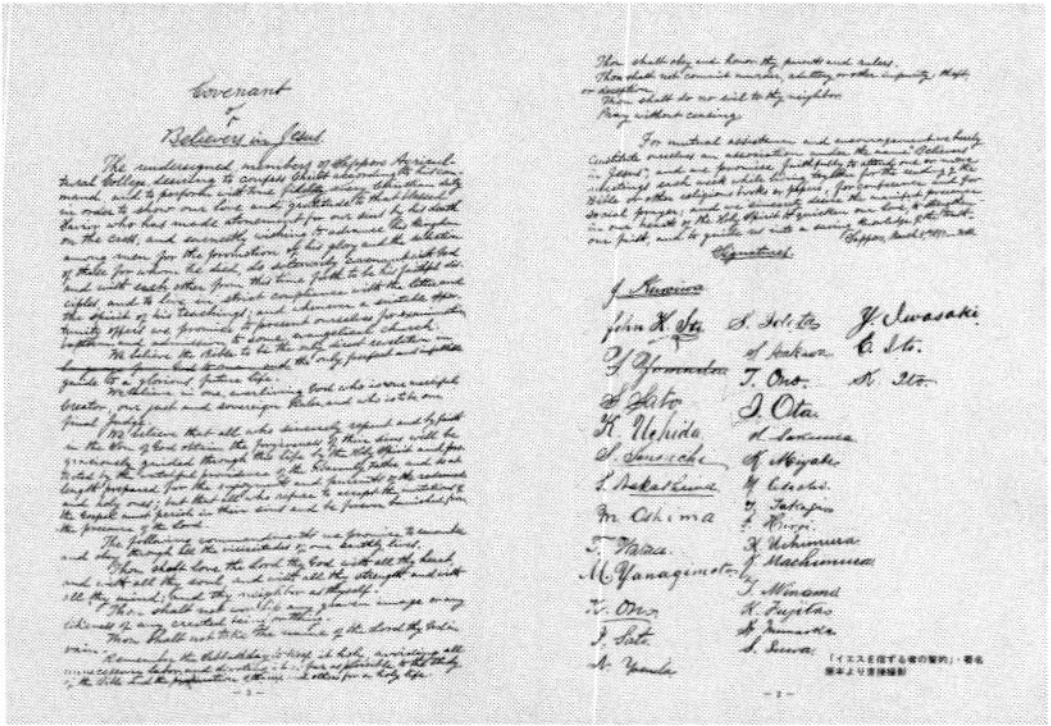

「イエスを信ずる者の契約」

ある日曜日の朝、学校の友だちの*一人から、「いっしょに外国人居留地の某所へ行ってみないか。きれいな女の人が歌を歌ったり、長いひげを生やした背の高い男の人が壇上で、とてもおかしな恰好で腕を振りまわし、体を折り曲げながら、叫んだり怒鳴ったりするのが聞かれるよ。それも入場はただなんだ」と誘われました。友人は、当時の私には耳新しい言葉で行なわれているキリスト教の礼拝所*のありさまを、このように語ったのです。私は友人について行きました。そして、そこで受けた印象はいやではありませんでした。日曜日がくるたびに私は、そのあとに続く恐ろしい結果も知らず、そこへ通いつづけたのであります。私がはじめて英語を習ったイギリスの年配の女性*は、私の教会通いを非常に喜んでいました。しかし私は、それを「居留地への日曜遠足」と名づけていたように、その唯一の目的は、見物(sight-seeing)ではあっても真理探究(truth-seeking)ではなかったのですが、女性はそれには気づきませんでした。

キリスト教は入信を勧められないかぎり、楽しいものでありました。その音楽、その物語や信徒たちが示してくれる親切は、とても気に入りました。しかし五年後、正式に入信を要求され、厳しい律法を守り多大の犠牲を払うように求められたとき、私は全身をあげてその道に進むことに抵抗しました。七日のうち一日をとくに信仰のために空けておかなくてはならず、その日にはほかの勉強や遊びをしてはならないなど、私にはとても払いかねる犠牲でした。ただ肉体的欲望のためだけに、この新しい信仰の受容に抵抗したわけではありません。幼いころから私は、なによりも祖国を尊び祖国の神々を拝し、他国の神々を拝してはならないと教えられてきました。祖国の神々と異なる神に忠誠を誓う道は、たとえ死ぬ目にあわされてもできないと思いました。外国に由来する信仰に入れば、我が国の裏切者となり我が国の宗教の背教者となるのです。それまで私が、自己の本分と愛国心とにもとづいてうち立てていた高く雄々しい希望は、キリスト教の受容によりことごとく砕かれてしまうのです。当時、私はある新設の官立の学校*(Government College)の新入生でありました。その学校の上級生(全学で二クラスだけでした)は全員、すでにニューイングランド出身のキリスト信徒科学者*の努力で、キリスト教に入信させられていました。「新入り(baby Freshmen)」に対する二年生の生意気な態度は、世界中どこでも同じです。それに新しい信仰熱と宣教精神とが加わっていたのです。哀れな「新入り」の目に映じた二年生たちの印象が、どんなものであったかは容易に想像していただけるでしょう。二年生たちは「新入り」を入信させるために強襲《ストーム》*をかけてきました。しかし新入生のなかに一人、「二年生の攻撃」(この場合、棒を持っての攻撃でなく宗教的攻撃)の一斉突撃に負けぬばかりか、彼らを以前の信仰に戻してみせる、とさえも考えていた者がいたのです。だが、ああ！　私の周囲の勇士たちも、次々と倒れて敵の軍門に降っていきました。私一人「異教徒」として、忌むべき偶像崇拝者、救いがたい木石礼拝者として残されました。そのとき、私のおちいった窮地と孤独はいまだに忘れられません。ある日の午後、私はその地の鎮守として政府に公認されているとされる近くの異教の神社*に参拝しました。目に見えぬ神の存在をあらわす御神鏡から、少し離れたところの枯草のうえにひれ伏し、待ちかねて祈り始めました。それは、その後、キリスト教のカミに対し捧げたいかなる祈りにも劣らぬほど、心からの真の祈りでありました。私はその鎮守の神に対し、私の学校に今起こっている狂信をすみやかに鎮め、異国のカミとの絶縁をかたくなに拒否する連中を罰し、当時抱いていた愛国的大義にもとづく私のささやかな努力に助力を与えるよう懇願したのであります。祈りを終えて寮に帰ると、そこにはまた新しい信仰の受容を迫る、はなはだ有難からぬ説得が私を待ち受けていて苦しめられました。

学内の世論は私の反対を圧し、それに対する抵抗は私の能力を越えました。彼らは、次のような契約書に私が署名するように強制したのであります。それは、ちょうど厳格な禁酒主義者たちが、手にあまる飲んだくれを説いて禁酒の誓約書に署名させるやり方でした。私はついに負けて署名しました。このような強制に屈服せずに済ますことができなかったものか、と私はこれまで何度も自問をくり返したものであります。しかし、当時私は十六歳の若者にすぎませんでした。私にはいれと迫った少年たちは、皆ずっと年上でした。ご覧のように、私のキリスト教への第一歩は、私の意志に反して強制されたものでした。また、良心にもいくらか反していた点も告白しなくてはなりません。署名した契約書は以下のごとくでありました。

イエスを信ずる者の契約*

茲《ここ》に署名するＳ・Ａ学校*の学生は基督の命に従ひて基督を信ずる事を告白し且つ基督信徒の義務を忠実に尽して祝す可《べ》き救主即ち十字架の死を以て我等の罪を贖《あがな》ひ給ひし者に我等の愛と感謝の情を表し且つ基督の王国拡がり栄光顕はれ其の贖ひ給

へる人々の救はれん事を切望す

故に我等は今後基督の忠実なる弟子となりて其の教を欠けなく守らんことを厳《おごそ》かに神に誓ひ且つ互に誓ふ　我等は適当なる機会来る時は試験を受けて受洗し福音主義の教会に加はらん事を約す

我等は信ず　聖書は唯一直接天啓の書なる事を　また信ず聖書は人類を導きて栄光ある来世に至らしむる唯一の完全なる嚮導者《きょうどうしゃ》なる事を

我等は信ず　至仁なる創造者正義なる主権者最後の審判者なる絶対無限の神を

我等は信ず　凡《すべ》て信実に悔改めて神の子を信じ罪の赦を受くるものは身を終るまで聖霊の佑導を受け天父の眷顧《けんこ》を蒙つて終《つい》に贖はれたる聖徒となり其の喜を受け其の業を勧むるに適《かな》ひたる者とせらる可し　されど凡て福音を聞きて信ぜざる者は必ず罪に亡びて神の前より永《とこし》へに退けらるべき事を

次に記する誡《いましめ》は我等如何なる辛酸を嘗《な》むるとも終身是れを服膺《ふくよう》履行せんことを約す

汝精神を尽し力を尽し意《こころ》を尽し主なる汝の神を愛す可し　また己の如く汝の隣を愛す可し

生命あると生命なきとに係はらず凡て神の造り給へるものに象《かたど》りて彫《きざ》みたる像若《も》しくは作りたる形を拝す可からず

汝の神ヱホバの名を妄《みだり》に云ふ可からず

安息日を覚えて之れを聖日とせよ　此の日には凡て緊要ならざる業務を休み勉《つと》めて聖書を研究し己の徳を建つる為めに用う可し

汝の父母と有司に従ひ且つ之れを敬ふ可し

詐欺窃盗兇殺《きょうさつ》姦淫若しくは他の不潔なる行為をなす可からず

汝の隣を害す可からず

断えず祈るべし

我等は互に相助け相励まさん為め此の誓約によりて一箇の団体を組織し之れを「イエスの信徒」と称し而《しこう》して我ら処を同ふする間は毎週一回以上共に集りて聖書若しくは宗教に関する他の書籍雑誌を読み若しくは宗教上の談話を為しまた相共に祈禱会を開く事を誓約す　希《ねがわ》くは聖霊我等の心に臨みて我等の愛を励まし我等の信を堅くし我等を真理に導きて救を得るに至らしめんことを

一千八百七十七年三月五日　於S＊

この全文は、前述したアメリカのキリスト信徒科学者の手により英語で作成されていました。この人もまた、ニューイングランドでは最も福音主義的な大学*の一つの卒業生であり、一時その大学の教授を勤めたことがありました。この人自身の署名がなされたあとに、十五人の学生たちの署名が*続いていました。これに私の同級生たちの署名が加わりましたから、全体で三十人を越えるものになりました。私の名は最後から二、三番目*であったと思います。

新しい信仰の実利はただちに私に明らかになりました。全力をあげて入信に抵抗していたころから、すでに私はそれを感じはじめていました。宇宙にはただ一つのカミしかなく、私がそれまで信じていたような多くの——八百万を越す——神はないことを教えられたのであります。キリスト教の唯一神信仰が、私の迷信の根を、すっかり断ち切ることになりました。私のなしたすべての誓いと、怒りっぽい神々をなだめるために試みたさまざまの礼拝形式とは、このただ一つのカミを認めた結果、いまや無用になりました。私の理性と良心はともに、これに「しかり！」と賛意を表したのであります。カミは一つであり多数でないことは、私の小さな魂にとり文字どおり喜ばしきおとずれでありました。もはや東西南北の方位にいる四方の神々に、毎朝長い祈りを捧げる必要はなくなりました。道を通り過ぎるたびに出あう神社に長い祈りをくり返すことも、もう要らなくなりました。今日はこの神の日、明日はあの神の日として、それぞれ特別の誓いと断ち物とを守らなくてもよくなりました。頭をまっすぐに立て晴れやかな心で、私はどんなに昂然と次々と神社の前を通り過ぎて行ったことでしょう。私を支え見守る神々のなかのカミを見出したのですから、もはや祈りを唱えなくても罰のあたることはないのだ、との確信に充ちていたのでありました。友人たちは、たちまち、私の気分の変化に気づきました。それまでの私は、神社が見えるとすぐに心の中で祈りを唱えるために、おしゃべりをやめていたのです。ところが、登校の途中もずっと楽しそうに私がおしゃべりを続けているのが、友人たちにはわかったのでした。私は「イエスを信ずる者の契約」に署名させられたことを後悔しませんでした。唯一神信仰は私を新しい人間にしました。私はふたたび豆と卵とを食べはじめました。私はキリスト教の全部がわかったと思いました。それほどカミが一つという考えは私に元気を与えてくれました。新しい信仰による新しい精神の自由は、私の心身に健全な影響を及ぼしました。勉強には前よりも集中できました。新しく与えられた肉体の活動力を喜び、私は野山を歩きまわり、谷の百合、空の鳥を眺め、天然を通して天然を創造したカミとの交わりを求めました。私の日記から若干引用しておきましょう。

一八七七年九月九日——朝、S*、M*と散歩した。夜、二年生のヤソお祈り(Christ-prayer)を聞く。

「ヤソお祈り」、これは変な表現であります。一種の軽蔑の気持がこめられているのです。

十二月一日——「ヤソ教(Jesus Religion)」の門に入った。

むしろ入らされたといったほうがよいでしょう。すなわち「イエスを信ずる者の契約」に署名させられたのです。

一八七八年二月十日　日曜日——二年生O*、部屋に来て語る(キリスト教について)。T*、M*、F*、H*、Ot*と川沿いに散歩した。帰途野犬狩りを見た。夜、二年生O、ふたたび来て「くじ」遊びをした。

あまり清教徒にふさわしい(puritanic way)安息日の守り方とはいえません。二年生Oは、のちに、私たちの教会の牧師になりました。私たちは、Oのことを「ミッショナリー・モンク(missionary monk)」と呼びました。異教徒だった私を、最もうるさく責めたてた男でした。当時野犬の根絶がはかられていて、少年たちはその残酷な行為の見物が好きでした。私たちは、たとえ日曜日であろうとも、その見物を罪であるとは思いませんでした。「くじ」は運不運が参加者に偶然にあたるので、私たちのとくに好んだ遊びでした。しかも私たちの自称牧師先生は、日曜の夜、そういう集りに参加することが聖職者たる品位にふさわしからぬものとは、少しも考えていなかったのであります。

三月三日　日曜日——午後、茶話会をした。夜、Oの部屋で教会。

聖日に依然として肉(flesh)の快楽にふけっています。Oは相変わらず信仰上の行事の中心であり、「教会」、正確には信仰の集りが、はじめてOの部屋でもたれました。

三月三十一日　日曜日——Otの部屋で教会。夜の聖句は実に興味深かった。

その聖句はロマ書第十二章であったと思います。私たちは「汝の仇《あだ》飢えなば之に食わせ」るような気持にはなっていなかったから、いたく良心を突き刺されました。

四月二十一日　日曜日——朝、九時にF、M、Ot、H、Tと祈禱会をした。はじめて大きな喜び。

少しずつ信仰的になっていきます。祈る喜びを感じはじめました。

五月十九日　日曜日——集会では批評が多すぎる。午後、F、Ot、M、A、*Tと森を散歩した。桜の花を少し持ち帰る。非常に楽しい。

信仰上の意見の相違がすでに萌《きざ》しはじめていましたが、春風に吹かれながらの花見によって消えてしまいました。どの教会でも難問を解決する最良の方法であると思います。

六月一日　土曜日——学校の遊戯会。*授業はない。運動場には約二百人の観客。夜、食堂で恒例の食べ放題。Hとつかみ合い。

次の日の準備としては、あまりふさわしい行動ではありません。Hは「教会」員であって、私は神学上の見解で彼と対立したのでした。

六月二日　日曜日——午前十時に、牧師H氏*から説教を聞いた。午後三時に、もう一回の説教と祈禱のあと、六人の兄弟、Ot、M、A、H、T、Fとともに同師から洗礼を受けた。夜、さらに祈禱と説教。

決して忘れられない日。H氏は、メソジスト派*に属するアメリカ人宣教師で、信仰上私たちを助けるために、一年に一度訪れてきました。彼の前にひざまずき、私たちの罪のため十字架にかけられた方の名を告白するように求められて、私たちは固く決心していたにもかかわらずふるえながらアーメンと答えたことをはっきりと覚えています。人々の前にキリスト信徒の告白をしたことにより、私たちはそれぞれクリスチャン・ネームをもたなくてはならないと考えました。そこでウェブスター辞典*の付録で捜して、めいめい自分に似つかわしいと思われる名前を選びました。Otはパウロと名づけました。彼は生まれつき学者的であり、ガマリエル*の弟子の名が自分によくあうと考えたからであります。Fはクリスチャン・ネームにヒュー*を選びました。「入道」を意味する彼のあだ名の「ニュー」の音の響きにそっくりであるという、それだけの理由でした。Tはフレデリック*、Aはエドウィン*、Hはチャールズ*、Mはフランシス*、私はヨナタン*を名のりました。私は友情の徳を尊び、ダビデに対するヨナタンの愛がたいへん気に入っていたからであります。

ルビコン川*はこうして永遠に渡られたのです。私たちは新しい「主君」に忠誠を誓いました。私たちの額には十字架の印がつけられました。どうか、この世の主君と師とに対して示すように教えられた忠誠心をもって、新しき主につかえ、王国を次々と征服して進み行くことのできますように。

ついにはどんなに遠い国でも
それがみな救い主の名をおぼえるように*

ひとたび入信すれば私たちもまた伝道者であります。しかし、まず教会を組織する必要があります。

第三章　初期の教会

札幌農学校の１，２期生の信徒(後列右から２人目が内村)

洗礼を受けたからには私たちは新しい人間であると思いました。少なくともそのように考えようとし、そう見えるように努めたのでした。あと一か月たてば「新入り」という屈辱的な名とは縁が切れます。私たちの下に若い弟たちが現れるので、いっそう大人びて子供っぽい振舞はやめなくてはならないと考えました。キリスト信徒であり二年生であることは、行いと学問との上で、異教徒や「新入生」の模範でなくてはなりません。だが、異教徒気分(heathenism)と新入生気分(Freshmanism)とに対しては、適当なお別れを告げる必要がありました。そこで、その学期末、入信したばかりの「新入生」たちは日曜日でないのに集まり、二つの気分(*ism*)を送るお祭り(*fete*)をこれまでになく大がかりに改めて催しました。エドウィンは、農場に行かされて、たくさんの大根、キャベツ、トマトとともに、そこでは最大のカボチャを取ってきました。私たちの植物学者のフランシスがタンポポの葉のあり場所を知っていましたので、私はこのおいしい植物を彼のどうらんいっぱいに取りに行かされました。腕のよい「化学者」であり、「料理学」にかけては理論と実際のいずれにおいても第一人者であるフレデリックは、ソーダと塩と砂糖とを用意しました。ヒューは、「数学」と「物理学」の才能を生かして、料理のために火の勢いを最も強める役を果たしました。学者であるパウロは、このような時にはきまって役立ちませんでしたが、そのくせ食べはじめるや人後に落ちないのでした。用意万端整って食事開始の合図があったかと思うと、半時間の間でことごとく平らげられてしまいました。この日から私たちは、腹のことは少なく、魂のことは多く、考慮するようにしたのでした。

私たちの部屋に設けられた小さな「教会」について述べる前に、会員の個性を少し紹介しておきましょう。

私たちのなかの最年長者はヒューでありました。彼は「数学者」であり「エンジニア」であり、また常に実際的であって、当然キリスト教的な目的のためではあったが相当な現金の獲得を計画していました。キリスト教とは何ぞやなどと、とやかく尋ねようとはしません。ただキリスト教によって仕事を公明正大にする人間になりさえすればよいのです。およそ卑劣なことと偽善的なことは、なんでも嫌いでした。冗談をとばしたり人をからかったりする才能は無尽蔵といってよく、「教会」のなかでも、しきりにそれを連発して相手に手痛い打撃を与えました。教会の財政面の信頼すべき貢献者であり会計係をたびたびつとめました。また数年後、私たちが新しい教会を建てたときには、「材料の強度」の計算をしました。

　年の順でいえば次はエドウィンです。彼は好人物で何事でもまっ先に立って行ない、その同情心が呼び起こされるとただちに涙ぐんで応じました。「準備委員長」としていつもよく働いてくれました。クリスマスや献堂式には、万事みごとにはかどるように骨折って「自分の食事を忘れる」時もたびたびありました。神学を突っつく面には彼は向きませんでした。『絵入りキリスト教週報*（*The Illustrated Christian Weeklies*）』の記事のほうが、バトラー*の『アナロジー』やリッドン*の『バンプトン講演集』に出てくる名論卓説よりは、ずっと彼を感動させ、多くの涙を誘ったのです。

　フランシスは、私たちのなかで最も円満な性格の持主でありました。「何びとに対しても悪意をいだかず、すべての人に善意をもって*」という人でした。「彼は生まれつき善人なんだ。善くなろうとする必要がないのだ」と私たちはよく言ったものです。彼がいるだけで平和でありました。初期の教会が、個人的な憎悪や教会員の間のいわゆる神学者の憎しみ（*odium theologicum*）で分裂の危機に面したとき、彼は、私たちの間にふたたび平和と調和が取り戻され、その周囲を回り始める北極星の役を果たしました。*後年、我が国では最高の植物学者となり、平信徒としてカミの国を国人の間に拡めるため常にかけがえのない働きをするようになります。

フレデリックはヒューと同じように実際家でしたが、その年ごろの少年にしては珍しい鋭敏さと洞察力との持主でありました。彼の好きな勉強は「化学」であり、のちに我が国でも有数の「工業技師」になりました。その語学力は相当なものでした。独学でドイツ語とフランス語とを習得し、シラー、ミルトン、シェークスピアに親しむことができました。キリスト教の根本的な教えの一部に疑問をもってはいましたが、それに深入りしても結局は問題をすべて解決することはできない、と早くから見抜いていました。「純潔無垢の生涯」を強く望み、人の目で見るかぎりその境地に達していました。あまりにも実際的な良識が、ときには「教会」の子供っぽい気風と合わないときもありましたが、彼はそれを我慢し私たちも我慢しました。四年の長期にわたり彼は集会をめったに休みませんでした。

パウロは、「学者」でした。神経痛に悩まされ、また近眼でもありました。彼はあらゆることに疑問をもつばかりか、新しく疑問を作り出すこともできました。受け容れる前にはなんでも試して吟味しなければ承知しないのです。トマス*と名のったほうがよかったと思われます。しかし眼鏡をかけて学者的なポーズをとってはいましたが、心は無邪気な少年でありました。安息日の午後には、仲間と桜の下で野外遊び(*fête champêtre*)につきあいました。その同じ午前に、「摂理」と「予定説」*に関して悲観的でこみ入った疑問を発して「教会」の熱狂を冷ました直後の出来事でありました。

　チャールズは複雑な性格を持っていました。鋭い良識にかけてはフレデリックに次ぐ存在でしたが、キリスト教に対する知的な態度ではパウロにかなり似ていました。彼もまた他の多くの熱心な青年たちと同じように、カミと「宇宙」とを知性の助けで理解しようとし、自己の努力精進によってカミの永遠の法の言葉にかなう人間になろうと努めました。それが挫折すると動揺してキリスト教のなかではまったく別の方向に走り、そして「善行の福音」の信仰に落ち着きました。のちに彼は学識あるエンジニアになりました。教会の内外で実際的な善事の計画があるときには、彼の実質的なかたちで示される同情心がきまって頼りにされたのです。

　ヨナタンに関しては、この小著の研究対象でありますから、明らかにする必要はありません。

　以上が、その小さな「教会」を形成した「七人」でありました。私たちの仲間には、最初の二年の間S*という者が加わっていました。彼は猿のようにずんぐりしていてすばしこいので「カハウ」*というあだ名をつけられていました。私たちより一年前に受洗していて、「七人」のだれよりもキリスト信徒としての経験に富んでいました。

三年生は自分たちだけで信仰集会をもっていました。私たち二年生のキリスト信徒も自分たちだけで集まっていましたが、日曜日の夜には両者合同の聖書研究会を開きました。しかしながら二年生のほうが三年生よりも熱心である点はだれもの認めるところであり、三年生のなかでも熱心な人たちからは私たちの集会は羨ましく思われていました。

私たちの日曜礼拝は次のように行なわれました。小さな教会はまったく民主的でありました。会員はだれもが教会では同じ地位でした。これは完全に聖書や使徒の伝える道にかなっていると私たちには思われました。そのため集会の当番は誰にも順に回ってきました。その日の当番が私たちの牧師であり祭司であり教師であり——用務員までも勤めました。彼は一定の時間に私たちを招集する責任をもち、自分の部屋を教会にして席の世話をしなければなりません。彼だけは椅子に腰かけることができ、会員たちは彼の前の床に敷かれた毛布のうえにきちんと東洋風に坐りました。私たちの説教壇として技術屋のヒューが小麦粉だるを用意してくれましたので、それに青い毛布を掛けました。

荘厳にしつらえられたあと、牧師は祈禱をもって礼拝を始め、そのあと聖書朗読が続きました。それからまず牧師が短い話をし、それが済むと彼の羊の一人一人の名を呼んで順番に自分自身の話をさせました。受洗後まもなくのとき、パウロが集会の「アトラクション」としてなにか食物を用意しようと提案し、私たち全員これに賛成しました。当番の牧師の日曜朝の最初の仕事は、募金を集めて集会のためにお菓子を準備することでした。フレデリックは「アトラクション」の質を要求しましたが、ヒューとチャールズとは量を希望しました。だが、私たちはその選択を牧師に一任しました。用意ができると、これに湯茶が出されて礼拝が始まるのでした。牧師が話を終えると助手は菓子を平等に会員に配りました。各自の「感話」は私たちが菓子をつまんでいる間に進められました。それぞれ自分の性格のあらわれた話をしました。ヒューの好んだ本はネルソンの『不信仰論』*でありました。彼は常にすべて不誠実なことを嫌っていましたが、同じように不信仰をも非難しました。エドウィンは、スージーとチャーリーが「雪、きれいな雪」のなかでカミの恵みを見つけた話だの、いつくしみ深いカミの摂理によってよるべなき小鳥が柔らかな餌で養われる話を語りました。フレデリックの話はいつも短いものでした。彼がきまって話題にしたのはカミの尊厳であり、カミを畏れ敬わなくてはならないというものでした。チャールズはイギリスから注文して取り寄せたリッドンの『バンプトン講演集』の一、二ページほどを読みました。しかし彼は、そこに書かれていることの半分ぐらいしか理解できませんでした。その話を聞いている私たちは当然それ以下しかわかりませんでした。パウロの話はもともと理屈っぽく、いつも学者的でよく準備がなされたものでした。フランシスは、必ず私たちに内容のある考えさせられる話を説きました。ヨナタンは、そのときおちいっていた不安であれ喜びであれ、心のなかをさらけ出してなんでも話しました。「カハウ」は私たちが親しんでいた『村の説教』*の一章を読みましたが、彼の話はどうも長すぎる時が多すぎました。お菓子は話の終わる前にたいてい食べ尽くされ、そのあとは砂糖もミルクも入らない白湯《さゆ》をときおり飲んでは口を動かしていました。十二時半の食事の鐘が閉会の合図でした。祝禱が唱えられると、堅い床の上に約四時間も坐りつづけていた私たちは急いで食堂にとび込んだのであります。

私たちには自国語の適当な宗教書がありませんでしたので、たいていイギリスかアメリカの出版物に頼りました。キリスト信徒の友人たちの骨折りでアメリカ文書伝道会(the American Tract Society)の出版物が約八十冊手に入りました。『絵入りキリスト教週報』の合本は、楽しくて飽きることがありませんでした。またロンドン文書伝道会(the London Tract Society)とキリスト教知識普及協会(the Soc. of Promoting Christian Knowledge)からは、約百冊の本が送られてきました。のちに、ボストンのユニテリアン協会(the Unitarian Association)からは、有難いことに同協会の出版物のりっぱな一揃いを寄贈してもらい、これもためらわずに読まれました。しかし、私たちに最も役立った本は、フィラデルフィアの故アルバート・バーンズ師の書いた有名な『注解書』*でした。この書物全体に浸透している深い霊性、簡潔明解な文体、異教国における年若い改宗者を健全にひきしめる濃厚なピューリタニズム色、これらは私たちに特に有益であり魅力的でありました。私は学校を卒業するまでの間に、この新約聖書注解をことごとく読んでしまったように思います。この偉大な神学者によって刻み込まれた神学的刻印は私の心からいまだに消えていません。幸いなるかな、良書を著す人は!

私たちの平日祈禱会は水曜日の夜九時半に開かれました。そのときは「感話」はなく、全員が祈禱をしました。会が終わるのに一時間かかりました。堅い床の上に一時間続けてひざまずいていることは、あまり楽ではありませんでした。あとになって生理学の教授*から、そのように長くひざまずいている姿勢を保ち続けると、ひざ関節の滑膜炎を招くかもしれない、と教えられました。日曜日の夜の上級生との合同聖書研究会では、私たちはそれほど重要な役を演じませんでした。「ミッショナリー・モンク」のO、「長老」のS*、「クロコダイル（Crocodile）」のW*が、私たちにはまねのできない深遠なキリスト教の護教論と弁明とをしました。この会が終わると私たちはいつも喜びました。元気を取り戻すために自分たちだけの礼拝を改めて開いていつも楽しみました。このようにしてこの週のなかで最も楽しき日を終えるのでした。

さらに、日記から、若干引用しておきましょう。

一八七八年六月十九日――「六人の兄弟」と芝居見物に行った。

受洗してまだ三週間とたっていません！

七月五日――学業優秀賞*として十七円五十銭を受領した。午後、クラス全員と芝居見物に行った。

私たちは、キリスト教と芝居見物とを早くから分けてはいました。受洗して以来、これで行くのは二度目でしたが、必ずしも良心にやましさを感ぜずに行ったのではありません。しかし、どんな名の劇場にせよ、その敷居をまたぐのは私の生涯でこれが最後*でありました。しかし、のちになって、キリスト信徒でも霊魂の幸福をそこなわずに芝居見物をしてもよいこと、現に多くの信徒が見物に行っていることを知りました。たしかに芝居見物は姦淫が罪であるようには罪でないのかもしれません。しかし、こうした「だめにする娯楽(amusements that kill)*」がなくても済むものなら、そういうものから遠ざかるほうが、心身をそこなうこともなくてよいと思います。

九月二十九日　日曜日――午後、「六人の兄弟」と森で過ごした。野ブドウと野イチゴを摘み、祈り、歌った。快晴。

原生林のなかで創造主のもとまで心を高めた、いまだ忘れがたき日の一つ。

十月二十日　日曜日――「七人の兄弟」と「石山」に登った。例によって、祈り歌った。帰途、野イチゴで元気回復した。

これも忘れがたき日。部屋のなかでは歌うことを許されませんでした。めいめい勝手な歌い方だったから、あえて部屋のなかで歌う勇気もありませんでした。また蛮声と調子はずれで「音楽的メロディー」など全然なかったのです。パウロはトップレディ[*]の節でどんな讃美歌でも歌えるよと言っていましたが、実はその節しか彼は知らなかったのです！　だが、丘や山は私たちの音楽を我慢して聞いてくれました。私たちの歌には、よい音楽の一要素——心のこもっている点——があり、それをカミは御存じなのです。

十二月一日——H氏を通じ、メソジスト監督教会に入会した。

敬愛する宣教師H牧師がふたたび町に訪れ、私たちはその教派と他との相違（*pro* and *con*）をよく調べもせずにその教会に入会しました。彼が善良な人であると知っているだけで、当然その教会もよいものにちがいないと考えたのでした。

十二月八日　日曜日——夜「七人の兄弟」とまじめに話をした。互いに胸襟を開いて語り合い、心に大改革をもたらそうと約束し合った。

キリスト教を受容して以来最良の日でした。真夜中過ぎ遅くまで語り祈ったと思います。就床後まもなくして夜が明けましたから。その夜は、だれもが天使のように見えました。「とがった」ヨナタン、「でこぼこ」のヒュー、「ぎすぎすした」フレデリックも、その夜ばかりは「珠玉」のフランシスのように丸くありました。懐疑主義者のパウロも、このようなキリスト教には反対でありませんでした。こういう夜がもっとありますように！　天使のコーラスが天に聞こえ、ベツレヘムの星が東方の賢者を幼児イエスのもとへ導いた夜が、はたしてその夜よりも美しい夜であったでしょうか！

十二月二十五日　クリスマス——救い主の世への降臨を祝った。私たちの喜び限りなし。

私たちのもった最初のクリスマス。三年生は、この祝典については「無信仰(no faith)」でした。彼らは翌年には私たちのまねをしました。

十二月二十九日　日曜日——夜、油のこと等々。

この日は、その年の最後の安息日でありました。両学年のキリスト信徒たちは、終わらんとする年の失敗と至らなかったところ、来たらんとする年の希望と可能なこと、すべてにわたり真剣に考えていました。私たちの祈禱と奨励とは、その夜は常になく熱がこもっていました。しかし突然だれかが「I教授*が帰ってきたぞ。菜種油で石油と同じくらいの明るい光を出してみせるそうだ」と叫ぶのが聞こえました。実は、二、三週間前に輸入品は極力節約し、ペンシルヴァニアおよびニューヨーク州の山地産の石油はすべて、わが国産の菜種油で代用すべし、との当局の布告が出されていました。そのためヤンキー式ランプはすべて取り上げられ、植物油を燃やす新しいランプが私たちには支給されていました。しかし、それから出る光はアメリカの鉱物油でともされる光にくらべると、ひどく貧弱でした。このことは勉強をなまける絶好の口実になりました。I先生は数学の教師で、私たちはあまり好きではありませんでした。その日曜日の夜、彼はアルコールを相当飲んでいて、足どりはあやしく言葉はろれつが回りませんでした。学生の一人が、新しいランプについてふだん抱いていた不平を述べると、彼は、私たちにもう少し常識があればそのようにはならないはずである、その証拠を科学的な方法でお目にかけよう、と答えました。これは、私たちの目に彼がどのように映っているのかを、思い知らせてやるこのうえない機会でありました。キリスト信徒も異教徒も一丸となって、この意思表示にあたりました。半異教徒の三年生のなかで、「角顔」のY*や「お人よし」のU*、「プテロダクティルス(Pterodactyl)」のT*などは、自分の聖書を床にほうり出し、いっせいに騒ぎの現場に突っ込んできました。教授の科学的証明などは、私たちにはどうでもよかったのです。私たちは彼を外に連れ出し、雪のなかに転がして雪玉をぞんぶんに投げつけ、ありったけの汚い言葉で罵倒しました。当時、信仰的には最もよい状態にあったチャールズが、そのようなキリスト信徒にあるまじき行動をやめるように引き止めましたが、まったく無駄でありました。アルコールの刺激の影響下にあったあわれな教授が、雪のなかでかなり酔いをさましたあと、少年たちは聖なる集会に引き返しました。この小テオドシウス*たちを、礼拝堂から追い出す一人の聖アンブロシウス*もいませんでした。その日曜の夜味わった私たちの感情の興奮は、二度と忘れることができません。悔い改めの祈りはほとんど聞かれないままに、集会は翌年まで持ち越されました。私たちのだれもが、そのときの集会にはキリストは不在であったと感じていました。たとえキリストが臨んでいたとしても、私たちの仲間が部屋からとび出して雪玉をあわれな教授に投げつけた瞬間、キリストはその場を去っていたのであります。私たちの実践的キリスト教が、いかにその理論的キリスト教から遅れているかを、その夜は心から感じ取ったのでした。

一八七九年三月九日――祈禱会のしかたを変更。

私たちは、あまり長くひざまずくことによって生じる「関節滑膜炎」を心配しました。短い祈禱を強く一致して求めました。同一の集会では同じ内容をくり返してはならないようになりました。この結果、礼拝は約二十分に短縮され、私たちは少なからず助かりました。

日記には書き忘れましたが、恒例の祈禱会であるエピソードが生じたのはこのころだったと思います。その日は水曜日であり、学校農場で三時間実習したあとなので、私たちはくたくたに疲れ切っていました。腹いっぱい食事を取り骨折り仕事をした後でもありましたから、「いと高きカミ」との霊の交わりにあずかるには、あまりよい状態ではありませんでした。しかし規則は変えられません。ベルが鳴るとその夜の牧師フレデリックは、羊たちを祈禱のために招集しました。彼は小麦粉だるのそばにひざまずき、その壇上に組んだ腕のなかに顔を埋め、短い祈禱をもって集会を始めました。他の少年たちは、集会ができるだけ早く終わるようにと各自願いながら、そのあとに続いて一人ずつ祈りました。最後の者の祈りが終わると私たちは心をはずませ、終りのアーメンが唱えられ牧師がただちに解散を宣するのを、いまや遅しと待ちのぞんでいました。「アーメン」は唱えられて一同それに唱和しました。しかし、牧師は黙ったままでした。彼の祝禱は発せられませんでした。ほかのだれにも会合を解散させる権威はありません。完全な沈黙がおよそ五分間続きました――その夜には長い時間でした。私たちはこれ以上ひざまずいてはいられなくなりました。ヨナタンは牧師のそばに坐っていました。彼はフレデリックの様子を見るために顔をあげました。見よ、牧師は小麦粉だるの上でぐっすりと眠っているではありませんか。祝禱のないのも当然であります！　私たちが、もしその聖なる言葉を待っていたなら、そのまま徹夜する目に遭ったでしょう。ヨナタンは、このようなときは例外であり、たとえ「教会会議*」の同意がなくても、こんな場合には規則は一時的に変更されてもよいと考えました。そこで、彼は立ち上がり、おごそかな声で宣しました。「兄弟フレデリックは眠り込んでいます。よって牧師の職務を私が代行することをカミはお許しくださるでしょう。願わくは主イエス・キリストの恵み云々。アーメン」。一同「アーメン」と応じて疲れた頭を上げました。しかし、フレデリックの頭は樽の上に丸太のように動かないままでありました。チャールズが揺り動かすと彼は目を覚ましました。彼は祝禱して私たちを解散させようとしました――夢の国にいても自分の職務を忘れてはいなかったのです――。しかし、それはすでに宣せられて、私たちは退出しようとしているところでした。説教壇の上で眠ってしまったのは、たしかにフレデリックが悪いでしょう。だが私たちもみなその夜はおそろしく眠たかったから彼を許せました。聖使徒たちでさえ主が祈っていたときに眠ったのであります。*私たち若きキリスト信徒が激しい労働とたらふく食事をしたあとで、どうして眠らずにいられましょう！

五月十一日　日曜日――午後、花見。

五月十八日　日曜日――午後、森に遠足。

六月二日　月曜日――私どもの新しい誕生（つまり洗礼の）記念日。七人の兄弟と茶話会をし、数時間の楽しい談話。

私たちの魂の誕生日の記念会。この日を記念しないで、どうして母によってこの憂き世に生を与えられた日を祝っているのか、理由がわかりません。まだ我が国でも他国でも、キリスト信徒のなかには、この地上に亡ぶべき肉体を受けた日には多くの心のこもった挨拶やきれいな贈り物を与えられながら、魂の誕生日にはその半分も祝われていない人々が多いのです。

六月十五日　日曜日――当地の鎮守の神のお祭りの日。* おおいに悩む。しかし競馬を見てしまい、フランシスの叔父の招待に(「肉の快楽(carnal pleasures)」のために)応じ大食してしまった。ああ!

私たち清教徒の安息日が、異教のお祭りでおおいにかき乱されたのであり、私は誘惑に屈しました。「善をなさんと欲する我に悪ありて、肉では罪の法に仕えり。ああ我悩める人なるかな!」*

一八七九年の夏を首府にある自宅で過ごしました。首府は、学校から約六百マイル南にありました。この旅には親友フランシスもいっしょでした。この長旅の主要な目的は、私の父母弟妹にキリストの福音を説くことにありました。離れていた家へ二年ぶりに帰宅するのは非常に楽しみでした。途中、伝道所のあるところではどこでも、キリスト信徒の友人たちを訪ねました。話はたいてい信仰についてでした。私は母に向かって、自分がSで新しい人間になり、母もまた私と同じにならなければならないと語りました。しかし母は息子と再会した喜びでいっぱいで、私のキリスト教に関する話には少しも関心を払いませんでした。私の無事の到着を感謝して、我が家の偶像にはいつものお供え物が捧げられました。これは言うまでもなく私の心をいたく悲しませました。私はたびたび自分の部屋にひきさがっては、救い主に異教の家庭を救うようにと懇願したのであります。洗礼を授からない霊魂は地獄で永劫の責苦の難におちいると私は心から信じていて、家族の改宗に全力をあげました。しかし、母は無関心であり父は頭から反対しました。のちに、りっぱなキリスト信徒になった弟*は、腹の立つことには私の与えた一冊のロマ書の聖なる文字の間に、キリスト教の悪口を記して、その本を「重記写本*(codex rescriptus)」に変えてしまったのです。それでも我慢して私は祈りつづけ、学校に帰る日が近づいてきたときにやっと父から、受け容れてほしいと私が懇願した信仰について調べておく、との約束をとりつけることができました。

首府に滞在中は、数多くの「兄弟姉妹」に会いまして、私の学校のある地ではめったに聞かれない説教や演説を満喫しました。キリスト信徒は、異教徒とはまったく違った態度の人間でなければならず、キリストに従う者は互いに兄弟よりも密接な関係でなければならない、と信じていたのでした。私たちの小さな教会の仲間たちはその通りであり、同じことが世界中のどの教会についても当てはまると考えていました。このように確信して疑わぬ私たちはいたる所で歓迎され、この点に関し私たちの抱いていた信念は正しいと思いました。私たちの所のような小麦粉だる製ではない説教壇や、堅い床の上にひろげられた青毛布よりはるかに上等な何列もの椅子、声の調子を合わせるオルガンなどを備えた、いくつかのりっぱな教会を見ました。これらすべてが、学校を出たあかつきには我が国の文明の開けた地にあるような教会を自分たちの手でぜひ持ちたいとの希望を、燃え立たせました。また、ほかにも多くのことを教えられました。そのなかには食前の祈りがありました。これまで長い間そのようなことは一度もしてきませんでした。腹をへらした犬や異教徒のように、すぐに食事にとびついていたのです。当地のメソジスト派の牧師を訪ねたとき、その場にはY氏という若い長老派*の人も居合わせました。食事をしていくようにとひきとめられた私たちは喜んで応じました。一椀の白米と、魚、野菜をのせた木製のお膳が私たちの前に出されました。フランシスと私とは、いつものバンカラ風に、箸を取るとただちに食事にかかろうとしました。そのとき、Y氏が重々しい口調で言ったのであります。「あなたがたは食事の前にお祈りをしないのですか。お祈りをしましょう」。私たちは赤面しました。箸を置くと、その人たちがするように頭を下げて事態の成行きを見守りました。食前の祈りが捧げられました。しかし、まだ何かするように言われるのではないかと思って、私たちは食べ始めるのをためらっていました。すると親切にも、食べ始めるように勧められました。今でも、そのとき言われた言葉を一語もらさず覚えていますし、食事に出た品もすべて忘れていません。魚は灰色のカレイ(sole)であり、背に五本の黒い横縞が入っていて、口は体の左下にあり胸びれのちょっと上のところで曲がっていました。恥ずかしくてたまらずボーとしてうつむいている間に、これらのいっさいを観察していたのでした。しかし、一度教えられた教訓は、それ以来決して忘れませんでした。秋になって学校に戻ると、そのことを仲間に教えてやりました。「感謝なき」食事は、やがて私たちの間でも救われがたい人間のしるしになったのです。のちに、宗教があざけられさげすまれ、食前の祈禱はばかな行為と見られる場に何度も直面しましたが、私はメソジスト派の牧師の部屋で学んだその実行を一度も欠かしませんでした。

八月二十五日　月曜日――午後七時に、Sに到着した。ふたたび私たちを迎える仲間の喜び限りなし。彼らの愛と真心とに深く感銘した。

ふたたび学舎に帰ってきた喜び。テーブルの上にはみごとに茶菓子が並べられて私たちを待っていました。私たちは首府で見たことを、みな仲間に語りました。たいていは教会とキリスト信徒の話でした。首府の教会の印象は私たちに必ずしも満足のいくものではありませんでした。私たちの小さな「教会」の、小麦粉だるの説教壇とすべてひなびた簡素さに甘んじているほうが、はるかに優っていました。

八月三十一日　日曜日――集会たいへんおもしろい。

会員の二人が約二か月間不在後だったからでしょう。

年末まで記すに足るような出来事はありません。ただし、日曜礼拝に関して一つの実験をしてみました。その実験は、この日からクリスマスまでの間に行なわれたことは間違いありません。私たちは互いの「感話」に飽き飽きしていて、集会の方法を少しでも変えてみたくなりました。世の中に出たら必ず不信者に会うのだから、在学中に準備をしたほうがよい、と一人が提案をしたのです。この案をみんなで論じ合った結果、私たちは、「教会」を二つのグループに分け、一方はキリスト信徒、他方は不信者を代表し、交互に両者の立場を入れ替える方法が最もよいという答えとなりました。不信者側になった会員は、そちらから出そうなあらゆる質問を発し、キリスト信徒側は、それに答えなければならないのです。この案は決定され、次の日曜日から実行に移される予定になりました。

その日——集会が新しい方法で行なわれる最初の安息日——私たちは、会員を二つのグループにくじで分け、チャールズ、ヨナタン、フレデリック、エドウィンがキリスト信徒側となり、フランシス、ヒュー、パウロ、「カハウ」は懐疑派または不信者の側に定まりました。ウォバートン*、チャルマーズ*、リッドン、グラッドストーン*にあたる人々が一方に戦陣をかまえ、ボリングブルック*、ヒューム*、ギボン*、ハクスリー*にあたる人々が他方に居並びました。例によって祈禱と食べものの配布が済むと、論戦が開始されました。その日のテーマは、「カミの存在」でありました。先鋒の懐疑主義者フランシスが、これまた先鋒の護教家チャールズに挑戦しました。「宇宙」は何ものにもよらず、それ自体で存在してきたとの挑戦に対し、チャールズは、物質には「造られたもの」であることを物語るまぎれもない特徴があり(マックスウェル*から借用した説であると思います)、したがって、それ自体による存在は不可能として議論に応じました。最初の攻撃は撃退され、私たちの信仰はりっぱに守られました。実際家のヒューは、キリスト教を向うにまわして戦うに足る手ごわい議論を持ち出しませんでした。それで反論をするヨナタンの仕事はむずかしくありませんでした。こうして、「宇宙」にはその創造者があったにちがいないこと、この創造者は、それ自身で存在し、「全能」にして「全智」であるとの結論が立証されました。しかし、いまやパウロに攻撃の順番が回り、それに対してはフレデリックが応ずることになりました。両者はこのところ仲がよくありませんでした。私たちは、この対戦の成行きを心配しました。私たちは、すでに学者的なパウロが自分自身でも答えられないような疑問を持っていることを知っていました。その神経質な頭をしぼって最大の難問をさらけ出す、このうえない機会がいまや彼に訪れたのです。彼は口火を切りました。「この宇宙が創造された宇宙であり、カミは全智全能であり、カミに不可能はないこと、これは僕も認める。しかし、このカミが宇宙を創造し、その与えた運動エネルギーで宇宙を独力で生成発展するように動かしたあと

――この創造者がみずからの存在に終止符を打って無に帰してしまわなかったことを、君はどのように僕に証明できるのか。もし創造者がなんでもできるなら、どうして自殺ができないのか！」 複雑にして冒瀆にひとしい質問であります！ 実際家のフレデリックは、どのようにしてこの質問を処理するのでありましょうか。私たちの目は、困惑しきった護教家の上に集中しました。不信者側までが心配してフレデリックの答えを待ちました。しばらく彼は黙っていました。だが勝ち誇ったパウロは、なおも攻撃の手をゆるめませんでした。フレデリックは何か言わなければなりません。彼は勇気をふるい起こすと、あざけるような調子で言いました。「そうだよ。そんな質問をする奴はトンマだけさ」。「なに、トンマだと？ 君は僕をトンマと呼んだな？」 パウロはかっとなって言い返しました。「そうさ。当たり前だろう」。フレデリックは言い切りました。パウロは平静さを失いました。席を立つや胸をたたいて「諸君、僕はもうこんな奴とは付き合えない」と言い、荒々しく戸をしめて部屋からとび出して行きました。自分の部屋に着くまでパウロがうなっている声がずうっと聞こえました。残った私たちは驚きました。パウロが悪いと言う者があれば、フレデリックも悪いと言う者もいました。肝腎の重要な質問はそっちのけとなりました。いまや交戦中の両者をいかにして和解させるかを考えました。集会はそれ以上の議論をすることなく終わり、その新しい企画は完全に断念されました。私たちには自分の答えうる能力を越えた疑問があり、いと高きところからの助力を得て、私たち自身の心のなかで解決する道がおそらく最良の方法であると判明しました。次の日曜日、私たちは前の方法に戻りました。ライオンと牛とは平和に席を共にしました。*

十二月二十四日　クリスマス・イブ――測量の試験。エドウィンとその夜の準備に追われる。集会は午後七時に始まった。全キリスト信徒は一つとなって出席した。午後十一時まで食事、お茶、雑談。楽しさ限りなし。

上級生たちも、この年は私たちと合同でクリスマス祝会を行ないました。お祝いは前年より大規模に営まれました。学校側が好意を示して大講堂を貸してくれましたので、私たちは部屋をきれいに飾りつけました。寄付がたくさんあったため祝祭は実に楽しい会になりました。紅白の「ダルマ」の相撲もあり、赤いダルマは上級生のジョン・K*という人が実にたくみに作りました。「角顔」のYがその人形の中にまるまって入っていました。はじめてその人形が姿を見せたとき、だれしも、それは「目あれども見えず、耳あれども聞こえざる」*ただの人形にすぎないと思いました。だが、突然その目が動きだし「足のないダルマ」[原注]が自分の足で立ち、脇から両腕をつき出して全身で踊り始めました。ついで白いダルマも出てきて赤いダルマに立ち向かい、両者はヨナタンの行司で相撲をとりました。その面白かったこと！　それが引っ込むと、ふんどし一つの裸の一人の「原住民」が現れました。それは、「長老」のＳに違いありません。彼は、キリスト信徒のなかでは最も背が高く最も年長であり、信仰上は常に私たちの指導者とみなされていました。彼は、このとんでもない格好で踊って引っ込みました。私たちは横隔膜が破裂せんばかりに笑いこけました。救い主が私たちを救うため地上に降誕した出来事は、これほど嬉しかったのでした。四百年前、サヴォナローラ*は、フローレンスでこれと同じような聖なるカーニバルを定め、修道士たちは、次のように歌いながら踊ったのです。

こんなに楽しいことはない
清らかな強い喜び
熱と愛と情とをもって

キリストの聖なる狂気を受け容れよ
私が今叫ぶように叫ぶがよい
狂気よ、狂気よ、聖なる狂気よ！

（原注）中国の仏僧。その人形は子供たちによく知られた玩具。通常足のないことで知られる。

十二月二十五日――十時半に集会。Sに来て以来最大の（聖なる）楽しさ。

これは真の感謝会でした。この集会には、お茶もお菓子もありません。祈禱とまじめな話があり、「長老」のSが、司会をつとめました。「ミッショナリー・モンク」のOは、クリスマス祝会の歴史と存在理由とを語りました。ほんとうにその朝はだれも皆まじめでした。ニューオリーンズでは、断食と悔い改めのレント*の前に、大さわぎをするカーニバルがあるといわれます。だが、私たちに限っていえば、ルイジアナ人のように夢中にはなりませんでした。

次の日付まで、とくに記すことはありません。

一八八〇年三月二十八日　日曜日――集会の興味大いに減る。

私たちは終始白熱状態にとどまることはできませんでした。私たちの熱狂における決定的なゆるみが、この年の春中続きました。ときには会員間の些細な問題が全「教会」の平和と調和とを乱しました。私たちは、壁に向かっての祈りのなかで「あてつけ」を言ったことがあります。もちろん「天の父」に聞かれるためではなく、相手の耳に聞かせるためでした。だが、こうした出来事がありながら、私たちは「共なる集り」をやめませんでした。ヘブル書、一〇の二五。*

六月は私たちにとって信仰上多忙な月でありました。私たちの新生二周年記念日を、いつものように大きな喜びをもって祝いました。雪がとけ天気のよい日が始まるころ、相次いで三人の宣教師――一人はアメリカ人、二人はイギリス人*――の訪問を受けました。私たちの飢えていた霊魂には、説教と信仰的な教えというよい食糧が与えられました。隣港のイギリス領事U氏*もまた当地に滞在していて、その家でこれまで見たなかでは最大規模の聖公会の礼拝がなされました。その礼拝について私たち少年の受けた一般的な印象は、少々「仏教的」であり、その祈禱文と法衣は、宗教は単純なものであるとする私たちの考えにまったく合いませんでした。この礼拝で特記すべき事件は、半異教徒で「お人よし」のUや「プテロダクティルス」のTたちが、二人のイギリス人女性がたがいに唇を触れ合って挨拶を交わすのを見て、こらえきれずに大声で笑い出してしまったことでありました。私たちは、聖書でラバンがその息子や娘にキスをした話*を読んではいましたが、それまで実際のキスを見た経験がありませんでした。私たちの不作法をまことに申しわけなく思っています。

七月になると上級生は卒業しました。これによって、キリスト教の勢力は一段と強化されました。彼らのなかには八人のキリスト信徒がいました。すなわち、「長老」のS、「ミッショナリー・モンク」のO、「お人よし」のU、「プテロダクティルス」のT、聖公会のジョン・K、「クロコダイル」のW、「パタゴニア人」*のK、「角顔」のYであります。皆たいへん好人物でした。彼らのなかには、半異教徒ふうの者や、祖先から受け継いだ罪深いずるい性格を残している者もいましたが、心の底では真のキリスト教的紳士でありました。私たちは、彼らと共に写真をとり、食事をし、近き将来の礼拝堂建築の話し合いをしました。一年後には、私たち残る八人も彼らのなかに参加して、共にキリストの福音を周りに住む人々に伝えるはずです。

九月十八日——牧師D氏*当地に着く。

九月十九日　日曜日——D氏を訪問した。

九月二十日——夜、D氏による英語の礼拝。

D氏は敬愛する宣教師H氏の後任で、当地へは今回が二度目の訪問でした。私たちは将来の教会の計画についてD氏に少し話しましたが、彼は、全面的には賛意を示しませんでした。

十月三日——新しい教会の建築につき相談。

いまや、数人の信徒が実社会に出ましたから、私たち自身の教会があってもよいのです。その計画の推進を怠っていません。

十月十五日——牧師Den氏*およびP氏*来訪。N氏*宅で両氏に会う。

この年は、宣教師たちのたび重なる訪問を受けました。Den氏とP氏は、聖公会です。私たちの動向が教界の注目をよび起こしています。私たちは無視されていないのであります。

十月十七日　日曜日——S氏宅で集会。六人受洗。午後三時に聖餐式。

私たちの聖なる仲間の数は増加しつつあります。感謝。一つ残念な点がありました。それは、この小さなところに、一つは聖公会、一つはメソジスト教会という、二つの教会をもつ計画が確かになってきたことです。「主は一つ、信仰は一つ、バプテスマは一つ」*という問題を心のなかで考えるようになりました。キリスト教の共同体が一つですら十分自立していけないのに、どうして二つ別々にもつ必要があるのでしょうか。キリスト信徒として生活するようになってから、私たちははじめて教派主義の悪弊を感じたのであります。

十一月二十一日　日曜日――当地の全キリスト信徒が集会に出席する。上級生が卒業して以来、長らく全員の集りをもちませんでした。全員が共に集まることができ、改めて新しい教会について――その見通し、組織、当地にただ一つだけ教会をもつことの望ましさ、などを話し合ったのであります。

十二月二十六日　日曜日――「予定」につき悩んだ。

私たちの小さな教会は、ふたたび予定説につき議論しました。朝の聖書はロマ書第九章でした。

いろいろな色のインキで下線を引いたり書き込みをしたりして、私の古い聖書はまったくといってよいほど汚くなっていましたが、このおそろしく理解しがたい章のところには、大きな釣針のような大疑問符(?)が付いています。パウロの悲観的な結論では次のようになっています。「もしカミが、一つを貴い器として、他の一つをいやしい器として造ったのであるならば、救われようと努めても無駄である。カミは意のままにするからである。それに反しようとする我々の全努力にかかわらず、救われるものは救われ、亡びるものは亡びるだろう」。同じような疑問が、いかなる地の、いかなる思慮あるキリスト信徒をも苦しめるものです。予定説が理解できないからといって聖書とキリスト教とを捨て去ることができないのだから、この疑問は放っておくしかないでしょう。

一八八一年一月三日——「パルマイラ」*から招待。夜九時までゲームとくじ引き。

キリスト信徒の学士たちは自分の家をもっていましたが、そのうち数人は一つ屋根の下に住んでいました。*そのねぐらは人里遠く離れた大農場のまん中にありましたので、それを私たちは、あの美しきゼノビア*の町にちなんで「荒野の町」と呼んでいました。ここに記したような招待は実に何度もあって、お互いの心を固く結びつけるのに大いに役立ちました。私たちの愛餐はウェスレーの徒*にまして実質的でありました。牛肉、豚肉、鶏肉、玉ネギ、カブ、ジャガイモを、いっしょに鍋にぶち込んで煮物としたからです。キリスト信徒なら男女を問わずこの鍋を囲んで、そこから取って食べました。ここではもちろんエチケットなどはありません。エチケットのやかましさと人間の親しい交わりとは、反比例することが多いのです。我が国のよく知られた諺の「同じ釜のめしを食べた人間」とは、血のつながりの関係にもひとしい仲を意味します。同じ一つの主義と目的のために共に戦い苦しむ人々たちには、式を司る牧師の手でパンがさかれ、ブドウ酒がつがれる方法によるだけではなく、それとは別の結合手段が必要であると信じていました。この考えは今でも変わっていません。たとえ異なる二つの教派の牧師たちが、私たちの額の前で十字を切って祈るとしても、このような仲間の結合を裂いて「二つの教会」に分裂させることなど出来るものではありません。そうです、私たちの鍋のなかで煮られた鶏が一つであり、ストーブからとり出してヨナタンとヒューとが分かちあった大きなジャガイモが一つであるのと同じように、私たちは一つであります。

一月九日　日曜日――新教会の建設委員の一員に任命された。

新教会の話が決定され、その委員が任命されました。「長老」のS、「クロコダイル」のW、「ミッショナリー・モンク」のO、エドウィン、それに私です。

三月十八日　金曜日――委員会。土地と建物とをきめる。

D牧師から手紙が来て、アメリカのメソジスト監督教会が、私たちの新教会建設のため四百ドル援助の予定と知らせてきました。私たちはその金を与えられることを欲しませんでした。借りるだけにしてできるだけ早期に返すつもりでした。そのような望みには強い理由がありました。それはやがてわかるでありましょう。土地には百ドルかけて残りを建物に使うつもりでした。だが待てよ兄弟たちよ、メキシコ銀の四百ドルは我が国の紙幣では約七百円であるぞ。一年やそこらで間違いなく全額払えると思えるのか。きみたちの今の月給はたった三十円なんだよ。わあっ！　大変だ！　教会はほしい。建てなくてはならん。だけど独立となると……、もうわからん。

三月二十日　日曜日――大工が来て、新教会建築の見積りを示す。建物の設計はすばらしいようです。しかし、そのような教会を造るには借金をしなくてはなりません。うーん。

三月二十四日　木曜日――D氏より為替《かわせ》着く。銀行で現金にした。夜、委員会。D氏に手紙を書く。

金がついに来ます。ヨナタンが一時会計係となります。学校の寮の部屋に厚さ四インチの紙幣の束を持ち帰りました。これまでの人生で手にした最高の金額です。だが、気をつけろ、その金はおまえのものではないし、正確には教会のものでもないのだ。返さなくてはならないものだ。用心して使えよ。

三月三十日——午後七時に、Den氏の司式によるジョン・Kの結婚式。式のあと茶菓で披露宴。午後十時まで楽しきこと限りなし。Sのキリスト信徒のなかでは最初の結婚。

聖公会信徒のジョンが、キリスト信徒の青年たちのなかでは最初に結婚生活の祝福に入る人となりました。式は聖公会式で執行され、花婿花嫁は祭壇の前で指輪の交換をしました。我が国でなじみのあるやり方とはまったく異なったものでした。御馳走の並んだテーブルにつき、数人の青年たちが順番にスピーチをして新しいカップルの成功と幸福とを祝いました。クリスマス・イブのとき、私たちのため赤いダルマを作った男がいまや夫になるとはどうにも信じられませんでした！「主が汝の家にいるところの婦人《おんな》をして彼《かの》イスラエルの家を造りなしたるラケルとレアの二人のごとくならしめたまわんことを」(ルツ記、四の一一)。花嫁もまた、当時、私たちが計画していたカミの家を建てる仕事を同じく助けるでありましょう。

三月三十一日――教会の問題がむずかしくなる。夜、委員会を開き新しい建物の計画の断念をきめる。

それは、こういう事情でした。私たちの買う予定にしていた土地が入手できなくなったのです。ほかの土地も見つからず、「パタゴニア人」のKの言葉を借りるならば「われわれは、セミラミス女王*の庭園のように空中に教会を築くか、新築の計画をまったく放棄するしかないのだ」という状況でした。でも私たちは、そのような結論に達したことを残念には思いませんでした。莫大な借金を背負う方を大いに恐れていたからです。私たちには、――どんなにみすぼらしいものでも――礼拝の場所さえ持つことができるならば、借金で造られた豪壮な建物よりは遥かによいと思えたからでした。

四月一日――大工不在。事態はいっそう面倒になる。

四月三日――「長老」のS、大工と相談する。うまく収まりそうだ。

四月十五日――大工に二十円払うことにきまる。

委員の一人のでしゃばりのエドウィンが、一定の期限内に材木を用意するようにと大工と話をまとめてしまっていたのです。従って大工は木を伐採するために人を山に送っていました。面倒になったのは次のようなためでした。つまり、ソロモンはエルサレムに神殿を建てるようにとヒラムに口約束をしました。* ヒラムはソロモンを信じていました。それで、ただちに王のための杉の伐採に配下の男たちをレバノンにやりました。しかしその後、神殿の建築を予定していたモリヤの山*が、すでに他人の所有地となって入手できないことがソロモンにわかったのです。ソロモンは計画の実行に必要な費用をパロ*から借りることには、あまり気が進みませんでした。それでソロモンは神殿を建築する計画を断念しました。ところがレバノンでは、ソロモンのためにヒラムの配下の木を切る音がこだましていました。一方、ヒラムは商用で山を下ってシドン*に出向いていました。そのため、ソロモンは新しい建物につき生じた話の変化を、ヒラムに知らせようとしたのですが彼には会えませんでした。この知らせをヒラムに伝えるのをソロモンが日ましに延ばしているうちに、話はいっそう双方にとって面倒なことになりました。ソロモンと彼の顧問官たちは不安になりました。ついにヒラムがツロ*に戻ってきました。ソロモンはヒラムに、神殿は建築できなくなったのでレバノンからその配下を呼び戻すように要請しました。しかし、ヒラムの配下はすでに二週間以上も山にいて、相当な量の杉がもう切り倒され材木にされるばかりになっていました。ヒラムはこの損害の補償をソロモンに求めました。ソロモンは顧問官たちにこれにつき相談しました。「長老」のSと「クロコダイル」のWは、ベンサムやジョン・スチュアート・ミル*を少しかじっていましたので、ソロモンがヒラムとなした契約書に玉印を捺《お》していないのだから、ヒラムの損害に対して補償金を支払うなんらの法的義務もないと考えます。しかし、王のほかの顧問官である「ミッショナリー・モンク」のOとヨナタンは、そうは思いませんでした。ヒラムはソロモンの言葉を、エホバとその契約を信じる者の言葉として信用したのです。玉印が捺されているかいないかは問題になりません。王は支払わなければなりません。さもなければダビデの家*は民の信頼を失うでありましょう。しかし、SとWとは法律上の信念に固執し、全イスラエルの民も彼らの主張を支持します。だがOとヨナタンとは、そのような方針をどうしても承服できません。二人はある寒い冬の朝雪の上で会い、自分たちだけでもこの責任は取ろうとの結論に達しました。二人は私的にヒラムと会い、私たち自身は貧しい、しかしあなたをひどい目にあわせておくのは気の毒であると告げました。ヒラムはイスラエルの二人の男の誠意に接して、自分も損害の一部を負担しましょう、イスラエルの民からは二十円いただくことで満足する、と言いました。ヨナタンはまだ学生であり、定収入は一週わずか十銭にすぎません。Oが全額を支払い、ヨナタンは、この七月に学校を卒業するときOに清算するつもりです。こうして、すべて面倒なことはソロモンの顧問官二人の側のささやかな自己犠牲により片づきました。その後「お人よし」のUとヒューとが、Oとヨナタンとを助けて二人の負うた借金を分けもちました。——読者は話すに足りない些細な事件であると言うかもしれません。しかし、このような経験を通して、私たちの打ち込む神学や哲学全体にもまして、カミと人間とのことを教えられるのです。

四月十七日　日曜日——午後、チャールズと家捜しに歩く。「長老」のSの家で委員会。

新築を断念したので、完成済の建物を捜しはじめます。

四月二十四日――Oと会い、教会につき相談する。

四月三十日――Oを訪ねる。教会の独立がはじめて話題になる。

礼拝堂をもつ話はうまく進んでいません。一同やや落胆しはじめました。聖公会の仲間たちは、すでに自分たちの礼拝堂をもっています。どうして私たちは一つになって、全員彼らの教会に集まれないのでしょうか。「必要は発明の母なり」です。教会をもつことの失敗は、キリスト信徒の一致と独立という、もっと高くて貴い考えに私たちを向かわせました。私たちを導いたのは聖霊だったのです！

五月十五日　日曜日――教会員は「パルマイラ」に集まり独立について話し合う。意見多様。集会は何の決定的結論も出ずに終わった。

事態は大事な問題になりつつあります。全キリスト信徒が集まって教会の独立という最も重要な問題につき話し合うがよい。ヨナタンは若く理想主義的で直情的であります。彼は私たちが既存の教派から分離して新しい独立体をつくることを、むずかしいとは考えません。しかし「長老」のSと「クロコダイル」のWは慎重です。私たちのそのような突進を望んでいません。「お人よし」のUと「ミッショナリー・モンク」のOとはヨナタンに賛成ですが、彼の思うようにうまくいくとは信じていません。その日の午後は私たちは何らの決定的な結論にも達しませんでした。

五月二十二日　日曜日――教会の独立は会員全体の声にならんとしている。夜、Oと会い規約を作成する。

五月二十三日――夜、Oと会い教会の件で相談する。彼のところで蕎麦《そば》の御馳走にあずかった。

独立の声が優勢になりつつあります。Oとヨナタンとは、好ましい独立教会の規約案の作成をはかっています。二十代の二人の青年が、欧米の最大の頭脳を悩ませた仕事に取り組もうとしているのであります！　無茶な話です！　しかし勇気を出せ！「神は智《かしこ》き者を辱《はず》かしめんとて世の愚《おろか》なる者を選*」ばれたのです。疲れたら蕎麦で元気を回復させればよいではありませんか。

その月の終り近くになってD氏の三度目の訪問があり、いつものように説教、授洗、聖餐を行ないました。だが、私たちは、自分たちが彼の教会——メソジスト監督教会——から分れようとしている企図を、うまく隠しておくことができませんでした。D氏がこの計画を歓迎するはずはありません。D氏は私たちのところに九日間とどまって伝道本部に帰りました。——彼にとっては、私たちのもとへの訪問としては楽しい訪問ではなかったでしょう。

ところで、私たちの学校生活は終りに近づいていました。

六月二十六日　日曜日——学校で最後の安息日。仲間は集会で心を開いて何でも話し合った。Wが祈禱を捧げた。私はカミの国のためなら遣わされる場所を選ばないと言った。チャールズはこの世の職に従いながらカミの国のために働く道を語った。彼はこの面でのキリスト信徒の活動の重要さを強調した。そのあと、フランシス、エドウィン、パウロ、ヒューと続き、在学中に私たちの集会から、いかに多くの恩恵を与えられたかを話した。Yが奨励をした。Z*は人心の改良こそ人類の仕事であると強調した。「カハウ」も若干の感想を述べた。フレデリックが閉会に際して祈禱を捧げた。在学中、このような集会は一度もなかった。

非常に感銘深い集会。寒暑を通じ、ときには愛し合いときには憎み合い、四年の長き間にわたって集りを開いてきた「教会」が、いまや解散されようとしていました。小麦粉だるの説教壇よ、さようなら！　私たちにもいつかボストンを訪れて、トレモント聖堂やトリニティ教会で礼拝をする日があるでしょう。あるいは、ヨーロッパを巡遊して、パリのノートルダムとかケルンの名高い大聖堂でミサを聞くこともあるでしょう。ローマではサン・ピエトロ大聖堂で教皇の祝禱を受けるかもしれません。しかし、フレデリックやヒューが汝のところで祝禱を捧げたときの、汝に宿った魅力と神聖さにまさるものは決してないでしょう。聖餐でもふだんの食事でも、私たちを一つにした愛する水さしよ、さようなら！　黄金の聖盃でブドウ酒の聖餐にあずかるときがあるかもしれないが、おまえの口からつがれた、あの冷たく光る液体が、私たちの多様な心を和して一つと化したような同化力には、決して及ばないでしょう。青い毛布よ、さようなら！　汝が私たちに与えた「座席」にまして坐り心地のよい椅子はないでしょう。小さな「教会」よ、さようなら！　そのありとある「アトラクション」も、子供っぽい試み、口論とあてつけの祈り、楽しいおしゃべりと日曜の午後の御馳走もともに！

心楽しき安息日学校よ！
美麗なる殿堂にまして私には慕わしい、
私の心は、おまえに向かって絶えず喜びはずむ、
私の愛する安息所よ。

わがままな迷える私の心に、
ここにはじめて、
生きる道が示された。
明けても暮れても求めつづけた私は、
ここにはじめて、
安息所を手に入れた。

ここにイエスは立って、
やさしき声で私に、
入るがよい、そしてイエスを、
この慕わしき安息所において、
ただ一人選ぶがよいと話しかける。

安息所よ！　さいわいの家よ！
私の心は、おまえに向かって絶えず喜びはずむ、
私の愛する安息所よ。*

七月九日　土曜日――卒業の日。* 午後一時十五分、兵式体操(Military drill)。実際の卒業式(Literary exercises)は二時に始まる。卒業演説*は次のとおり。

How Blessed is Rest after Toil——エドウィン
農民には道徳の大切なること——チャールズ
Agriculture as an Aid to Civilization——パウロ
農学と植物学との関係——フランシス
The Relation of Chemistry to Agriculture——フレデリック
一科学としての漁業——ヨナタン

卒業証書を、校長より盛大なる拍手のなかで授与。＊　＊　＊　＊　＊　＊
＊　＊　＊　＊　＊　＊　＊　＊　＊　＊　＊　＊　＊　＊
この日の全名誉を天の父に感謝する。学校を去る日が来たのだ。サタンの子の間(この世)に出ていかなくてはならないが、どうしたらよいのか。私は自分の負う責任の重さを考えるにつけ、自分の信仰をなんとかして強くしなくてはいけないと思う。心には、喜びがあるが涙もないわけではない。私は心から謙譲な気持で天の父に仕えるために、その恵みを求めて祈るのみである。

学校に入ったとき同級生は二十一人*でした。病気や退学で卒業のときには十二人*に減っていました。そのうち七人がキリスト信徒でありました。卒業に際し首席から七位までを占めたのは、この七人*でした。クラスの非キリスト信徒たちがキリスト教に反対した大きな理由は、日曜日に勉強が許されないという点でした。私たちキリスト信徒は、この安息日の律法を守りました。試験はいつも月曜日の朝に始まったにもかかわらず、日曜日は私たちには休息の日でありました。物理学であれ、数学であれ、「肉(flesh)」に属することは何でも、聖日にはさけられなくてはなりません。しかし、どうです！　学校生活を終えるにあたり私たちの「点」が集計されると、安息日を守った私たちがクラスの上から七位までを占めて、クラス演説全部を独占でき、一つを除いてすべての賞を持ち去ることになったのです！　安息日が神の永遠の律法の一部として本来価値あるものであることについては言うまでもありませんが、このようにして私たちは改めて、安息日を守る「実利」についても証明したのでした。

　いまや七人が「貢献しうる」キリスト信徒勢力にさらに加わったのです。これによりいまや真のほんものの教会をもてるかもしれないことになりました。世の中に出たならただちにほんものの教会——おもちゃの教会ではなく——をもつことが、私たちの夢ではなかったでしょうか。家庭を持ったり金稼ぎについて考える前に、私たちは教会の建設を考えたのであります。ジョンが説教のなかで語ったように「狗児《ちんころ》を追い払うように*異教徒を散らし」、団結力と勇気とをもって、世の人と悪鬼とすべてのものを征服しようではありませんか。

「輝かしき人間となる日を望む青年の字引には、失敗という言葉はない」――E・B・リットン。*

第四章　新教会と信徒の説教

札幌基督教会堂（1885 年落成の 2 代目の教会）

学校を卒業するとともに、私たちにはそれぞれ月給三十円の職*が与えられました。私たちは実用科学を学んできましたので、我が国の物質資源の開発を期待されていました。まさにこの目的にそった道を歩んできたのでした。私たちは、ナザレのイエスのうちに大工の息子であることによって人類の救い主となった人をみたのです。したがってイエスの不肖の弟子である私たちにも、農業者、漁業者、技師、製造業者でありながら平和の福音を伝える者である道が許されるでありましょう。漁業者のペテロ、天幕造りのパウロが私たちの模範でした。キリスト教を、どんなものにせよ聖職階級制とか教会制度として理解するようなことは決してありませんでした。キリスト教は本来庶民の宗教であると思います。私たちが「俗人(men of the world)」であるからといって、決して説教者や伝道者になる妨げにはなりません。学問の殿堂を出たばかりの青年たちのなかで、この理科系の学校を出た私たちをしのぐほどの聖別された一団はないと信じます。私たちの教えられたことと進むべく定められた道は物質的でしたが、目ざすところは精神的でありました。

私は学校を卒業するとふたたび首府にある自宅に帰りました。このとき「六人の兄弟」はそろって同行しました。首府に滞在している間はとても楽しくありました。宣教師たちからは何度も招かれ、私たちが行なったささやかな出来事を賞讃されて、私たちの経験を彼らの会合で語るように求められました。戻ってから自分たちの教会に役立てるために、私たちは教会の組織と運営の仕方を学びました。私たちは、はるか北の方、原生林と熊と狼とのただ中から出てきたのですが、キリスト信徒のなかにあってそれほど知的に見劣りするものではないとわかりました。小麦粉だるの説教壇から聞き青毛布に坐って語り合った話の内容は、首府の教会の教えや教養とは比較にならないほど粗野な思想ではありませんでした。事実、私たちの見方のほうが、専門の神学者に育てられた友人たちより、深遠で健全であると思われる点もあったのです。

私はまた、二年前の時と同じように友人や親戚に伝道を続けました。最大の反対者は私の父でありました。学もあり、生来強固な信念の持主であった父は、私の信仰をもってするに最も近づきがたい相手でした。三年にわたり、私は父に書物とパンフレットとを送り続けていましたし、キリストのもとに来たって救いを受け容れるよう訴える手紙を書き続けていました。父は相当な読書家でありましたから、送った書物をまったく無視するようなことはしませんでした。しかし、父を動かせませんでした。父は社会道徳に関しては正義派であり、そういう人の常として、救済の必要をほとんど感じませんでした。学校生活を終えるにあたり、私は今度も学業と勤勉とにより少しばかりの賞金を与えられていました。私はそれを最も有効に使おうと思ってカミに祈りました。たまたまそのとき、両親に何か贈り物をするのがよいとの考えが浮かびました。それには中国在住のドイツ人宣教師ファバー博士の著したマルコ伝の注解書*が、最もふさわしいものであると思われました。これは五冊からなっていて、その書物の対象とした国の人の学問にかない、手堅くて幅広い学識の所産とされていました。たいへん評価の高かった書物で、それは今日でも変わりありません。訓点なしの漢文で書かれていましたから読みにくいものですが、まさにその方が、それを読み通そうとする父の知的欲望を刺激するだろうと考えたのでした。私は二円投じてこの本を買い、トランクに入れて父のもとへ持ち帰りました。しかし、ああ！ その本を父にさし上げたのに、父の口からは一言の感謝もお礼の言葉も聞かれず、私の最も心をこめた願いはまったく冷ややかにあしらわれました。私は小部屋に入って泣きました。本は他のくずといっしょに紙くず箱のなかに投げ入れられていました。だが、私は第一巻を取り出して父の机の上に置きました。

何もほかにすることのないひまなとき、父は一、二ページ読もうとしたようでした、また紙くず箱に入れられました。私はまた拾い出して前と同じように父の机の上に置きました。この本に対する父の抵抗に私の忍耐も負けませんでした。しかしながら、とうとう私が勝ちました。父は第一巻を読み終えたのです！　父はキリスト教をばかにしなくなったのです！　本に書かれてある何かが父の心を打ったにちがいないのです！　私は第二巻も第一巻と同じようにしました。はたして父は第二巻も読み終えて、キリスト教についてよく言うようになりました。父の積極性をカミに感謝いたします。父は第三巻も読み終わりました。私は父の生活と態度とに変化の生じている点を認めました。酒は前よりも飲まなくなり、妻子に対する態度は前よりやさしくなってきました。第四巻が読み終えられて父の心はうち砕かれました！　私を呼ぶと「おれは傲慢な人間だった。今日からまちがいなくイエスの弟子になるよ」と言ったのです。私は父を教会に連れて行きました。その人間性全体の大きな変化に気づきました。教会で聞くことすべてが父を動かしました。まことに雄々しく武士らしい目は、いまや涙でぬれていました。もはや酒は一滴も口にしようとはしませんでした。十二か月後に父は受洗しました。* 聖書を実に徹底的に学びました。それまで決して悪人だったわけではありませんが、それ以来キリスト者(*Christian* man)となりました。その息子がどれほど感謝したかは読者の判断におまかせしましょう。――*エリコは落ち、カナンの他の諸都市も引き続き陥落しました。いとこ、叔父、弟たち、母、妹、みなそのあとに続きました。そして十年間、カミの摂理の手は私たちにたいへん辛い試練を課し、多くの深淵を渡らせました。私たちは、その信仰ゆえに世間から白眼視され、多くの人生の楽しみを主の名のために断念しなければなりませんでした。それにもかかわらず天の主に対する愛と忠誠とにおいて、我が国のいかなる家にも負けていないと私は信じます。四年前、私たちの家族にはもう一人*加わりました。彼女は、「異教徒」として私たちのもとに来ましたが、一年たつうちに、彼女ほどその主たる救い主に忠実な女はいなくなりました。よき主は、わずか一年半、彼女を私たちのもとにとどめたのみで召し去りました。しかし彼女が私たちのところに来たことは、その魂の救い主を見いだす機会となりました。彼女は主とその御国のために正しくりっぱに戦ったあと、主を信頼しつつ主の喜びと祝福のうちに召されました。主にありて眠れる彼女、主にありて結ばれ霊的となれる私たちは、みな幸いなるかな。

秋になって私はふたたび北の地にある活動の場に戻りました。我が家は貧しく、今や私は俸給を得る身となった以上、両親に負担をかけられなかったので、私の費用で弟*を連れて行きました。エドウィン、ヒュー、チャールズ、パウロと共同生活をすることになりました。学校生活の継続でありましたが、学校の寄宿舎とくらべると、少しばかり自由と楽しみの多い点だけが違っていました。

十月十六日　日曜日――K氏*が朝の説教をする。南通りの新教会*で、はじめて集会をする。

K氏は長老派の人でした。私たちの学校の卒業生ではなかったのですが、私たちキリスト信徒の仲間のなかに貴重な存在として加わっていました。彼はまだ若い人でしたが、深い霊性とキリスト信徒としての広い経験の持主でありました。

私たちが首府にいて留守の間に、「ミッショナリー・モンク」のOは、私たちの礼拝堂を捜すのに骨折っていました。その見つけたところは一つ建物の半分で、二百七十円の値段で購入されました。私たちの持分は約三十×三十六フィートあり、板ぶきの屋根の二階建てでした。家の二倍の広さの庭もありました。借家として建てられたもので、台所といろりがかなり大きな場所を占めていました。私たちは教会の経常費の足しにするために二階にある二部屋を貸しました。一階は全部教会として用いられるようにしました。ヒューは頑丈な長椅子を六脚注文してきて、これは男性の出席者にあてられました。女性たちは、一段高くなった床にきわめて簡素な机を置いた説教壇のまん前に、畳を敷いて坐りました。しかし、それでも私たちの「初期の教会」の小麦粉だるの説教壇にくらべると段違いの改善でした。座席が足りないほどの出席者のあるときは、床を長方形に切り取って作られている大きないろりの上に松の板をのせます。そこに毛布を敷くとさらに十人分ほどの座席ができました。その家は五十人出席者があると満員でした。冬になると説教壇の前にストーブが大きな場所を占め、その煙突で説教者の顔は集まった男性の人たちの目からは見えなくなります。そのために家の隅々まで、自分に最適と思われる姿勢で坐ったり、よりかかったりしている様々な人たちで埋まりました。このころにはオルガンも備えていました。私たちの友である宣教師Den氏によって提供されたものであります*——極上の品ではありませんでしたが、聖歌の調子をあわせる会衆にはそれで十分用が足りました。親切な天の主は、この楽器をひく音楽家としてＦ氏*という人を与えてくださいました。この人もその教会にとり貴重な加入者の一人でした。天井は床から十フィートもない高さでしたから、五十人またはそれ以上の蛮声の合唱でふくれたオルガンの響きは、恐ろしい調子はずれの音の振動で建物を震わせました。壁の向うに居住する隣人の平和は、こうしてひどく侵害され、その人たちから苦情の絶えなかったのも当然でした。この二階に住む人たちはわざわいなるかな！　日曜日は一週のうちの最良の日のため、仲間たちは朝たいへん早くから礼拝堂にやってきました。そして夜の礼拝が午後十時に終わってそれぞれ自分のねぐらに戻るまで、その家がなんらかの人声から解放される時はありませんでした。生まれてはじめて私たちは自分自身の家を持ち、その家をかつてないように使ったのです。新たに私たちに加わった教会の最年長者*は、それを「はたご(inn)」と呼びました。人生の旅路を歩む私たちが、いつでも立ち寄って元気を回復させる場でありましたし、高齢に達して忙しい生活を送っていたその人は、憩いを必要とすることが多く、ひんぱんに「はたご」に立ち寄りました。そこは同時に、読書室であり、教室であり、委員会室であり、軽食堂であり、集会室でありました。横隔膜が破れんばかりの大笑い、心の奥底に触れる悔い改めのすすり泣き、最大にして最も健全な頭脳をも困らせる議論、商品の売買や金策の話など何でも、どこよりも便利なこの家では聞かれました。これが私たちの教会であり、世界中捜しても他にどこにも見出せないものでした。

一致と独立とを目ざした活動は実に強力に推進されました。聖公会に属する兄弟姉妹たちは、その礼拝堂を捨てて私たちといっしょになることを望んでいて、書籍とオルガンとを持ってきました。彼らの建物の購入を援助したイギリス教会宣教会(the Church Missionary Society of England, 略称C・M・S)は、その建物を自分たちの教会のために使い、同教会からの「改宗者」たちは私たちメソジストと合同して、メソジスト監督教会ミッション(the Methodist Episcopal Mission)に対する私たちの借金を支払うようになります。両者は、借金の返済が済みしだいできるだけ早くそれぞれの教派を離脱し、二者は合して一つの独立した自国民の教会を形成する手はずです。この計画は同意され、私たちの側では、それにつき何らの支障も感じられませんでした。ただ、私たちの外部にいる友人たちだけが、その計画の妥当性と成功の可否、将来出会うかもしれない大きな困難をたいへん問題にしました。しかし、私たちの目に将来のことは見えていませんでした。「さいわいなる無知」のために、合同は、取越し苦労の友人たちが案じたような困難はなにもなく実現されました。

新しい教会の規約は、およそ考えられるかぎり最も簡単なものでした。信条は使徒信条*であり、教会規則は五年前にあのニューイングランド出身の教授によって書かれた「イエスを信ずる者の契約」にもとづいて定められました。教会は五人からなる委員会により運営され、そのうちの一人が会計でした。通常の仕事はすべてこの委員たちによって処理されました。しかし、「契約」で触れられていない問題、たとえば会員の入退会のような問題が生じた場合には、全会員が招集され実行には三分の二の票が必要とされました。教会員のだれもが教会のためになにかするよう求められました。だれ一人として怠ることは許されず、何もできないときには、のこぎりでストーブの薪をひかせましょう。だれもが教会の成長と発展とのための責任をもっていて、この点では「ミッショナリー・モンク」のOも、私たちの教会では最もちっちゃな「松子」ちゃんも、同じ責任をもちました。もちろん、私たちのうち説教をしたいと思っている人は一人もいません。そこで「ミッショナリー・モンク」のO、「クロコダイル」のW、「聖公会員」のジョン、それにヨナタンが順番に説教壇に上りました。長老派の友人K氏は、この面ではかなり私たちを助けてくれました。ヒューは忠実な会計委員であって、収支の整理には複式簿記を用いました。特別訪問委員会があって、その会では善良なエドウィンの活動が顕著だったと思われます。若手の会員たちは聖書や小冊子を売る販売人となって、近くの町村を売り歩きました。私たちのなかには町の外に滞在している者が多く、それぞれ新しい土地の探査、測量、鉄道の敷設などに従っていました。しかし、その人たちもみな家にいる私たちと同様にキリスト信徒としての仕事に多忙でした。私たちの目ざす大いなる目的のため全組織をあげていかに働いたかを次にみましょう。

十月二十三日――YMCA*を組織。会長に任ぜられる。

青年のための特別な事業が不可欠となり、私たちの仕事にYMCAというものが加えられました。この夏、首府に滞在中に聞き知った案でした。

十一月十二日――YMCAの開会式。聴衆約六十。会のあと赤飯の御馳走。たいへん盛会。

私たちの小さな教会は収容力いっぱいにまで満員になりました。赤飯とは、小豆を入れて炊いた御飯であり、通常お祝いのときに提供されます。おいしいものですが、強健な胃でないと消化できないから胃弱の人は食べないほうがよいでしょう。――思えば私もその日の講演者の一人でした。題目は「帆立貝とキリスト教との関係*」でした。要点は地質学と創世記との調和にありました。このために特に帆立貝を選んだわけは、それが我が国の沿岸で最もよく見られる軟体動物であり、その貝殻が化石として大量に発見されていたためでしたが「進化」「生存競争」「適者生存」というような語句が、私たちの仲間の間でも語られていて、当時、我が国に姿を現し始めていた無神論的進化論者に一撃を与える必要があると思われたからです。私の題は奇妙に思われましたが、青年たちは熱心に耳を傾けていました。

十一月十五日　火曜日――午後三時にW、Oと会い、教会の件で相談。全会員は四時に集まり教会の将来について話し合う。――教授C博士*から送られた米貨百ドルを受けとる。

委員会の三人の委員による予備会合のあと、全会員の総会がありました。私たちは実生活という荒海に船出していましたから、人が生きていくという問題が、教室で想像していたよりもはるかに現実的で真剣なものであるとわかりました。事態は私たちが願い計画したようには運びませんでした。誰もが教会の問題に関し燃える熱意を抱いていたわけでなく、一部には関心のゆるみの認められた面もありました。私たちはすでに四百ドルの借金をしていましたし、説教者には一銭も支払っていませんでしたが、教会の経常支出は少なくありませんでした。これらのあらゆる困難にどのように対処するか、これが会合で決定されなくてはならない問題でした。何の良策も出てきませんでした。大目的のために持っているすべてを放り出す必要があるなら、ただ自分たちの財布のひもを解く用意をするだけでしょう。嘆息と不安とにかられつつ私たちは別れました。――「ミッショナリー・モンク」のOがねぐらに戻ると、見よ、彼を待っていたものがあります。その教会のために米貨百ドルの小切手が送られてきていたのです。「イエスを信ずる者の契約」の起草者が故郷のニューイングランドから送ってきたのです！　エホバーエレー、主はそなえたもう！　仲間の兄弟よ、頭を上げよ！　私たちは天の主から見捨てられてはいないのです。この朗報は、全会員に知れわたり、私たちの間に希望がよみがえったのです。

十二月十八日　日曜日――はげしい吹雪。私が説教をした。雪が教会のなかに吹き込み大いに困った。

私たちの安普請の木造家屋は雪を防ぐように出来ていませんでした。その日、女性席は使えませんでした。人々を運ぶそりは雪のなかで立往生し家に帰るのに苦労しました。このような天候のなかで開かれたその日の集会については忘れられません。

十二月二十九日　木曜日――午後中多忙。夕暮れまでに万事終わった。集会は午後六時に開始。三十人の兄弟姉妹が出席した。Sでもった最良の集会。全員が心を開いて語り、九時半過ぎまで自由にその夜を楽しんだ。

恒例のクリスマス祝会は、教会員がそろって町に戻ってくるこの日まで延期されていました。この会は真のキリスト教的な集りでした。二年前のクリスマスのようなダルマの相撲も「原住民」の踊りもありませんでした。この夜、私たちはまことに精神的な喜びを感じました。この年は全体として恵まれた年でありました。私たちのなしとげた仕事は小さくありませんでした。苦労のあとの楽しさの心地よかったこと！

一八八二年一月一日　日曜日――午後、教会に全員集まり交歓する。D氏およびH氏より手紙。たいへん困った。

それはこういう話です。私たちが過ぎ去った年のカミの祝福を喜び、互いに新年の挨拶を交わしているところへ二通の手紙が配達されました。一つは敬愛する宣教師H氏からのものであり、別の一つはD氏からの手紙でした。後者の手紙は、私たちが独立教会を形成する計画にあまり賛成できないこと、その教派から私たちの礼拝堂建設に用立てられた金を少しでも電報為替で返済せよという内容を簡単に述べた、短いが手痛い手紙でありました。この手紙から解る点は、彼が私たちの行動には明らかに反対であり、もし私たちが彼の教派から分れたいならば、その教会との貸借の清算を求めるという強硬な要求でした。彼の手紙はそのように受け取られても致し方ありませんでした。私たちの財政事情は彼のよく知るところでありましたし、文が簡単すぎて私たちの気持に対する、なんの真の理解の情も示されていなかったからです。もしメソジスト監督教会ミッションが私たちに金を貸したのが、自派の教会をこの地に建てさせるためとわかっていたなら、私たちは決してその援助を求めなかったでしょう。私たちの独立は、メソジスト派に対する反逆を意図したものではなく、天の主に対する真情と至高なる愛国の情の表れのつもりであったのです。ミッションは金を私たちに提供したいと言っていたのですが、私たちは、それを借用したのでした。私たちは当時そろって若く意気盛んでした。「すぐに返してしまおう。C教授の金にはまだ手をつけないでいる。教会の金庫をはたいてでもきれいに借金をなくしてしまおう！」と一人が言いました。「賛成だ！　払ってしまえ！」全員がそれに応じました。ヨナタンと会計委員のヒューとは相談のうえ、教会の会計で調達できるありったけの金を電報為替でD氏に送る役になりました。思うに元日に来たこのいやな手紙は、結局、当地の二つのキリスト者の団体を最も固く結合させる結果になったのです。

一月六日――電報為替で二百円、D氏に送る。

私たちは、D氏の教派に対する借金をただちに全額返済することによって、D氏の要求に応じようとしました。しかし、これはどう工面してもできませんでした。仲間にはかなり重い負担をかけていて、これ以上の無理はさせられませんでした。C教授の金がこのときの分割払いの大部分にあてがわれました。私たちのもとに送られてまもない金をすぐに手放すことは、どうしても嬉しい話ではありませんでした。

一月七日――明日の献堂式の準備で忙しい。

一月八日——S教会の献堂式、午後二時に始まる。

出席者約五十人。本日、この教会をカミに献げる。ここより当地におけるカミの栄光の輝きわたらんことを。

私たちの負うべき共通の重荷は私たちの心を共に結びつけました。いまや正式に合同して私たち自身の教会を公然とカミに献げることができたのです。小さな木造の建物は五十人の声をあわせて歌うハレルヤ*で揺れ動きました。——隣人は、わざわいなるかな！　二つのキーの調子が狂っていたオルガンは、F氏の指が触れると突拍子もなく大きな音で讃美歌をかなで始めました。いと高きカミの御名の前に、私たちの献げうる最良最上のものであるこの粗末な住いを献げます！　この住いをまことのシェキナ*として、カミがダビデの賢き息子*の豪華な神殿に臨まれたように実在されますように。カミはそのまとう衣のいかんによらず、うち砕かれ悔い改めたる心を好まれます。カミの最も賞《め》でる教会には、パイプオルガンもステンドグラスの窓も洗礼盤の必要もありません。感謝して頭を垂れる敬虔な会衆に善良なOが祝禱を唱えるとき、明るい一月の太陽は、あらい布のカーテンで一部覆われている二つの窓をとおして簡素な白木の長椅子を照らしていました。澄みきった冬の大気のなかで「われ実《まこと》をもて汝らに告ぐ、この貧しき寡婦《やもめ》は、凡《すべ》ての人よりも多く投げ入れたり」(ルカ伝二一の三)との主の声を聞く思いでした。

二月十六日　木曜日――S教会の規約を作るため、O、W、ジョンと会う。月曜日、火曜日、木曜日、金曜日を会合の日にきめる。

礼拝堂が献堂された以上、文書のかたちをとった何らかの教会規約が必要となりました。実行委員の四人にその規約の原案作成が任せられました。私たちは、キリスト教会のうちでも最も独自なこの教会を律するには、どのようなものがよいかを考えなければなりません。――キリスト教の本質のすべてを盛り込み、しかも私たちの新しい事情にかなわなくてはなりません。議論は七日間続き、教会組織につきだいたいの骨組が出来ました。会合は祈りで始まり祈りで終わりました。私たちはおそろしく熱心でした。小さないろりを囲んで、やかんが蒸気で私たちのために音楽をかなでるのを聞きながら、一条ずつ作りあげていきました。ヨナタンの威勢のいい考えはOの冷静な判断でやわらげられ、ジョンのその時々にふさわしい思いつきはWの法律尊重主義によって時代に合うように改められました。今や全文は教会会議の承認をもって発効を待つはこびとなりました。

三月六日――教会の建物に引っ越した。

教会の二階の一室が私に提供されました。ただし無料ではありません。集会の場所の掃除、教会図書館の管理、管理人と用務員とのいっさいの仕事をしたうえに、なお部屋代として毎月二円を教会の会計に支払わなければならないのです。これほど便利な教会役員には、ほかにお目にかかったことがありません。この日から、私の部屋は仲間の兄弟姉妹のたまり場になりました。

三月十三日――今年の十月までに教会の借金を清算してしまおうと互いに誓い合った。

私たちの借金の支払いは無期限に延期されてはなりません。期限を定めて自分の責任額を支払うように各自が決意しましょう。もし十か月間、西洋料理店に行くことを止めたら、当人の責任額の半分の支払いに役立つでしょう。もし来年まで古いジャケットとズボンのままで過ごすなら、その人の負担額にあてることが可能でしょう。私たち各々の手取りの収入は毎月二十五円でした。来たる十月までに自分の月給一か月分を支払わねばならなかったのです。

九月二日――Ts＊兄とA製材所＊に出かけた。夜、私が説教した。

九月三日――朝、A製材所を出た。H氏宅＊に泊まり説教した。製材所の将来性は有望。

A製材所における伝道所の開設は、私たちの教会の歴史において最も記念すべき話の一つであります。それは、私たちの行なっていた仕事のなかで、キリスト信徒の共同作業のあり方を最もよく物語っているからです。製材所は教会から約十五マイル離れた山地にありました。そこでは、巨大な松林から板や材木を得ようとして、政府が最近アメリカ製のタービン機関を導入していました。運搬道路が当地から新しい製材所まで建設されることになり、この新しい高速道路の踏査をするために測量士が派遣されました。たまたま「お人よし」のUが、この調査の主任測量士となり、彼は仕事に従う一方、製材所のまわりに造られた小さな居住地に、聖書とキリスト教とを紹介するために全力を尽くしました。ルートが決定されるとその最終的な測量は私たちの教会の会計委員ヒューに託されました。彼は山地に滞在している間に、たいへんすばらしい人をキリストのもとに導くことができました。「無足類(Apodal)」のあだ名をもつOであります。測量が終わると道路を建設するために任命されたのが、これも教会の会員であるH氏でした。彼も同僚にまじってキリストのために働きました。原生林の死の沈黙のうちで語られた彼の言葉は徒労に終わりませんでした。道路がりっぱに完成される前に、もう一人の貴重な人物が主のために与えられました。一方、「お人よし」のUが製材所でまいた種は芽生え、よき生育をとげつつありました。製材所の人々は新道路の建設を待ちこがれていて、自分たちのもとにきて福音を説いてほしいとの伝言をよこしてきました。そこで私がTs兄とともにその使命をおびて派遣されたのであります。キリスト信徒によって踏査され、キリスト信徒によって測量され、キリスト信徒によって建設された道を、私たちが最初に踏んだのでありました。この道路の上を一本の材木も運ばれぬ先に、喜ばしき平和の知らせを伝える者の足が踏んだのでありました。それはまことにキリスト信徒の道路であり、私たちは真道(*the Way*)と呼びました。栄光の主が来たらんために「もろもろの谷はたかくもろもろの山と岡とは卑《ひく》くせられん*」。

九月二十三日　土曜日――国の祝日。*　空には一点の雲もなし。午後一時に全員教会に集まり共に博物館の庭に行った。そこで、歌よみ、茶話会、輪投げをした。この日、だれもが心ゆくまで楽しんだ。

その日は私たち教会員の「野外日(field day)」でした。毎年二度――春と秋――この日を迎えました。私たちがまだ「異教徒」であったころは、そのような園遊会になりますと、有害な飲料を飲んでは羽目をはずして大騒ぎをし、「鬼ごっこ」という遊びをしたものでした。「鬼ごっこ」とは、「鬼」になった一人が「陣地」から出て迷っている者をとらえ、とらえられた者が代わって鬼になるので、そのような名のついている遊びでした。しかし、新しい信仰は私たちの性格を変えてしまいました。前と同じように戸外の大気にふれて無邪気な遊びを楽しむことはしましたが、「鬼ごっこ」とアルコール飲料に代わって歌会と茶話会をしました。こういう変化によってもたらされた楽しみのほうが、非信者の友人たちが相変わらず夢中になっている遊びとくらべて、はるかにまさっていることが解ってきました。すでに読者にお話ししましたように、冬になりますと私たちは共に鉄なべを囲んで、お互いの心を結び合ったものです。「雪ごもり」のときであれ「博物館の庭」であれ、私たちは合同教会の活動の実をあげるために、こういう交歓会を重視しました。

この日から年末まではとくに話すような経験もなく終わりました。信仰の仕事のうえでもこの世の仕事のうえでも、双方とも私は多忙でした。教会の様子も、このころまでにはかなり落ち着きをみせてきました。この年の初めに誓い合っていましたので、メソジスト監督教会ミッションに返済する金は少しずつ入金されていました。だれもが自分の割当額をすすんで払ったわけではありませんが、払えるだけは払いました。年末が近づき、ジョンと私とは首府に出かけました。ミッションとの間に金を清算する役割が私たちに託されていました。

十二月二十八日——銀行から金を引き出し、宣教師S氏*に支払った。
S教会は独立したのだ。

筆舌に尽くしがたい喜び！

二年間にわたる倹約と勤勉との結果、私たちは教会の借金から解放されたのであります。うれしさと感謝で躍り上がったのも当然です。私たちの大憲章《マグナ・カルタ》は次のとおり。

金　百八十一円三十一銭也

首府にて　一八八二年十二月二十八日

ヨナタンX氏より受領。ただし一八八一年教会建設の援助金としてSのキリスト信徒へ貸付けた金(六百九十八円四十銭)のうち、M・E・ミッションに支払われるべき残金百八十一円三十一銭也。

J・S

私たちは今や、私たちに援助の手をさしのべて、この金を二年の間無利息で使わせてくれたことに感謝の念を持つとともに、それ以外にはもはや何びとにも何ら負うもののない状況を感謝しました。

私たちの教会の独立を、それまで所属していた教派に対し公然たる反抗をはかったものとする見方は誤っています。それは私たちの目ざす大いなる目的に達するための、一つのささやかな試みでありました。すなわち、私たちが(カミより授けられた)自身の力と可能性とを十分に自覚するためであり、霊魂の救いのためにカミの真理を求める人々の行く道によこたわる障碍を取り除くためでありました。みずからに頼る道を知る人にして、はじめてみずからが実際にはどれだけなしうるかを知る人となります。依存心のある人間はこの世界で最も無力な存在であります。教会員が、必要もないぜいたく品には多くの金を使う余裕がありながら、資金の不足を嘆く教会が多いのです。もし彼らがその「道楽」を少し控えさえするならば、自立できる教会が多いのです。独立とはその人自身の能力の自覚的実現であります。これこそが人間の活動分野において他の多くの可能性を実現するもとであると私は信じます。これこそが、いかなる独立であれ、その最もふさわしく深い見方です。それを少数の野心家による反抗とか分別のない群衆への扇動とか称して烙印を押すのは、とくに「悪を念《おも》わず」*をもって特徴とするキリスト教紳士としては了見がせまいでしょう。

十二月二十九日——首府に滞在しているS教会員は、午後一時にフランシスの家*に集まる。共に浅草公園の「梅屋」に行き、夕食を共にして私たちの教会の独立を祝った。

これは、私たちの最初の「七月四日」*でした。その場には、フランシス、「クロコダイル」のW、「プテロダクティルス」のTとが居合わせたと思います。Tは、いつもの不作法なしぐさで自分のところに運ばれてきた最初の吸物椀の中身を飲み込みました。あとになって汁の中身は何であったかとウェイトレスに尋ねました。そこに入っていたものが小さなシジミだとの返事があるや、彼は教会の独立を喜ぶあまり、お椀の中身はすべて前方口腔での咀嚼の過程なしに食道に送り込まれてしまったと白状しました。私が思うに、そのほんとうの理由は彼の腹がぺこぺこであったためです。

教会の独立とともに私はその教会に別れを告げました*。この教会につきましては、これを世界の国々の福音化という大問題に関係させて記すとなると、それだけで別に一冊の歴史書を要します。本書を記している現在から数えると四年前*になりますが、私はなつかしい母教会を訪ねました。大変うれしかったのは、その教会が十三年前*に去ったときよりもはるかに盛んな状態であるとわかった点です。「ミッショナリー・モンク」のＯは、相変わらず忠実な牧師として、一銭も受け取ることなく教会のために全霊を捧げて働き、一方、私の卒業した学校で教えることによって生計をたてていました。教会員は約二百五十人を数えていました。二人の有給の伝道師をかかえ、活発なＹＭＣＡがあり、強力な禁酒会を設けて活動していました。一八八五年は我が国の全教派のキリスト信徒の間でも、最も目ざましい活動の見られた年であり、この年における主要な教会の一人あたりの献金額は次のとおりでした。

現在の独立教会	七円三十二銭
組合教会	二円六十三銭
長老派およびオランダ改革派	二円
メソジスト教会	一円七十四銭
聖公会	一円七十四銭

など

この比較によって私たちの設立した教会のことは十分物語られています。この教会は約一千円かけて新しい会堂*を建てていました。それは、私がヴァージニアで見た「黒人教会」とちょっと似ていましたが、かつて私が番人兼管理人をしていた、あの「一つ建物の半分」とくらべるならば段違いに改善されていました。新しいオルガンも備えられていて、そのキーは全部そろっていました。近く新しい石造の教会を建てる予定とも語っていました。それはまさに文字どおり独立した、まことに全国にただ一つしかない教会です。財政面ばかりでなく教会制度においても神学的にも、自分たちの責任にもとづいてキリスト教的な活動をなし、すばらしい成果をあげていました。独自の組織と原理とがあって、彼らがその特徴を聖なるものとして保ちつづけることを、主は望んでいると私は信じます。彼らには果たすべき特別の使命があって、その純真と心の平安を何びとも乱さないようにしましょう。

第五章　世の中へ

——感情的キリスト教

第３回全国基督教信徒大親睦会（２列目中央が内村）

斯《かか》るがゆえに我かれを誘《いざな》いて荒野《あれの》にみちびきいり
終《つい》にかれの心をなぐさめ　その葡萄園《ぶどうばたけ》を与え
アコル(患難《なやみ》)の谷を望《のぞみ》の門となしてあたえん
彼はわかかりし時のごとくエジプトの国より上《のぼ》りきたりし時のごとく
かしこにて歌うたわん
エホバ言《いい》たもうその日にはなんじ我をふたたびバアリとよばずしてイシ(吾夫《わがおっと》)とよばん

——ホセア書、二の一四、一五、一六

私の主にして夫たるカミは、私を平和なる母教会からいざない出したとき、このようにみずからに言われたにちがいありません。主は私の心に真空(vacuum)を造り出していざない出しました。家にとどまり何ものも失われない者には、荒野へ行く必要はありません。自然は真空を嫌いますが*、人間の心は宇宙にある何ものにもまして真空を嫌います。私は心内に抱える空虚、いかなる信仰上の仕事の活動によっても、あるいは科学上の実験の成功*によっても充たされない空虚な存在が堪えられませんでした。その空虚とはいったい正確には何であるのか、私にはつかめませんでした。おそらく、私の健康が悪化していて休息とより簡単な仕事とを強く望んでいたためかもしれません。あるいは急に成人しようとしていた時期にあたっていたので、伴侶を欲する自然の抗しがたい欲求が、私にそれほどの憔悴と空しさを抱かせたのかもしれません。いずれにせよ真空は現に存在するのでありまして、それはなんとかして何ものかによって充たされなくてはなりません。私は、この漠とした宇宙のなかに私に幸福と満足とを感じさせる何ものかがあると考えました。しかし、その何ものかがどのようなものであるかについては少しも思いつきませんでした。生理学者のメスで脳を切り取られた鳩のように、私はいずこへとも何ゆえとも知らぬままに、ただじっとしておれないだけの理由で出かけたのであります。このときから私の全エネルギーは、この真空を充たすという一つの仕事に投入されました。

一八八三年四月十二日——憂鬱。元気なし。

四月二十二日――過去の罪を深く悔い、みずからの努力でみずからを救うことはまったく不可能だと感じた。

いつか癒されるために、私の魂の淀みをかきまぜに天使がときおり下ってくる*明らかなしるしです。

五月八日――第三回基督教信徒大親睦会*が新栄長老教会で午前九時に開催。私はS教会を代表した。午前中、祈禱会と議事。午後、国内の教勢報告。信徒全部で五千。午後六時に閉会した。

キリスト教がはじめて我が国に伝えられてから、このときまでに約二十年たっていました。信徒は我が国の総人口四千万人のうち五千人を数えていました――実に小さな群れであります。だが、信徒の周りの無知で迷信的な全群衆を、ここ四分の一世紀のうちには感化してみせようとの聖なる野心に燃えていたのであります！　このほほえましい期待はT氏*というたいへん楽天的な先輩の算出した計算にもとづいていました。彼によれば、五千人の信徒が怠けて、たとえ各自一年にたった一人だけしかキリストのもとに導かないとしても、信徒数はこの短期間に全国の生ける魂の何倍にもふくれあがるはずなのです。事実、当時の三、四年間の入信者の数は二十五パーセントから三十三パーセントの増加を示していて、私たちのなかで最も冷静な人さえもが、来たるべき四分の一世紀における平均増加率を二十五パーセントとみて疑いませんでした。しかしながら、この記念すべき会合から十年後の本書を記している現在、私は読者に対し、歴史は私たちが期待し予言したこととはまったく別の証明をしたという、悲しい報告の役目をするものです。現在全国には三万五千のキリスト信徒がいますが、年間の平均増加率は急速に落ちているといわれます。まことに一国は一日にして改宗されません！　それはそれでよいでしょう！　私たちの目的は量でもありますが質でもあります。赤ん坊の成長ぶりを人生ではじめて見た人は、赤ん坊が一週間に一ポンドずつ重くなるので、その三十歳に達するころには巨大な象くらいの大きさになるにちがいない、と考えてしまいました。私たち自身の怠惰のためか、それともカミ自身の叡智のためかはわかりませんが、信徒の数値は常に比較的低い数字のままで現在に至っています。

将来のことはともかくとして、その日の私たちの夢は栄光でまばゆく輝いていました。

十八世紀以上にもわたって久しく人の経験しなかった真のペンテコステ*が、ここに始まったということに関しては満場の見方は一致していました。いずれもその真理を裏づけるしるしばかりでした。まず、罪に対する非常なうめきがありました。だれもが泣いて、そのようなときに泣けない者は木石漢とみなされました。奇跡的な回心もいくつか報告されました。ミッション・スクールの児童の一団に聖霊の力が授けられ、道で一人の雲《うん》水《すい》をつかまえて、共に祈り、議論をし、法衣を脱がせて、イエスを救い主として認めるように迫ったといわれました。仲間のなかにあって吃音で知られている青年は、それが治って、使徒ペテロのように燃え立って自由に説教をしたとされます。同じような話はまだあります。私たちの集会には一人の朝鮮人*が出席していましたが、その隠者の民*を代表する名門の出でありました！　彼は、この一週間前に洗礼を受け、民族衣裳をまとって威儀をただして参加していました。彼も母国語で祈りました。私たちには最後のアーメンしかわかりませんでしたが、彼の存在と言葉のわからないことが、いっそうペンテコステにふさわしい光景をつくり出していましたので、力強い祈りに思われました。ペンテコステのためにはただ実際の炎の舌*だけが必要でしたが、私たちはこれを想像で補いました。私たちは皆、奇跡的な驚くべき何かが私たちの上に訪れつつあると感じました。太陽がまだ私たちの頭上に輝いているのかどうかさえ疑われるほどでありました。

五月九日*――午前八時、浅草長老教会で代表者会議。議題は「自由埋葬」。

集会は続いています。我が国では、死体の埋葬に先立ち仏僧の署名を得るべしという法律がまだ生きていたので、これをなんとかしなくてはなりません。法的にはキリスト教式の埋葬のようなことは許されていませんでした。それは司式僧の黙認か、あるいは実際のところ多くの場合、その僧の買収によって執行されていました。私は個人的には、死者のなかにかつて宿っていた魂になんら損失を与えるものでないなら、死者は死者をして葬らせてよい*、私たちのカミは生ける者のカミであるから、私たちの生命のない体の扱いについては特別の扱い方を要求しないであろうと主張しました。しかし、私の兄弟たちのなかには、これに関しては別の意見の人たちがいて、その日はそちらの意見が通りました。そして、その法律を改めるように政府に特別の陳情*をする案が多数決により決定されました。これは国民に信教の自由が与えられるためには、どうしても起こされなければならない大きな運動の端緒と考えられました。しかしながら法律主義というものが、すべて実りないものであることはその後の出来事が証明しています。権利を要求する叫び声ではかちとれなかったものも、時代と思想の進歩とによって自由に手に入るようになりました。国民は今や信教の自由をはっきりとうたった憲法*を有しているのです。

五月十二日——大会終わる。すばらしく有意義だった。教会はよみがえり、良心は試され、愛と一致とはいちじるしく強化された。全体的には強いペンテコステの性格を帯びていた。

あらゆる面にわたって、会合は私たちのだれにも有益でした。興奮がたかまり、大会後にさまざまな会合が一週間以上にもわたって続けられたほどでした。私にとって、その光景は一度も見たことのないものでした。いわゆる「リバイバル」*が、首府の教会で始まったのでした。ほんの少しばかり精神生理学を学んだ私には、その運動はいささか病的にみえました。カーペンター*の『精神生理学』のなかには、一人の修道尼に猫の鳴きまねをする癖がついたら、仲間たちも彼女にならい、ついにはその鳴きまねが修道院全体に及んだ話が記されています。少なくともリバイバルの現象のなかには、交感神経の異常作用として説明されるものが多いでしょう。しかし、その運動は教会の最高権威者や牧師諸氏によってあおられ支持されていたので、私は自分の疑問を抑えてそのときの大勢的な感情に動かされるままに任せました。多くの人々が、決して説明はできないけれどもだからといって事実でないとはいえない神秘的な力によってその魂に訪れた喜びを語るのを、私は見たり聞いたりしました。その人たちによれば、それは目のいまだ見ず耳のいまだ聞かざるほどの喜びであります。このとき、私の科学も、自分も同じような喜びに浴したい気持で取り払われてしまいました。熱心なメソジストの説教者から、私はこの言い表しようのない聖霊の賜物を得る方法を教えられました。私はそれを自分に応用しようとたいへん熱心につとめ、自分の「いつわりやすい心*」に精神力を集中させました。それと同時に他方でハクスリー、カーペンター、ゲーゲンバウル*のことは、悪魔にもとづく幻覚とみなして目を閉ざそうとしました。しかし、ああ！「汝の罪は許されたり」との喜ばしき声は、生理的にも精神的にも霊的にも、私のいずれの鼓膜にも聞きとられませんでした。苦しみ悶え胸をたたく日の続くこと三日に及んでも、相変わらず私は堕落の子のままでした。キリスト信徒の仲間の前に、みずからを特別に天の賞でたる者とし、希望と喜びとに充ちて示すような、きわめて羨むべき特権はついに私には拒まれたままでした。私の落胆は実に深いものでした。「リバイバル」というものは、もともと一種の催眠術、心理電気的な現象にもとづくものとして説明すべきでしょうか。それとも私の堕落の深さが、それを感じない真の原因なのでしょうか。そうです。世界はたった一日や一週で創造されたのではありません。私はメソジストの友から示された道と異なり、もっと「自然」な過程を経て創造されていく道に、まだ希望をつないでよいのかもしれません。

日がたち週がたつにつれて信徒の間に友人と知人とがふえていくにしたがい、私の信仰は急速に感情的なものに傾いてゆきました。信仰談を楽しむ機会が過度になりがちになり、私たちを取り巻く暗黒界を征服するという大事な責任よりも、キリスト信徒の茶話会や宴会のことを多く考えるようになりました。田舎の教会からポッと出の無邪気でばか正直な私は、首府のキリスト教のトルコ風呂の社会にとび込み、少女の歌う讃美歌とだれをも傷つけない説教により、寝かしつけられ洗われてしまったのでした。カミの国はまったき憩いの国、いつでも自由に善意を交換しうる国と考えられていました。そこでは自由交際と自由恋愛という宗教が公然と認められて、茶話会と求愛とにふけることができました。宣教師たちが教会の費用の不足は全部支払ってくれるでありましょう。

また彼らは、仏教や私たちを取り巻くいまわしい迷信とも戦いぬいてくれるでしょう。しかし、もはや木石に頭を下げることもない我が兄弟たちよ、新しい信仰によって与えられた女性の権利を持つ我が姉妹たちよ、——茶話会と教会親睦会に出かけては、そこで「こころの交わりいともたのし」*を歌い、祈り、泣き、夢み、喜ぶがよいでしょう。男女七歳にして席を同じくすることを禁じる儒教の迷信も、女性に謙譲と従順とを要求して気高い性を低下させる仏教のナンセンスも消え去るがよろしい。愛は二人の間だけのものであり、この何ものをも貫きとおす聖なる力によって後押しされた若き心の合一を、天とはいえ妨害はできないのです！

　おお、キリスト教的自由よ、ライデンの水浸しの要塞にあって、凄絶なる飢餓とスペイン人のほこ槍に抵抗したのは汝でありました*。スミスフィールドの火刑場*の薪に音をたてて身をこがし、バンカー・ヒル*の頂で血を流したのは汝でありました。「ほろび」から生まれたセイレーン*とジュピターの多情な子*に、いくたび汝の名を貸し与えているのでしょうか！　律法の尊厳を学ぼうとして、いまだ一度もシナイ*に導かれていない人々に、律法を無視させて汝の名を与えることには慎重であってください。私たちは信じます、汝の喜ばしき訪れは、拘束からの解放をいたずらに求める者に向けられたものではないと。それは、律法に従おうとして不安な努力を行ない、汝の助けにより律法を自己の意志とする、選ばれたるカミの子たちに向けられたものなのです。

しかしながら、等比級数(geometric progression)的な改宗者の数の増加が、福音の使徒たちによって企てられているとき(これは必ずしも許しがたい人間性の弱さではありませんが)、この自由についてのきびしい考えは、異教徒の前にあまりはっきりと掲げられてはなりません。それにより新しい改宗者の間には多かれ少なかれ実践道徳のゆるみがもたらされ、魂の自由について快楽的な見方が生じてしまいました。

(一八八四年)三月十四日——ジョン・ハワード*伝を涙して読んだ。大きな喜びと慰めを与えられた。

古きアダム*の皮を一挙に脱ぎ捨てようとして失敗した私は、みずからの手で行なう仕事に慰めを見いだす方向に自分を向かわせました。どうしていけないでしょうか。感情的キリスト教にはすべて他の感覚的快楽と同じようにやがて飽くようになり、安らぎに飢えたる魂の維持にはもっと確かな実質のあるものが必要とされます。「実際的な愛の事業こそキリスト教の本質ではないのか」と、私はみずからに問い始めました。たしかに永遠なる仏陀は、それを人が涅槃(Nirvana)の至福に入るための四つの条件の第一にあげて教えました。*「わが兄弟よ、人みずから信仰ありと言いて、もし行為《おこない》なくば何の益かあらん、斯《かか》る信仰は彼を救い得んや」*と、忠実な使徒は懇々とさとしています。祈禱会の感情主義、野外集会の心理電気現象――それにより唯一人の物乞いの腹すら充たされないとしたら、それはいったいどうなのでしょうか！　氏神に月参していたころは、路傍の物乞いに常に腹の足しになるものを与えていました。しかし、キリスト教に入信した今日では、彼らに空しい言葉のほかは何も与えていないのです。私の魂よ、それではいけないのだ！　キリスト信徒が他人に空虚な教義を分かち与えることにより天国に入れるとしたなら、それはエビでタイを釣るようなものです。こうして私は英語で書かれた小冊子のジョン・ハワード伝を買って、強く心をひかれながら何度も読みました。「こうでなくてはならない」、私はみずからに言い聞かせました。早くも私は、世界中のすべての刑務所を訪問して、最後には熱病の兵士をみとりながら死んでいく自分の姿を思い浮かべました。私はまたチャールズ・ローリング・ブレースの*『ゲスタ・クリスチ』を買い、キリストを真に愛する人にふさわしい使命について十分私に確信を与えるものを、この本のなかに見つけました。その後、私のキリスト教的博愛主義についての考えは大きく変わりましたが、私の思想と行動とを一変させた、このニューヨークの博愛主義者の健全な影響には感謝してあまりあります。

六月六日――午前七時半、宿を出た。「エビス」港*で小舟を借り、四人の船員に漕いでもらって付近の海底を調べるために鷲崎《わしざき》に向かった。鷲崎では十一屋*に泊まった。

ふたたび政府に雇われ*新たな調査旅行に派遣されました。Sという小島*への滞在中に行なったこの小舟の旅は――私の禁酒主義が実際に試される機会となったので特に忘れられません。私はキリスト信徒としての信仰の一表白として、ずっと禁酒主義を固く守っていましたので、たとえもっともな理由があったにせよ、アルコール飲料に触れることにはとりわけ慎重でありました。前章でふれましたように、飲酒は我が国民の交際のなかでは大きな役割を占めています。好意をもってさし出される盃の拒否は、さし出した人から求められている友情と親交との拒否になります。政府の役人の資格で旅行している私にとり、親しく酒をくみ交わすのを拒んで相手の感情を害するのではないかという絶えざる不安ほど、キリスト教が私の体の痛いとげになることはありませんでした。

だが聖なる誓いを破ることはできません。私はがんばりました。

しかし新しい試練に鷲崎で会わねばならなくなりました。そこはさびしい漁村で文明の果てのような土地でしたから、「十一屋」は旅人が夜の雨風をしのぎうる唯一軒の宿でありました。宿の主人は酒だるから生まれたバッカス*のような人間として、島中に知られたいわくつきの酒飲みでした。「聖水」を讃える念厚く、人に対する気前のよさは羨ましいほど強かったので、その宿で夜を過ごす人はだれでも、彼の霊薬の相伴をせずには済まされませんでした。こうして神々さえも楽しくさせる飲料を、なおいっそう讃えるようになるのでした。私は前々から、その主人が無理強いする盃を拒む勇気のあった者はただの一人もなかったと聞かされていました。そして私が鷲崎に行く羽目になれば、少なくとも生涯に一度だけ自分の禁酒主義を破るにちがいないといわれていました。私は答えました。「鷲崎には行こう。しかし酒には触れないよ」。私を送り出した小さな社会の人たちの間では、二つのまったく相反する主義者の間に起こる奇妙な勝負の結果をめぐって、一騒ぎもち上がる始末でした。

私がかの恐ろしき「十一屋」の門口に立ったのは、その日の夕方近くでした。そこに私を待っていたのは、やつれて背の低い、長年のアルコール中毒による症状を明らかに帯びた、六十がらみの老人でありました。私には、すぐにその男こそ島中に鳴り響いた御本人であるとわかりました。私は臨機応変に振舞えるよう身を構えました。田舎の宿屋の主人が持ちあわせている愛想のよさとか、歓迎するそぶりといったものは、全然その男にはありませんでした。私が役職を名のったので彼はその夜の宿を私に貸すことをやっと承知しました。例によって風呂に入りお茶を飲んだあと、その家のおかみが来て夕食前に「お飲みになりますか」と尋ねました。「酒は一滴も要らないよ、おかみさん」、私はきっぱりと答えました。万事、最初の答えにかかっていると確信していたからです。おかみは引き下がりました。少したって若い男がお膳を持って現れました。そこには御飯と野菜と貝の煮物がきちんと並べられていました。一日、太陽と海とにさらされて、私の胃は待っていたとばかり、その簡素な食事を早々と平らげました。それから私はかの老人がやせた腕に徳利をかかえて現れる戦いの本番を待ち構えました。しかし、そうした気配はいっこうにありませんでした。やがて床がのべられ何の妨げもなく私は快い安らかな一夜を過ごしました。私は、これは友だちが私をおどしたにすぎず、老人の悪魔にとりつかれた習癖の話は全部、ただそのためにだけ作られたのだと考えました。

翌朝、食事のあと私はふたたび小舟に乗りました。前の晩に何事も起こらなかったことをいぶかって、私は櫂《かい》を漕ぐ男たちに尋ねました。その結果、すべての謎が解き明かされました。男たちの一人は言いました。「宿屋の亭主は間違いなくそのじいさんでさ。だが若旦那、きのうの晩、あの家中を静かにさせたのはあんたですよ。亭主は女たちに若いお客さんの邪魔をしてはならんから酒は飲まんと言ってました。これは有難くない話ではないのだが家中びっくりでね、なにしろ飲んべえの亭主に雇われてからはじめて、ぶつぶつ言われたり、怒鳴られたり、騒がれたりすることのない晩でしたからね」。「そうだよ」。別の男も言いました。「おかみさんが、きのうの晩は有難かったと感謝してましたよ。今朝、わしたちが家を出る前に、おかみさんはきのうの晩みたいによく眠れたことははじめてだと言ってましたよ」。「勝った！」と私は叫びました。私が男たちに飲酒の習慣の恐ろしさと勇気ある抵抗の力について説いていますと、折しも天も私たちの勝利に加担するかのように、たちまち風は追風に変わり帆は満々とふくらみ、私たちを誇らかに港へと運んだのであります。そこへ着くと心配していた友だちに、私の断固たる拒絶に冠された勝利のこと――バッカスみずから徳利をなげうち、その純真な家人にも安らかな休息の与えられた話を語ったのでした。

しかし、私の魂の真空は、わずかなそういう経験によっても解消されませんでした。それどころか、それ自体空虚なものである感情的キリスト教は、その真空を前よりいっそう大きく目立たせていました。我が国にあっては望ましい満足を見いだせなかった私は、ラセラス*にならって我が国とは異なった性格の地——まさにキリスト教国に、私の探求を拡げようと考えました。何百年にもわたり、キリスト教がもはや議論の余地のない力と影響とを持ってきたキリスト教国でこそ、私たち異教の出身者には想像もつかないほどの平和と喜びとが見いだされるにちがいない、真理のまじめな探求者ならだれでも容易にそれを手に入れることができるにちがいない、と想像したのです。愛する人たちと別れる苦痛、私のような境遇の者にはどうにも負いきれないほどの重い費用、とりわけ、人間の経験のうちでは最も辛い異郷での文無しの放浪——すべてこれらは、私が心から求めてやまない報償をかちとり自己の存在を堪えうるものにするためには、喜んで堪えなければならないものでした。

しかし、個人的な満足の追求だけが、私にこの大胆な出発をなさしめる唯一の動機ではありませんでした。私に生を授けた国土は、その名誉と栄光とに対し、その国の青年の一人一人からなんらかの惜しみない貢献を求めているのです。我が大地の忠実な子となるためには、我が国境を越えて広がる経験と知識と観察とを必要としたのでした。まず「人」となること、ついで「愛国者」となることが、私の外国行きの目的*でありました。

私の貧しい家族の心からの犠牲と、過去三年間にわたる私の節約の結果、最大の大洋を確実に渡るに足る資金だけは用意し、あとはすべて異邦で私を餓死の目にあわせることを欲さない主の御手に委ねました。すでに敬虔なキリスト信徒になっていました父は、激励と祝福の祈りとをもって私を送り出し、その持てる全財産とあわせ、愛する息子に対する思いやりと愛情を自作の和歌に託して表しました。

聞《きき》しのみまだ見ぬ国に神しあれば
行《いけ》よ我子よなに懼《おそ》るべき

別れの際の厳粛な気持は、教義ではおさえられない自然の情を私たちに呼び起こしました。父は息子の上に主の加護のあるように心からの祈りを捧げたあと、家にまだ残してあった祖先の仏壇の前に私を連れて行きました。そこで私に、この困難な航海に向けた門出に先立ち、亡き祖父の霊にいとま乞いをするようにと命じました。「おまえのおじいさんが生きておられたら、蛮人としか思っていなかった人々のところへ孫が行くなんて、さぞ驚かれたであろう」と、父は涙を流して申しました。私は頭を垂れ、天なる父および亡くなった祖先の霊に向けてわが魂は黙禱と追悼をささげました。教義学の先生がたは、私たちの行為があまりにも仏教的でありカトリック的であると眉をひそめるかもしれません。しかし、そのときの私たちには議論をしている余裕はありませんでした。私たちのカミも私たちの国も私たちの先祖も、私たちは共に愛しました。この厳粛なときにあたって三者のすべてを覚えたのでした。

国への愛は、ほかのあらゆる愛と同じく別れにのぞんで最も強まり最も高まります。家郷にいる間には、私たちにとりただの小川や谷、山や丘の集りにすぎなかったものが、いまやある生けるものに変じてしまいます——天然は霊化して精神となります。女性がその子らに話しかけるように、自然は私たちに気高い行為を呼びかけます——かのコルネリアが若きグラックス兄弟*を送り出すにあたり、生くるも死ぬるも母の名をけがすなかれと語ったように。万古不易の雪を白く頂き堂々と西空にそびえ立つ、かなたの秀峰*は——それこそ母国の純潔な眉であり、国民の心をふるい立たせるものではないでしょうか。その峰をめぐる松の衣をまとった山、山裾に広がる黄金なす野——それこそ私に乳を含ませた胸であり私を抱いた膝ではないでしょうか。その足もとに寄せてはしぶきをあげて砕ける波は——それこそ彼女が威風堂々と行進するとき、その外衣《ガウン》をふちどる真珠のひだ飾り《フリル》ではないでしょうか。かくも清らけく気高く愛らしき母——その母に、どうしてその子らが忠実でなくてすみましょうか。私は母国の岸を離れ、やがて他国の旗をなびかせた異人の船員のあやつる船*に乗りました。船は動き始めます。母国よ、サヨウナラ——数時間揺れたあとには、かの秀峰はかすかに頂を望みうるのみであります。私たちは叫びます、「全員甲板へ」「愛する愛する国土にもう一度敬礼」。波打つ水平線の下に母国は没せんとしています。深い厳粛な気に打たれた私たちの心は、クェーカー詩人の言葉をかりて唱えます。

国のなかの国よ、
われらの心、われらの祈り、われらのつとめ、
惜しみなく汝に捧げん。
汝のため、汝の子らは、気高く生きん。

汝のもとめならば、汝のために死なん。*

第六章　キリスト教国の第一印象

内村がアメリカに渡ったシティ・オブ・トウキョウ号

キリスト教国と英語を話す国民について、私は特別の尊敬の念をもってみていました。それは私の弱みではありましたが、弁明の余地あるものでした。それは、あのプロシアのフリードリヒ大王*を、フランスのものならなんでも手放しでほめる礼讃者にしたのと同じ弱みだったのです。私は、りっぱなもの、有益なもの、進んでいるものは、ことごとく英語を介して学びました。私は、聖書を英語で読みました。バーンズの注解書は英語で書かれ、ジョン・ハワードはイギリス人であり、ワシントンとダニエル・ウェブスター*はイギリス人の子孫でありました。「三文小説(dime-novel)」は一度も手にしたことがなく、スラングについては――そういう言葉自体、英語を話す人々のなかで生活するようになっても長らく知りませんでした。キリスト教国アメリカに対して、りっぱで敬虔で清教徒的であるとの考えを抱いていました。小高い丘には教会堂があって、岩山には聖歌と讃美の声が鳴りわたるのを夢みていました。ヘブル語的な話し方は、アメリカ社会に広くいきわたっていて、ケルブとケルビム*、ハレルヤとアーメンとは、町の日用語であると思っていました。

アメリカでは、金が何より大切であり、これが万能のドルとして崇拝されていること、人種の偏見が非常に強く、黄色の皮膚とアーモンド形の目*とは嘲笑と犬のほえつく的となっていること、などの話は恰好の実例つきでたびたび聞かされてはいました。しかし、私にとって、そういう話を真相に近いものとして信用することは、まったくできませんでした。パトリック・ヘンリー*とアブラハム・リンカーンの国、ドロテア・ディックス*とスティーブン・ジラード*の国、それが、どうして拝金主義と人種差別の国でありえましょうか！　私には事実を判断する別の目があると思いました。——キリスト教文明の異教文明に対する優越性について、私の読んだり聞いたりしたことへの確信は、それほど強かったのでした。まさに私の心に描かれたアメリカのイメージは聖地だったのです。

一八八四年十一月二十四日の夜明けごろ、弾む気持の私の目に、はじめてキリスト教国のかすかな影がとらえられました。私は、改めて自分の船室に下って行き、そこでひざまずきました。——その瞬間は私にはあまりにも重大なときでしたので、一般乗客の興奮に加わることができませんでした。低い沿岸の山脈(Coast Range)が目にははっきり入るにつれて、私の夢がいまや実現しつつあると感じて、感謝の気持でいっぱいになりました。涙が急に頰を伝ってしたたり落ちました。やがて、金門海峡《ゴールデン・ゲート》を通過しました。いまや、私の目に映る煙突もマストも、ことごとく空にそびえる多数の教会の尖塔のように見えました。私たち——およそ二十人の青年の一団*——は、上陸しました。そして、アイルランド人の経営するホテルに貸馬車で運ばれて行きました。そのアイルランド人は、我が国民に対して特に親切なことで知られていました。私のそれまで知っていた白人(Caucasian)はたいてい宣教師でしたから、彼らの印象が心に焼きついていました。そのため、道で出あう人々は、みな高尚なキリスト教的目的にあふれる教職者のように見えました。そして自分が、カミの長子*(First-born)の民の集りの間を歩いているように思われてなりませんでした。私は、この幼稚な考え方を徐々に、ほんとうに徐々に改めていきました。

たしかに、少なくともある意味でヘブル語的な話し方が、アメリカでは共通であるとわかりました。まず第一に、だれもがヘブル語名をもっていて、馬までが洗礼名を授けられています。私たちが使うときには必ず特別の畏敬の念をもって使っていた言葉が、労働者、馭者、靴磨き、あるいはほかの今少し尊敬されている仕事の人々の口にのぼっているのです。少しでも感情を害するようなことがあると、きまってなんらかの宗教的な悪罵の言葉がとび出します。あるホテルの広間で、私たちは一人のりっぱな風采をした紳士に、新たに選出された大統領(クリーヴランド)*を気に入っているかどうかと尋ねました。すると、その人が語気を強めて言った返事は相当にヘブル語風でした。彼は言いました。「カミかけて(By G—)、あいつは悪魔だ」。のちに、その紳士が頑固な共和党員であることがわかりました。私たちは移民列車に乗って東部へ向かって出発しましたが*、列車が急停車して座席から投げ出されそうになったとき、乗客の一人が、また別のヘブル語的な言い方で、「この野郎(J——Ch——)」と言って、その怒りをあらわし足を踏みならしました。以下そんな調子であります。これら全部が、もちろん私たちにはまったく耳新しいことでした。やがて私は、すべてこのようなヘブル語風の表現の底にひそむ、計り知れない神名の冒瀆に気づくようになりました。それは、第三戒*の公然たる破戒であると思いました。それまでの私には、この戒めが特にどんなときに使われ、その意義は何であるのか、一度も理解されませんでした。しかし、いまやはじめて「生きた実例」でもって教えられました。

アメリカ人の日常会話における宗教語の使用は広くいきわたっているので、こんな話があるほどです。あるフランス人移民が、ポケットに英仏辞典を入れてルアーヴル港を出発、直後から耳にした英語をいちいち調べていました。フィラデルフィアの波止場に上陸したとき、その住民が話している言葉のうちフランス人の最もよく聞く言葉は、「こんちくしょう(damn-devil)」でありました。彼は、すぐにその字引で引いてみました。しかし、そのような言葉を見つけられませんでしたので、彼は、そういう普通の言葉がのっていない字引なんか、アメリカではもう役立たないと思い、それを投げ捨ててしまったそうです。

金がアメリカでは万能の力を持つという話は、私たちの数多くの実際経験からも確かめられました。サンフランシスコに到着した直後、私たちの「キリスト教文明」に対して抱いていた信仰は、一行の一人*にふりかかった災難によって、きびしい試練に出会いました。彼が、五ドル金貨入りの財布をすられたのです！「キリスト教国にも異教国と同じようにすりがいるぞ」と、私たちはお互いに用心しました。私たちがあわてふためきながら、すりにあった仲間を慰めていますと、一人の年配の女性、その人は、あとになって自分は善悪を問わず人類の普遍的な救済を信じていると語りましたが、私たちの不幸にいたく心を痛め、すりや、強盗や、追いはぎをはじめ、罪深い人間の犯罪はひととおり、他国と同じようにこの国にもないわけでないからと、まだまだ危険があることへの注意を与えてくれました。しかしながら、私たちは、貴重な五ドル貨幣を奪ったならず者が、決して天国に行くことがなく、まことに永劫の地獄の火で苦しめられるように願うばかりでありました。

　しかし、最も宗教的な意味での拝金主義が、私たちの面前にあらわれたのはシカゴに行ったときでした。移民列車で四日間揺られたあと、私たちは、駅の食堂に入りました。私たちの霊魂の慰め手に感謝を覚えながら、一切れのコールド・チキンで元気を取り戻そうとしたときでした。私たちは、明らかにハム人種系の特徴である、黒い皮膚と巻毛の髪をもった店員の一団に取り囲まれました。食卓の賜物にあずかる前に頭を垂れていますと、彼らの一人が私たちの肩をたたき、「おまえさんたちには感心するよ！」と言いました。私たちの信仰について彼らに話すと（私たちは、文字どおりにマタイ伝第一〇章三二節*を信じていたのです）、彼らはみなメソジストであり、カミの国が世界中に広がることに大きな関心を寄せていると言いました。やがて、そこにもう一人のハム人が現れ、彼らの教会の執事として私たちに紹介されました。彼は、私たちにたいへん親切で、我が国における同じ信仰の進展について語る話を興味ありげに聞きました。私たちは、互いに共通の主のために祈り合い、奨励を交わし合いました。私たちの出発に至るまでまる二時間もの間、彼は私たちのそばにいました。彼は、私たちの旅行かばんを全部自分の肩にかついで、改札所までついてきました——このように彼は私たちにサービスしたのです。きわめて丁重なお礼を言って、私たちが荷物を引き取ろうとして手をさし出したのに対し、そのメソジストの執事*は、それを拒みました。代わって浅黒い手をさし出して言ったのです。「ちょっくらくだせいよ」。私たちの旅行かばんは彼の手もとにありました。それを彼の手から取り戻すには、「ちょっくら」でよいのです。機関車のベルが鳴っていました。言い争っているひまはありません。私たちは、それぞれ、彼の手に五十セント貨幣を落とし、荷物が手渡されると車室へ急ぎました。汽車が動きはじめたとき、私たちは驚いて顔を見合わせて言いました。「愛の業までが、ここでは取引だ」。そのとき以来、私たちは黒人の執事たちの親切な言葉を決して信用していません。

　この一年後、私は、さらに絹のこうもり傘をフォールリバーの船上で盗まれました。汽船の豪華な飾りつけと妙なる音楽とが、その下にひそむ邪悪な心をすっかり忘れさせ、ふたたび私はゆるんで異教徒の純真な心になっていたのでした。私にとりこの不幸の痛手は大きく、みじめな生活にある家なき旅人から、その雨よけを盗みうるような極悪非道な悪魔に、生まれてはじめて呪いのあるようにと祈りました。四千年前の中国文明でさえ、道に落ちているものを、だれも拾わないような社会状態を誇ることができました。それなのに、ヘンデルやメンデルスゾーンの音楽が魅惑的に流れる、このキリスト教国の水上の御殿では、持物は盗賊の巣窟のなか同然の危険な状態でした。

　実際、キリスト教国における持物の危険は、私たちがまったく面くらうほどでした。このキリスト教国の人たちのように、いたるところで鍵を使用するのは見たことがありません。異教国である私たちの家庭では、鍵はめったに要りません。私たちの家は、たいていだれにでも出入り自由です。猫は好きなように出入りし、人々はそよ風に頬をなでられながら布団で昼寝をしています。それでいて、使用人や近所の人たちが物を盗みはしないかという心配は全然感じません。しかし、キリスト教国では事情はまったく異なります。金庫やトランクに鍵がかかっているばかりでなく、あらゆる種類の扉や窓、タンス、引出し、冷蔵庫、砂糖つぼ、なにもかもに鍵がかかっているのです。主婦は、腰に鍵束を鳴らしながら仕事をしています。夕方家に帰ったひとり者は、まずポケットに手を突っ込んで二、三十個の鍵のついた束を取り出し、そのなかから、自分の孤独な部屋を開けられる鍵を一つ見つけなければなりません。家は、まるで泥棒の霊が隅々まではりつめているかのように、玄関から針箱まで鍵がかけてあります。我が国には「火を見たら全財産を焼失させる火事と思え。人を見たら持物を全部奪う泥棒と思え」と疑い深い人から言われるような諺があります。しかし、この教えが字義どおりに最もよく実行されている所は、鍵のよくかかっているアメリカの家庭なのです。それは、現代の盛んな欲望に対してそなえられた封建領主の小型の城であります。セメントで固めた穴蔵や石造りの地下金庫を必要とし、ブルドッグや警官隊で守られる文明が、はたしてキリスト教文明と呼ばれてよいのか、単純な異教徒にとってはおそろしく疑問なのです。

しかしながら、なによりもキリスト教国が異教国と似ている点は、その国民の間にいまだに残る根強い人種的偏見であると思われます。銅《あかがね》色の皮膚をした森林の子たちが*、数多くの残忍かつ非人道的なやり方で土地を奪われるという「恥辱の世紀」*がありました。彼等はその後も相変わらず、一般の人たちからは野牛《バッファロー》やロッキー山脈の羊同然にみなされ、野獣のようにわなをかけられたり狩られたりしています。今日、デボン種の肉牛やジャージー種の乳牛が輸入されているように、一千万人のハム人種たちは、まさに同じ目的でもともとアフリカから連れてこられました。およそ三十年前には彼らに多大の同情とキリスト教的兄弟愛が示されました。かのサクソンの義人ジョン・ブラウンをはじめとして国民の精華ともいうべき五十万人もの血が、カミにかたどられた人間を売買した罪の贖いとして流されました。この国民たちは、現在では「黒人」と同じ車に乗る程度には妥協してきましたが、依然としてヤペテ人種の虚栄を捨てず、みずからの血で贖った人種に対し相当の距離を保ちつづけています。友人の一人に客として招かれてデラウェア州に行ったとき、私は、町の一部が黒人専用地域として分離して設けられているのを見て驚きました。このようにはっきりと人種の区別をするのはあまりにも異教徒風に思われる、と友人に告げましたところ、友人は、語を強めて「キリスト信徒として「黒人」と同じところに住むくらいなら、いっそのこと異教徒として離れて住んだほうがましさ！」と答えました。

しかし、彼らのインディアンやアフリカ人に対する嫌悪は強く非キリスト教的ではありますが、さらに中国人に対して抱くその偏見と嫌悪と反感とは、異教国の私たちの中では例を見ないほどです。中国に宣教師を送って、孔子のナンセンスな教えと仏陀の迷信とから、その子女をキリスト教に改宗させようとしている国――その同じ国が、自分の国土には中国人の影さえ落ちるのを嫌っているのです。この地上のどこを捜しても、これほど奇妙な話にお目にかかったことはありません。自分のほうでは毛嫌いしている国民に宣教師を送るというキリスト教の伝道とは、セルバンテスがユーモラスに描いた騎士道*よりも、もっと幼稚な子供のままごとなのでしょうか。

キリスト教国のアメリカ人が中国人に反対するおもな理由は、次の三者であると私は理解しています。

一、中国人は、貯金を全部母国に持ち帰り、アメリカを貧しくしてしまうということ――つまり、彼らがアメリカ人の気に入るためには、そのアメリカで稼いだものを残らず使い果たして、空手で帰らなくてはならないのです。勤勉と貯蓄の教訓をみずからに説く国民から聞く教えとしては、奇妙なものです。「凡《すべ》て人に為《せ》られんと思うことは、人にも亦《また》その如くせよ」*。私たちの国に来るアメリカやヨーロッパの商人、学者、技師たち――彼らはすべてその稼ぎを私たちのもとに残し、その銀行の受取勘定をゼロにして帰るでしょうか。私たちが、毎月彼らのそれぞれに、金貨で二百ドル、三百ドル、四百ドル、五百ドル、八百ドルと支払っているというのに、ふつうはその三分の一すら我が国で使うことなく、残りを母国での安楽な生活を購うために持ち帰るではありませんか。しかも私たちは彼らに感謝して絹の着物やブロンズの花瓶を贈り、ときには年金つきの勲章まで付けて送り出すのであります。彼らは、たしかに私たちが彼らに支払う金に値するだけの仕事をしました（少なくともしたと私たちは思っています）。彼らから金を盗られたとは思っていません。中国人が、ロッキー山脈を貫通する鉄道を敷く仕事を手伝い、カリフォルニアでブドウを植え水を注いだあと、アメリカでの所得をいっさい置いて行かなくてはならない法律が、天下のどこにありましょうか。自称キリスト信徒たちは、無防備な異教徒に銃口を向けたり、乳を含ませている母の胸からみどり子を奪い取るようなやり方で、金を手に入れることが多かったのに、中国人たちは何もせずに、金を持ち去ろうとしているわけではありません。彼らは、持ち帰るだけの金に匹敵する仕事を後に残しているのです。その金は、天然本来の法則によれば、いまや彼らのものです。正直な働き者の聖なる所有権を否む汝は、そもそもどなた様でありますか！　私たち「あわれな異教徒」は、お雇い外国人を栄誉と儀式でもって送りますが、「祝福されたキリスト信徒」の彼らは、私たちを嘲笑して蹴り出すのです。こんなことがあってよいのでしょうか。おお復讐の神よ！

二、中国人は、母国の風習に頑固に固執するので、キリスト教社会を悪くするということ——なるほど、辮髪《べんぱつ》とすそのひらひらするズボンは、ボストンやニューヨークの街路では、あまり見よいものではありません。しかし、コルセットで腹を締めつけている恰好が、北京や漢口《かんこう》の通りでりっぱに見えると思っているのでしょうか。「だが、中国人には不潔な習慣があり、他人との取引ではずるい」と言いますね。それなら、東洋の港にうろついている、りっぱな白人種の見本をお見せすれば、それに越したことはありません。彼らの、汚くて臭くてうみだらけのありさまは、まるで十回も王位の顚覆を謀《はか》ってつかまった者のような状態で、サンフランシスコの検疫所に抑留されているあばた面の中国人と変わりません。中国人が不道徳であるというなら、あなたがたは、交番に爆弾を投げ込んだり、白昼、アメリカ人女性を凌辱したという中国人の話を聞いたことがありますか。社会の秩序と品位の保持が排斥の目的なら、どうして同じようにドイツ人排斥法やイタリア人排斥法を制定しないのですか。あなたがたの野蛮な(Gothic)意志に逆らうことなく、卑屈に従っているにすぎないみじめな中国人たちを、そのようにはげしく迫害するのは、いったい、彼らのどういう罪によるのでしょうか。私たちの国に滞在している白人種の罪と、中国人の罪といわれているものを、よくくらべてみるがよろしい！　もしもアメリカで無力な中国人に対して加えられている侮辱の半分でも、我が国にいるアメリカ人やイギリス人に加えたならば、どうなるでしょう。私たちは、さっそく砲艦のお見舞を受けるでしょう。そして、青い目と白い皮膚とを持っていることだけがその人間としての唯一の価値である無価値な流れ者の生命のために、正義と人道との名によって一人頭五万ドル支払わされるでありましょう。キリスト教国には、パウロやケパ*が説いた福音とは別に、もう一つの福音があるようです。他のいまわしき教えとともに、その福音はこのように説きます。

　力は正義であり、金がその力である。

　三、中国人は、その低賃金によってアメリカ人労働者に損害を与えるということ——これは前述の二つの理由以上に、もっともらしく聞こえます。それが外国人労働力に対して適用される「保護」となっています。私も、中国人が御飯を一口よけいに食べるために、どのアメリカ人の家庭からも、日曜日のチキン・パイが奪われる事態を見たくはありません。しかし、この問題をアメリカの国家的良心そのものに問いたいです。乳と蜜の流れる*四百万平方マイルの国土は、その六千五百万人の民には十分な広さではありませんか。アイダホやモンタナやその他の地に、残された余地はないとでもいうのでしょうか。広東や福州の人口密集地に住む人々が、野牛《バッファロー》や灰色熊《グリズリー》に立ち向かって人類のための土地を拡げる機会を、そこで与えてやってよいではありませんか。カミの聖書や天然の化石板のどこに、アメリカが白人種のみによって所有されてよい、という説を証明するような言葉が書かれているでしょうか。それとも、もしもあなたがたが、その虚栄心をとにかく刺激しないように論ぜられるのをお望みなら、このように言えばよくわかっていただけるでしょう。すなわち、不寛容なユダヤ人が異邦人のギベオン人*にしたように、気の毒な中国人に愛を惜しむがよろしい。すなわち、彼らを、あなたがたのために「薪《たきぎ》を斬り水を汲《く》むことをする者*」とし、あなたがたはチュートン族あるいはケルト族*の出身にふさわしい、もっと誇り高い仕事につけばよいでしょう。彼らにあなたがたのカフスとカラーとシャツとをみな洗わせなさい。そうすれば、彼らは、小羊のように柔順に、しかも白人の洗濯屋の半値でサービスするでありましょう。また、アリゾナやニューメキシコの鉱山に彼らを送って、地獄のように暗い地底から、白日のもとではたいへん貴重とされる金属を掘らせるがよいでしょう。「ストライキ」というものは、もしあなたがたのうちにそのやり方を教える人さえなければ、異教徒はまだ知りません。これほど柔順で、これほど不平を言わず、これほど勤勉で、これほど安上がりの労働者は、太陽の照るもとのどこにも見出せません。[原注] 彼らを、とくにその適した業種で用いることは、あなたがたのキリスト教的信仰の表白にかなうばかりでなく、あなたがたのポケットにも利益をもたらすものです。このことは、カナダの国境でしばしば演ぜられる「中国人の密輸入」という実演によって、たびたび証明されて参りました。嫉妬と酒場から生まれた「政策」で、どうしてあなたがたの仲間を幸福にすることを拒むのですか。万軍の主が、あなたがたのために天の窓を開き、手に充ちあふれるほどの祝福をふり注ごうとしているのに、どうして律法と預言者とを信ぜず、異邦人に対して親切で情け深くないのですか。しかし、今のままでは、その中国人排斥法*の全体的趣旨は、私には反聖書的、反キリスト教的、反福音的、反人道的であるようにみえます。孔子のナンセンスとされる言葉ですら、それよりはるかにましなことを教えています。

（原注）「私は一時、この国に中国人があふれることを恐れたことがある。しかし、この何年かはそんな心配を少しもしていない。……もしもわれわれのところから、彼らがいなくなったらどうなるのか想像がつかない。当国に来た外国人のなかで、彼らは最もおとなしく勤勉でまた実に推賞すべき人たちである、とあえて言ってはばからない。これほど呑み込みがよく、これほど忠実な人たちはいない」。カリフォルニア州上院議員スタンフォード*

私は、これまで、読者のみなさんに対して私の国籍を注意して伏せてきました(すでによくおわかりだろうと思いますが)。しかし、私は自分が中国人ではないという告白をしておかなくてはなりません。私は、その最古の民族との人種的な関係を恥ずかしく思っているのではありません——、孟子と孔子とを世に送り、何世紀も前に、当時のヨーロッパ人には考えもつかなかった羅針盤と印刷機とを発明した民族であります。——だが、広東出身の貧しい苦力《クーリー》たちがアメリカ人から受けているあらゆる侮辱と辛苦を自分の身に感じてからは、私の理性(head)と感情(heart)とが平静に保たれていたのは、かろうじてキリスト教的忍耐があったからにすぎません。また、馬の名にまで応用されているアメリカのヘブル語法は、中国人を呼ぶのにも使われています。彼らは、だれもが「ジョン」と呼ばれ、親切なニューヨーク市の巡査までも、私たちをその名で呼びます。「その中国人をのせてやれ」という言葉は、シカゴの駅者にはていねいな言い方でした。その駅者に対して私たちは定まった料金を支払っていますし、聖パトリックの守護*を受けている彼の誇りを、少しも傷つけてはいませんでした。汽車のなかで席を共にした身なりのよい紳士から、彼の白髪まじりのあごひげを梳《と》かすために、櫛を貸してほしいと頼まれました。私たち異教国では、それを返すときにはお礼を言うのがふつうですが、彼は、その代りに「ところでジョン、おまえはどこで洗濯屋を開いているのか」と言って、櫛を返してきたのです。また、インテリ風の別の紳士から、私たちはいつ辮髪を切ったのかと聞かれました。辮髪にしていたことは一度もないと言いますと、「ほう、わしは、中国人はみんな辮髪があると思っていた」と言いました。こういう紳士たちは、私たちが蒙古系であるのをばかにしてはことさらに喜んでいるようにみえ、自らのサクソン系の出自をことさらに鼻にかけています。それは次のような些細な出来事にもよくあらわれています。

日本の青年技師の一団が、ブルックリン橋*の見学に行きました。橋脚のもとで、吊綱の一本一本につき構造と張力とを論じ合っていますと、一人のシルクハットをかぶり眼鏡をかけた上品な身なりのアメリカ人紳士が近寄ってきました。「やあジョン」と言いながら、彼は、日本人科学者の間に入ってきて、「中国から来たおまえさんたちには、こういうものはひどく珍しいものに見えるらしいね、どうだい！」と言いました。日本人の一人が、その失礼な問い方にやり返しました。「アイルランドから来たおまえさんも同じらしいね」。その紳士は怒って言いました。「いや、全然ちがう。わしはアイルランド人じゃない」。これに対して「私たちも中国人ではないですよ」とものやわらかに彼は、アイルランド人と呼ばれたくなかったのです。* 言葉を返しました。この一撃はきいて、シルクハット氏はむっとして立ち去りました。

キリスト教国の非キリスト教的な特徴について、私にはあまり語っているひまがありません。何百万ドルという金銀に依存して永続している公認の宝くじはどうでしょう。それは、子供でもはっきりわかる簡単な道徳を無視してなされています。闘鶏、競馬、フットボール試合の競技場で目撃されるような瀰漫《びまん》したギャンブル癖、スペインの闘牛よりも残忍なボクシング、自由共和国の民よりは「ホッテントット人」*にふさわしいリンチ、全世界の貿易のなかでもくらべようのないほど大がかりな酒の密売買、政治にみられる扇動、宗教の教派間の嫉妬、資本家の暴虐と労働者の増長、百万長者の愚行、夫の妻に対する偽善的な愛、など、など、など、はどうでしょうか。これが、宣教師たちから、キリスト教という宗教の他宗教にまさる証拠として認めるように教えられた文明なのでしょうか。ヨーロッパとアメリカとを形成した宗教は、たしかにいと高きところより来た宗教であると、私たちに言い切った宣教師たちは恥ずかしくないのでしょうか。今日のいわゆるキリスト教国を形成したものがキリスト教であったなら、その上に天よりの永劫の呪いがありますように！　平和は、キリスト教国で最も見いだすことのむずかしいものであります。混乱、紛糾、精神病院、刑務所、救貧院！

日出《い》ずる国の安らかさと蓮池の静けさよ！　浅い眠りをたたき起こす汽笛と異なり、快い熟睡を目覚めさせる極楽鳥のさえずり。高架鉄道による塵と喧音と異なり、のどかに鳴く牛の引く車。ウォール街の戦いの市場で血をもって稼ぎ取り、それで建てられた大理石の大邸宅と異なり、自然の恵みに充ち足りたわらぶきの屋根。太陽と月と星とは、金と名誉とくだらないショーにまして清らかで美しい崇拝対象ではありませんか。

天よ、私はまいってしまいました！　私はだまされました！　平和でないもののために真に平和なものを捨ててしまいました！　昔の信仰に立ち戻るには今では遅すぎます。新しい信仰に黙従もできません。さいわいなるかな、無知よ。それは良き祖母の心を充たした信仰に私をとどまらせ、他の信仰を知らずに過ごさせたでしょう！　祖母の信仰は、彼女を勤勉にし、忍耐強く誠実にしました。最後の息をひきとったときの祖母の顔は、後悔の念で曇ってなどいませんでした。祖母の信仰は平和でありましたが、私の信仰は懐疑のうちにあります。祖母を偶像崇拝者と呼び、その迷信をあわれみ、その霊魂のために祈った私は、わざわいなるかな。すでにそのとき、私自身は恐怖と罪悪と懐疑とにかき乱されて、底なしの淵にはまっていたのでした。今後も決してするつもりのないことが一つあります。それは、キリスト教をヨーロッパやアメリカの宗教であるとして弁護することです。この種の「外的証拠」は、証拠として薄弱であるにとどまらず、実際にも一般に悪い影響を与えます。永遠なる霊魂を支えるに足る宗教とは、そのような「見せかけ」の宗教ではなく、もっと確実にして、深遠な基盤に立つものでなくてはなりません。だが私は、そのような一本のわらの上に私の信仰を築いていたのでありました。

第七章　キリスト教国にて
——慈善事業家のあいだで

ペンシルヴァニア州エルウィンの養護院(当時)と院長カーリン

「山にある者は山を見ず」*とは中国の聖賢の言った名言です。これは、距離をおいて眺めるならば、景色がすばらしくなるだけでなく幅広い視野の中でとらえられることを物語っています。山のほんとうの全容は、一定の離れたところから見てはじめてよく眺められるのです。

自分自身の国についても同じです。その人が自国のうちにいるかぎり、その国のことはほんとうには解りません。その真の状態、すなわち大きな全体の一部であること、その善と悪、その長所と短所とを理解するためには、国から離れたところに立たねばなりません。ニューヨーク市のことを最も知らない人は、そこに住んでいる住民のなかにいるのであって、その人たちにとってセントラル・パークは世界で唯一の「荒野」であり、市立博物館が広い世界をのぞくことのできる穴になるのです！　イギリスの貴族たちは自分たちの島帝国(Island Empire)を知らない点で有名です。彼らは大英帝国女王陛下*の賢明なる臣民に少しでもなるために不可欠に近いものとして、ぜいたくな世界旅行をします。このように異教徒を改宗させるために派遣された宣教師たちが、みずから改宗させられて帰国することが多いのです。もちろん、キリスト教から改宗したわけではありませんが、それまで自分たち自身について抱いていた見方や、キリスト教国とキリスト信徒の「選び」と、異教徒がのろわれた存在であることなどについて、多くの、非常に多くの見方を改めさせられます。「かわいい子には旅させよ」は、我が国ではだれでも知っている諺です。旅ほど人の迷妄を覚ますものはありません。

私の母国に対する見方は、そのなかにいた間はきわめて偏っていました。まだ異教徒でありましたころは、我が国は私にとり宇宙の中心であり世界の羨望の的でした。「大地は五穀[原注]を豊かに産し、気候は世界でもっとも穏やかである。風光にはまことに恵まれ、海と湖とは乙女の目のごとく、松の緑にいろどられた丘は乙女の三日月形の眉である。国土は霊気にみなぎり、まことに神々のすみか、光の泉である」。私が、異教徒でありましたころは、このように我が国について思っていました。しかし「入信させられた」とき、なんと反対になったのです！　私は「遠く遠く離れたところにある幸福な国々」について聞かされました。四百もの大学のあるアメリカ、清教徒の故郷であるイギリス、ルターの祖国のドイツ、ツヴィングリ*の誇りであるスイス、ノックス*のスコットランド、アドルファス*のスウェーデンのこと。やがて私の心は、我が国をまったく「ろくでもないもの(good-for-nothing)」とみる考えにとらえられました。それをよくするためには、他国から宣教師に来てもらう必要のある異教国でした。天のカミは、それまで我が国をほとんどかえりみませんでした。実に長い間、悪魔の手のなかにまったく放置したっきりでした。我が国の道徳的あるいは社会的欠点については、常にアメリカやヨーロッパと比較されては、そことは違うといわれてきました。いつになったらマサチューセッツ州人やイギリス人のようになれるものなのかと私は本気で問いました。我が国が消えてなくなったとしても、世界はこれ以上悪くならないだろうと心から信じもしました。「日本には税金を払うというようなことがあるのですか」と、ミッション・スクールにいる女学生が先生に質問したそうです。哀れな無知な子よ！　彼女は自分の国民がたいへん堕落しているために、搾取とか「民の血を吸う」ような異教徒的な方策が、自国ではまだ盛んに行なわれているし、公平と正義とはその崇拝するアメリカにのみ特別に見られるものと思い込んでいるのでした。「国民性を失わせる宣教師の影響」の話は、伝道地でまったく姿を消した現象ではないのです。

(原注)米、小麦、大麦、豆、キビ。

しかし、遠く離れた流浪の地から眺めるとき、我が国は「ろくでもないもの」ではなくなりました。それは、目をみはるほど美しく見えはじめました。——私が異教徒時代に見たようなグロテスクな美しさではなく、固有の歴史的性格を帯びて宇宙の場に一定のところを占める、真に均整のとれた調和的な美しさであります。その国家としての存在は天みずからにより定められたものであり、その世界と人類とに対する使命が明らかに宣せられ、今なお宣せられつつあるのです。世界と人類とのためにあるという高い目的と気高い希望とを有した、神聖な実在であるとわかりました。我が国がこのように光栄ある姿で私の目に映じたことを、深く感謝しました。

しかしながら、外国旅行が健全な結果を与える点はこれだけにとどまりません。私たちは異国に居住していると、ほかのどんな境遇にもまして自分自身の内面に沈潜させられます。逆説的に聞こえるかもしれませんが、私たちは自分自身をいっそう知るために世界に出て行くのです。自己は他の人々と他の国々とに接するところで最もよく姿を現します。他の世界が私たちの目に映じて、はじめて内省が生じます。

こうした結果が生じるためには、ほかにもいくつかの事がらが加わります。第一に最もはっきりしていることは、異国の滞在者にとり孤独が避けられない点です。そこで最善の友情に恵まれ、その地の言葉をたいへん自由に話せたとしても、その人は依然として異邦人であるのです。本来なら楽しく愉快であるはずの会話が、正しい時制による動詞の活用とか、単数名詞には単数の述語の使用(我が国語にはない)とか、お互いにほんの少ししか違わない多くの前置詞のうちから正しいものの選択が必要とされ、それにより、きわめて大きな精神的エネルギーが費やされ重荷になります。夕食に招待される好意を受けても、一定のテーブル・マナーに従って手をつけ、噛み、呑み込むために要する莫大な注意のために、期待した楽しみの多くが奪われてしまいます。ときには、髪に櫛を入れずに出席してしまい、いったんそのことが気になると、食事の間じゅう良心のとがめを深く感じながら坐っている始末です。こうしたことから私たちは、私たちの不作法な所作を女性たちから鋭くとがめるような目で監視されじゃまされることのない、一人だけの勝手な食事をした方がずっとよいと思うようになります。このような環境にありましては孤独が二重に楽しくなります。独り言と内省が日々の楽しみとなり、客観的自己と主観的自己とが互いに入れかわって交わります。

第二に、人は母国を出るともはや一個人ではありません。その人は自己のなかに自己の国と民族とを背負っています。その言行は単にその人だけのものではなく、その民族とその国家のものとして判断されます。こうして、ある意味では異郷における滞在者はみな自国の全権公使であります。彼は自分の国と国民との代表であります。世界の人はその人を通して彼の国家を読みとります。私たちは高い責任感がなによりも人間をしっかりさせることを知っています。自分の行動が粗野であるか立派であるかにより、自分の国が非難もされ賞讃もされるかと思えば、いかなるものであれ軽率と浮薄と妄動とはただちに姿を消してしまいます。私は聖ジェームズ宮*に派遣された大使のように厳粛になります。したがって反省と考慮と判断力とが生じます。そのように振舞わない者は自国にふさわしくない人間であると私は信じます。

　第三に、だれでもよく知っているホームシックがあります。それは不慣れな環境に置かれた人間に課せられる自然の反動です。なつかしき顔や山や野は今でこそ私たちの前にはないが、心の視野からは消え去ることなく、魂のなかに大きな居場所を占めています。私たちが新しい環境に適応しようと努めれば努めるほど、故郷はそのねたみ深い愛によって私たちをますますしっかりとなつかしい思い出に結びつけます。憂鬱が訪れて病む心を溶かして涙とし、谷や森におもむかせて物思いと気の向くままの祈りに従わせます。目は西海に沈む太陽を追って、その輝き昇るさまを故郷のなつかしき人々が見たならば、私たちが当地で元気にいて彼らのことを思っていると告げよと頼みます。このような霊の世界に私たちは住んでいるのです。ツバメは来て去り、物売りは損得を重ねています。だが家郷を離れた流浪の徒には単調な年が流れます——自分とカミと霊とに交わって。

モーセがその民族の救出者としての出現に先立ちミデアン人の地*につかわされたのは、このような摂理の意図によったにちがいありません。エリヤの「ベエルシバへの避難*」は、異郷にあって魂の孤独のなかにカミを慕い求める人にとり尽きぬ慰めでありました。

ホレブの穴に一人いたエリヤ*のように、
荒野の石に坐せ。
むずかる子をあやす父のように、
荒野を越えて、
やさしき声が届く。
その声は、痛みも怒りも恐れも消して、

「人は遠くカミは近い」と告げる。

聖パウロの「アラビヤ」*も常に同じように解釈されてきました。異邦人への使徒パウロが「じきじきに」カミの子を解し、世に出て次のように宣するために心内の修練期間を持つことは、きわめて当然だったからです。彼は告げました。

> 兄弟よ、われ汝らに示す、わが伝えたる福音は、人に由《よ》れるものにあらず。我は人より之《これ》を受けず、また教えられず、唯イエス・キリストの黙示に由れるなり*

アメリカに到着してまもなく、私はペンシルヴァニアの医師*に「拾われ」ました。その人はもっとも実務家肌の慈善事業家でもありました。私の心性を簡単に確かめてから面倒をみてくれることになり、その「看護人(attendants)」のなかに加えられました。それは、私に最も低い段階の仕事から順に、実際の慈善事業の経験を積ませるためでした。*帝国政府の役人から「知的障碍者施設」の看護人へというのは、私にとってはまったく急激な変化でありました。しかし、ナザレの大工の息子*がいまや私にまったく新しい人生観を教えていましたので、その変化は気になりませんでした。

マルチン・ルターをエルフルトの修道院に走らせたのとほぼ同じような目的で、私は病院での仕事を始めたという点をここに記しておきましょう。この道を選んだわけは、この分野で私の働く社会的必要を感じたからではありません。もちろん、それを職業として求めたものでもありません(私は貧しかったけれども)。私には、そうすることが「来《きた》らんとする怒《いかり》」*に対する唯一の避け所になると思ったからでした。そこで私は自分の肉にうちかち、至純な心の状態に達するためにみずからをきたえ、それによって天の国を継がんとしたのでした。だから、ほんとうのところ私はエゴイスティックでありました。エゴイズムというものは、いかなるかたちで現れようとも悪魔的で罪であると、私は幾多の痛い経験を通して学ぶことができました。慈善事業の要求する完全な自己犠牲とまったき自己放棄とに私を従わせようと努めるとき、私の内部の利己心は恐るべき無法の権化と化して現れました。そして自己の内部に認められる暗黒に圧倒されて私はふさぎこみ、言いようのない苦悩にさいなまれました。こうして私という存在の、この面に関するすさんだ記録が書かれたのです。今日の読者は人間存在の明るい面に慣れているので、このような記録を重大なものとはみなさないかもしれません。しかし苦しめる当事者にとっては、それは偽らざる実話であり、そのなかから長い間求めた平和が生じ、あらゆる幸福の実が結ばれるようになるのです。

しかし、私の内部の葛藤を別にすれば病院での生活は少しも不快ではありませんでした。院長は私のために心から気をつかい、院の児童に次ぐほどの惜しみない真の愛情をもって世話をしてくれました。院長は正しい道徳と行動とのためには、正しい肉体の状態が必要であると信じていました。このことから、おのずと彼の私に対する配慮は魂より胃のほうに配られました。院長のことをよく知らない人々は、彼を急進的な唯物論者であると思ったりしました。院長が好んで口にする話が「道徳的弱者(Moral Imbecility)」についてであり、それを聞いた人たちはことにそのように考えたのでした。そのばあいの「道徳的弱者」とは、両親の過失と悪い環境により生じる体質的堕落の意味でありました。しかし、彼は唯物論者でも無神論者でもありませんでした。彼はカミの摂理を固く信じていました。このことは、院長が一生を通じて自分を導いたものはカミの摂理の御手である、といつも話していたことにも示されています。私が彼の世話を受けるようになったことでさえ、院長は単なる偶然以上の何かとみて、そのように私の世話と配慮をしてくれました。彼の聖書に関する知識は該博でした。信仰告白の面では厳密には「正統的」でありませんでしたが、彼は情愛に欠ける主知主義を嫌い、ユニテリアン主義は*「教派のなかではいちばん偏狭で味気ないものだ」とたびたび言っていました。だが、それにもかかわらず彼の妻はチャーミングなユニテリアンの女性でありましたし、その職員の多くはマサチューセッツ州から集められていました。*彼は、私の同僚であるアイルランド人のよくいう言葉を借りれば、「悪魔のようにどなる」ことが何度もありました。それを聞くと全院内はふるえ上がり、だれもが彼から離れた安全なところにいようと心掛けました。しかし、それと同時にその雑多な大家族全体を包み込む心を持ち合わせていました。彼といっしょにいるときは、体の不自由なジョニーや口の利けないソフィーのような子供たちも、有能でしっかり者の院母*も、彼女は院長をも寄せつけず彼の口を封じることもよくあったのですが、そろってくつろぎを感じました。院長の音楽的才能は相当なもので、院内の人たちがひきさがったあと、何時間もの間、彼は病院の音楽の先生のピアノに合わせて歌を歌いました。私が心の苦悩に見舞われているとき、彼が全情熱を傾けてお気に入りの歌を歌うふるえ声は、何度も私の魂を鎮めてくれました。

ものうき世界に、
しずしずとカミの手で拡げられた、
夜のとばりが下りる。
おお、カミの御心の業の、
なんと静かなことよ。*

しかし私が、彼の崇拝者、忠実な教え子となったのは、その信仰でも音楽のためでもありませんでした。それは、着実に実行に移していく彼の組織的な考えであり、岩だらけのペンシルヴァニアの丘を徐々に征服して最も不幸な人たちのための盛んなコロニーと化した、彼のよく統率された意志でありました。およそ七百人もの精神障碍者を統率し、指導し、従わせる、彼の管理能力でありました。また、彼の一生はもとより、その子の一生をもかけてはじめて実現されるような、漠とした将来にまで広がる遠大な希望*でありました。――これら全部のために、彼は私の驚異と学習の対象となったのでした。このような人物を、私はこれまで我が国でも他の国でもみたことがありません。彼は当時私の悩んでいた信仰上の頑固な懐疑を解く助けにはなりませんでしたが、私の生活と信仰とを十分に生かす道を教えてくれました。すなわち慈善事業というものは、たとえどんなに高尚でデリケートな感情によって支えられていたとしても、もしそれが苦しむ人たちを幸福にするという明晰な頭脳と鉄の意志とをもってなされなければ、この実世界ではまったく役に立たないも同然であることです。この実践家の生ける実例ほど、よくかつ生き生きと私に貴重な教訓を教えてくれた「実践神学」の授業はありません。

悲惨さを嘆きはするが、
悲惨な人からは遠ざかり、
甘い孤独に包まれて、
お上品な愛と怠惰な同情とをはぐくむ*

こうした人々のかかる病的な信心(*religiosity* このようにいえるとすれば)への堕落から私を救い出してくれたのは彼でした。院長はその生涯の最期に至るまで、私の友のなかで終始最も信頼できる人でありました。年齢と人種と国籍と性格とのあらゆる相違をこえて、私が彼と結んだ友愛は、たいへん長く続いています。私がニューイングランドの大学にいましたとき、他の親友たちは私の心と頭について気づかってくれましたが、彼は私の胃のことを思い出しては、よい食事をきちんと取って元気であるようにといって、何度も実質的な物資を送ってくれました。故国に帰ってからのちでも、私の常識はずれの行動によって私の心と精神との健全さが、多くの同信の人々から疑問視されたとき、私の正統性と真実につき少しも疑うことなく、大洋の彼方から支援し激励してくれたのは彼でありました。私に人間らしさを保たせたのは実に彼でした。もしも私にキリスト教を教えるものが書物と大学と神学校だけだったならば、私のキリスト教は冷たく生硬で現実離れしたものとなったでしょう。なんと多様な方法で大いなる霊は私どもを形成するものでありましょう！

院長夫人は、ユニテリアンでした。我が国で読んだどのキリスト教書からも、私はユニテリアン主義についてはほとんど好感を抱けませんでした。それは異教徒よりも悪いもの、キリスト教と似ているだけにいっそう危険なものと考えていました。私ははじめのうち、院長夫人を強い疑いの目で見ていたことを白状します。彼女は頭脳の塊だけであって心情を欠き、大いなる主の生涯にみられるおよそ優しく神々しいまでの女性らしい面については、何も感じていない人と思っていました。しかも私はこのよき夫人の前でユニテリアン主義に対する反感を隠しませんでした――私は粗野な人間でありました。しかし見よ！　彼女はそのユニテリアン主義にのっとった働きによって、たいへん優しく女性らしい心情の持主であることを示したのでありました。彼女が私を友とするにあたり、私の持つ正統主義は少しも妨げになりませんでした。夫人は院長とともに私に対し実にたびたび援助の手をさしのべてくれました。いや院長にもまして夫人はその女性らしい本能で私固有の苦痛を「嗅ぎ出し」、私を慰めてくれました。彼女は最後の病床にあっても、何度も私のことを実に優しい気持で思い出してくれました。父の御国にあるドロテア・ディックスをはじめとするユニテリアンの聖女の列に加わる日の迫っていたときでも、清教徒主義の教義を「頑固に」言い張った者のことを、彼女は忘れませんでした。そして、異教徒に対する最後の伝道として、海の彼方から彼女は私にたいへん心のこもったクリスマス・プレゼントを送ってくれました。彼女は、私の仕事がユニテリアン主義によるものではないことを承知していたにもかかわらず、私を励ましてくれました。このようなユニテリアン主義と仲良くできない正統主義とは、正統とか正しき教義(Straight-Doctrined)と呼ばれる価値がないと私は信じます。真の寛容とは、思うに自分自身の信仰にゆるぎない確信を持ちつつも、あらゆる誠実な信仰に対してはそれ

を許容し認めることであります。自分があ
る(*some*)真理を知りうることを信じ、あらゆる(*all*)真理を知りうることを信じないのが、真のキリスト教的寛容の基礎であり、全人類との友好と平和的関係維持の源泉であります。もちろん私がこのような健全な見方に一日にして変わったのではありません。私をこの理念に近づけるにあたり、すばらしい院長夫人が疑いなく大きな力となりました。

病院でもう一人私の心を深く揺り動かした人は院母でした。この人ほど意志の堅固な人間を私は知りません。しかもその人は女性でありました！　彼女は広い建物の中を、この男の子にもあの女の子にも注意深く目をくばりながら、くまなく見回りました。ジョニーの靴下をジョージーの足にはかせたり、サラの帽子をスージーの頭にかぶせたりしたそそっかしい看護人は、わざわいなるかな。女性でも男性に劣らぬ管理能力のあることを、私はこのりっぱな女性によって、はっきりと教えられました。彼女はまさしくキリスト教国アメリカの生んだ人間であります。異教国がその女性らしさという優雅さと美徳とのすべてをもってあたったとしても、彼女にかなうものを生み出せません。

病院時代に私と固く結ばれたもう一人の愛すべき人間についても語らずにはいられません。それは私の角ばったキリスト教の角を取ってくれた人のことです。彼はデラウェア州の出身で明らかに南部人気質の持主でありました。腕のいい青年医師*で信仰では聖公会の信徒、ダンスは軽快かつ巧みでした。芝居をやらせればうまく、詩を書き、スチュアート王家*の崇拝者、善良で親切で、友人のなかでは最も思いやりがありました。彼の前にいると、私のニューイングランドへの共感と知識とが心の奥に生んだ反徒の南部(Rebel-South)という偏見は、たちどころに消滅しました。私の清教徒的信仰とクロムウェル礼讃*も、彼を信頼し友情を交わすうえではなんの妨げにもなりませんでした。あるとき、彼に伴われてそのデラウェアの家に行きました。彼に私の理想とする女性について語ったところ、それに十分値する真の女性を私に見せるためでした。彼によれば私の理想とするような女性が実際にアメリカにはいるが、それはペンシルヴァニアやマサチューセッツにはいないとのことでした。彼は馬車を借りてきて私を乗せ、まず知事の家に連れて行き、それから前知事の家へなどと私を引き回しました。敬意を表しに行った美人の家から出るなり、彼は「あれはどうか」と聞くことしばしばでした。私がまだ自分の理想にまでは達していないというと、私から賞め言葉を引き出すために全力をあげて次から次へと引き回しました。それは、まるで昔の騎士がライバルに対して自己の崇拝者を認めさせるのと同じでした。しかし、私は常に自分に忠実であり彼はついに失望しました。音《ね》をあげて私に言いました。「いったい君はデラウェアで何をお望みなんだい」。ちょうど桃の季節でした。私の国にいたころ、私は地理学でデラウェアの桃が良質であることを習っていました。それで、その州で最もよい桃を少しもらえないかと頼みました。彼は喜んでさっそく注文しました。私はほしいだけのものを入手し大満足でした。——彼のお蔭で私は自分のニューイングランド人への共感ゆえに知らなかったアメリカの半面を知らされました。おうようで思いやりがあり誠実で人を疑わない——これこそアメリカのキリスト教全部が必ずしもドルとセントに走らない理由で、その点はジョナサン・エドワーズ*やセオドア・パーカー*とも同じです。そこには、騎士道的キリスト教(*chivalric Christianity*)のようなものが存在していて、私の国民的心情にもきわめてかないます。私はこの南部の友人の精神にいくらか影響を受けて、彼から贈られた祈禱書の章句を数多く暗記し、聖公会の礼拝への出席に喜びを感じ始めました。カミの霊に導かれるならば、寛大さと自分自身の信仰のなかに成長しつつある確信とは、決して矛盾をもたらすものではありません。オリバー・クロムウェルに対する無限の尊敬の念と、キリスト教の清教徒的形態に含まれる貴重な真理への愛着とを少しも弱めずに、デラウェアの友人を介してキリスト教国の半分を友としたことを常に感謝しています。

紙数の制限もあるので、病院にいた間に私と関わりのあった他のよき友人たちや好ましい影響について語る余裕がありません。アイルランドの出身者、それも上流階層出身ではない人からさえ私は刺激を受け、心と精神との地平を拡げられました。ある気の強い人のことは特に忘れられません。その人は、グラッドストーンを崇拝にひとしいほど尊敬していました。私が彼にヴィクトリア女王のような強大な君主を持っていて羨ましいと言いますと、彼は足を踏み鳴らして強く反対の意を表して言いました。「あんないやな(d—able)女の臣民でいるくらいなら、アビシニア王*に支配されたほうがましだ」。それでもなお、誤り伝えられることの多いこれらエメラルド島*の出身者のなかには、善良な心と敬虔さとがあるのです。

このような私の身辺の記述に加えて、日記からも若干の引用を許していただきましょう。

一八八五年一月一日——寒い。昨晩「信仰による義認」につき多くのことを感じた！　宿直をした。はじめて病人看護の仕事をした。カミが私のために道を開かれたことを感謝した。

養護院における看護人としての初日。ジョン・ハワードやエリザベス・フライ*をはじめ無数の他の聖徒の名によって、聖務となった念願の仕事への道が、いまや私に開かれたのでした。実際、私は自分も聖徒となった気がしました。しかし、早くも自分を「律法の行為」によって義としようとする、この意図が生じはじめた瞬間、私の心の奥深くからは「人の義とせらるるは、律法《おきて》の行為《おこない》によらず、信仰に由《よ》るなり」*との声がありました。

一月六日――ヨブ記*を読んだ。大いに慰められた。

今度も尊敬するアルバート・バーンズの助けを借りました。彼の『注解書』二冊に一気に目を通しました。あらゆる悪事の最後の結果は善であるということが、いまや消しがたく私の心に刻み込まれました。それ以来私は、この人生観をたとえ暗雲のただ中にあるときでも、めったに見失わずに保ってきました。

一月十一日　日曜日――終日当直だった。ハヴァーガル*を読んだ。霊魂に関し多くのことを教えられた。

一月二十五日 日曜日――この世の一生は天国に入る道を教えられる学校である。ゆえに、今生で達成すべき最大の仕事は「貴い永遠の教え」を学ぶことである。

新しい教えを守護天使たちから教えられつつあります。なかでもフランシス・ハヴァーガルが最も傑出しています。これまでキリスト教に導かれながらも、この世の生活が私にとってまったくすべてでありました。新しい信仰は、その本来の精神的価値によらずに、実利的な目的、たとえば幸福な家庭とか自由政府とかのために受容されていました。「我が国を欧米のように強大にすること」が私の生活の最高目的であり、私はキリスト教をこの意図を実現する力のあるすぐれたエンジンと思い歓迎したのでした。そして、なんと多くの人々が、キリスト教を社会的、政治的理由によって今なお受容しているることでしょう！ しかし、いまや国への愛は、その最も正しく最も高い意味でとらえ直されるために、天への愛のために犠牲とされることになりました。

二月二日——私がカミの子であるとの考え。非常に力づけられた。

二月十一日——フィリップス・ブルックス*の『イエスの感化』を読み、非常に力づけられた。

私はカミの子であって、その兄弟とか同等の者ではないという大きな発見。どうしてカミから「同等の場」に立つ者として認められたいために、カミと強さと清さとを争おうとするのでしょうか。思い上がったこの世の小さな神よ！　汝自身を知れ。そうすれば、ことは汝にうまくいくであろう。

そして、フィリップス・ブルックスよ！　苦しめる魂の人々を彼は力づけ支えてくれました。その法衣のふところのなんと深く、その祈禱書の背のなんと広いことでありましょう！　彼の書に読みふけっているうち、この人は私の病気をすべて親しく知っていて、これに与える特効薬を持っているのだと思いました。旅人が彼の霊薬を服用して一休みさえするならば、一、二週間は唇に歌を浮かべて歩けます。その行く手に茂る草木も山も谷も、いっさいならされて平らな大地と化してしまいます。

二月十四日――私自身の知識と真理とは私の知る範囲にとどまる。世の中には多種多様な見方があるが、それは私のものではない。ゆえに、それについては私の責任はない。私の知っているものを重んじ、それ以上は気にかけるな。

　今や私に受容を迫る多様な意見から身を守るためには、私の知識の範囲と限界とを明らかにしなくてはなりません。アメリカは教派の国であり、そこでは、各教派は他を犠牲にして自分たちの人数の増加をはかっています。すでに私のよく知る教派はいうまでもなく、ユニテリアン主義とかスウェーデンボルグ主義*とかクェーカー主義*というような聞き慣れない主義が、私を試みにあわせていました。力ない異教の改宗者は、どれを自分のものとしたらよいのか迷ってしまいます。そこで私は、そのどれをも受け容れまいと心に決めました。この世の定めある人間が、それぞれ長短を有する何十もの教派のなかから、どうして「正しき選択」をすることができましょうか。頼りなき改宗者をどうして βαπτίζω* の言葉で苦しめ、水で「浸され」なくてはならないと説くのでしょうか。一方では、同じくすぐれた権威者たちが、水をちょっと注ぐことすら永遠の救いには必要ないと言っているのに。汝「本国のキリスト信徒ら」よ、頼りない改宗者にいつくしみ深くかつ寛大なれ。

二月十八日――多くの疑惑。少なからず悩んだ。私の心を固くカミの上に定めなくてはならない。人の意見はさまざまだがカミの真理は一つであるにちがいない。カミ自身によって教えられるのでなければ、真の知識が得られるはずはない。

真理の「選択」に関する恐ろしき苦闘。イエスはカミであるか人であるか。もし彼を人として信じるなら、私は永劫の火で責められないで済むのでしょうか。だが、エマーソン*やガリソン*やローウェル*やマルチノー*や、他のすぐれた勇敢な学者たちは、イエスは人であると言ったといわれます。そうなるとキリストをカミとしてきた私の信仰は、以前にたいへんな犠牲を払って捨て去った迷信的偶像崇拝と同じように、馬鹿げたいわれなきものとなってしまいます。この点に関する私の苦闘にまだ決着がつかないというのに、別の聖職者の一団が訪ねてきます。彼らは、プロテスタントの悪魔にだまされないようにとの親切な注意を与え、熱心なる祈りをもって熟読するようにと、ギボンズ枢機卿*の『我が教父の信仰』の書を置いていきます。この重大な問題の解決に、私がまじめに取り組もうと注意を向けると、すぐに今度はダーウィン、ハクスリー、スペンサーなどの名を借りて不可知論者があらわれ、そういう無駄な問題はあきらめて、目に見え、手で触れることのできるもので満足せよと勧めます。外見はどう見てもギュイヨン夫人*と同じかと思われるほど敬虔な人々が来て、自分らの預言者スウェーデンボルグは、その目で天国を見た。その言ったことや書いたことはすべて絶対に真理であると、すぐれた全知力をふりしぼって証明したのだと告げます。しかし、大生理学者のフリント博士*は、スウェーデンボルグは正真正銘の統合失調者であったと言っています。このようないろいろな意見のなかに立たされた異教からの良心的改宗者は、わざわいなるかな。非常にむずかしい問題の攻撃から身を安全に守る場もなく、彼の心は知的世界を右に左に翻弄されます。ふたたび私には、祖母の「異教的」信仰のなかにある平和と静寂とがしのばれました。汝、教派にしばられたキリスト教徒よ、「ヨーロッパの一年は中国(Cathay)の千年にまさる」と言うな。あなたがたは、自分たちがほんとうには所有してもいない平和を私たちに約束しているのだから。もしも意見の衝突と宗教的憎悪とが望ましいものならば、あなたがたの生み出した新しい意見の衝突にまき込まれるまでもなく、「中国」にも十分ありました。以前、私は宣教師のところに行って、キリスト信徒の間の数々の教派について、もしもその存在理由があるなら、それは何かと尋ねたことを思い出します。彼は私にこう言いました。彼の意見によれば、たくさんの教派の存在は、異なる教派の間に「競争」を生み、それによって教会に純粋さがもたらされカミの国の達成が早まるので、真の祝福であると。だが、そのあと数か月たって私たちは私たち自身の新しい教会を設立しました。その計画はこの宣教師の気に入りませんでした。彼はすでに何百もの教派の存在がキリスト教の精神を汚しているのに、そこへまた新しい教派を加える必要はないと言って、私たちの無思慮をきつくとがめたのです。しかし、私たちには彼の論理がまったくわかりませんでした。もしも教派の存在が「真の祝福」であるならば、どうして教派の数を多くすることによって、よりよい結果を得てはならないのでしょう！　しかし、私たち頼りなき改宗者がいまだ思っているように、それが禍いであるならば、どうしてメソジスト主義、長老主義、組合主義、クェーカー主義をはじめとする無害あるいは有害な主義を絶滅させて一つの大きな連合体にしようとしないのですか。私たちのかよわい頭では、その宣教師の友の逆説的な言葉の意味をどうしても解くことができません。

三月八日――聖化の重要性を少しずつ感ずる。「理想的な汚れなき状態」は、目前にあるが、その状態には入りえない。ああ、われ悩める人なるかな！

三月二十二日——人間は有限な存在であるので、無限なる知恵の礎《いしずえ》全体にわたり安んじて場を占めることはできない。人のなしうるのは、ただこの礎のわずかな一隅に宿ることのみ。この一隅でも手に入れるや、人は安らかに落ち着くことができる——その礎はそれほど頑丈である。このことは、いろいろな教派があって、そのどれもが栄えていることの説明である。

「教派」についての、人間的、合理的な説明であります。私はフィリップス・ブルックスの考えから、このことを教えられたように思っています。

四月五日　復活祭《イースター》の日曜日——うるわしき日。霊は力づけられ、生まれてはじめて天国と不死とを一瞥した！　はかり知れない喜び！　かかる聖なる喜びの一瞬は、この世から受けるあらゆる喜びの何年分にも匹敵する。私の霊的不明がいよいよ感じとられ、光明を求めて熱心に祈った。

真に復活の日！　何か月も続いた憂鬱と霊との苦闘が終わって、ここに与えられた啓示と休息とは言い表せない喜びでした。私の前にある色どられた卵に、舌で味わう以上の美味を感じたことを、よく覚えています。その卵（すなわちまだ生の、ゆでて固まり色のつけられる前のもの）に、当時の私の霊魂の状態を解き明かす教えを読みとったのでした。私の持ち合わせていた胎生学の全知識が、今や私の霊を高めるために動員されました。私は、そのとき自分がどのような霊魂の発達段階にあるのか——「卵割期」か「桑実期」か、あるいはもっと進んで「孵化期」に近いのかを考えました。やがて殻が割れ、私は羽ばたいて救い主と全き存在のもとへと高く昇るでしょう。おお、もっと光を！

四月六日——発達障碍児を教えることが一段と楽しくなり熱が入る。

この前日、私は生涯に知った最もすばらしい人物の一人と出会いました。その人は発達障碍児の不屈なる教師として世界的に名高い故ジェームズ・B・リチャーズ*であります。彼の口から直接に若き日の教育経験を聞き、天の父の子のなかでは最も低き者とされている人たちに対してさえ、「天の父を教えること」が実際に可能であると教えられました。私の受けた印象は電撃的で、その影響は永久的でありました。そのとき以来、慈善事業と教育とは単なる憐愍《れんびん》と実用の仕事ではなくなりました。両者は共に高き宗教的目的——至善なるカミを宣べ伝えるという目的を持つものであるとわかりました。施設のなかでの看護人としての私の仕事は、いまや神聖な清められた役割の栄を帯び、仕事のなかに入り込んでいた屈従的な要素はすべて消え去りました。教会の関係ではユニテリアンであったリチャーズを、私は自分のもとにつかわされた最もすぐれた宣教師のなかに加えました。彼の教師としてのたぐいない才能についてはいうまでもなく、その人格と思いやりの深さとは、私が正統派に属して読書により培われた三位一体論者《トリニテリアン》の持つ多くの偏見を払拭しました。

四月八日——人間の能力を最も高く考えることが、いちばん生粋《きっすい》の典型的なユニテリアン主義の起源かもしれない。しかしながら、人は自分自身の努力では最高限の道徳的高さに到達することはできない。そこで、人は自分の弱き知性に合うようにキリストを引きおろす。

カミの概念が完全に明瞭であるのは、われわれがキリストに到るまでの間である。ここに到ってみな躓《つまず》く。私は、キリストがいなかったら、どんなに自分のカミについての見方が明瞭であるにちがいないか、としきりに考える。
異教徒の古代ギリシア人にだけでなく、異教徒の日本人にも中国人にも、今日のあらゆる他の異教徒にとって、キリストは躓きの石*であります。キリストについてのユニテリアンの説明は、神秘的な東洋人にはあまりにも単純ですが、三位一体論者の「説(theory)」も、これに劣らず信じがたいです。だれが私のためにその石を転じて除いてくれるのでしょうか。

四月十六日――ファーナルド*の『真のキリスト信徒の生活』を読む。

四月十八日――ドラモンド*の『精神界における自然法則』を読み、たいへんおもしろかった。

四月十九日――黙示録*を読み、とてもおもしろかった。

ファーナルドは、私がいささか真剣に読んだ最初のスウェーデンボルグ派の著者でした。実のところ、これに先立つ三年ほど前に『アルカナ・セレスチア』＊という本を覗いたことはありましたが、当時の私の即物的な心には霊的すぎました。しかし、いまや異郷にあってかなり霊的な問題と取り組み、神秘主義は何でも歓迎されました。事実の面では動かしえないことでも、精神の面では飛び越すことができたからでした。そこにドラモンドが現れて私の科学を霊化し、両者は私をきわめて霊的にしました。いまや私の説明しえないものは何もありませんでした。そこで私は「黙示録」を取り上げました。私を懐疑論者にするかもしれないとの恐れがあって、手をつけないでいた書であります――私はこの書は天使のような人々向きであって、帰納的な人間向きではないと考えていました。しかし、それが人間の霊的経験を生き生きと描いたものであるならば、その中のいかなる章句でも私に説明できないことはなくなりました。三位一体論の裂け目にもそのようにして橋が渡されますし、処女懐胎と復活もやがて当然なことのなかに入れられます。そして創世記と地質学との調和をめぐる恐ろしい争い、有名な『セルボーンの博物誌』の著者＊を発狂させた争いは――それもまた『アルカナ・セレスチア』の著者の方法によれば、日の出前の九月の霜のように、いとも簡単に溶け去ります。しかし、私はスウェーデンボルグを多くの人たちのように愚か者扱いはしませんでした。その心は私の想像力を超え、その洞察力は多くの場合実に驚異的です。スウェーデンボルグから真理のすべてを得ようとする人は躓くかもしれません。しかし、心からなる学者的謙譲とキリスト信徒としての敬意とをもってそのもとに赴くならば、その人は大いに祝福されて戻ることを私は疑いません。その教えにはじめて接したときには、ひどい精神主義(spiritualism)におちいってしまいましたが、その後、このすぐれた人が私の思想に与えた影響は常に健全でした。しかしながら、それがどの点であるかにつき、今くわしく述べる場ではありません。

五月十四日――エレミヤ*を読む。たいへん感動した。

五月十六日――エレミヤは私に大きな感動を与えた。

五月二十七日――エレミヤを読んだことはたいへん有意義であった。

私の信仰上の読書は、それまで『キリスト教証拠論』*とか、それに近いものが多くて、聖書自体は少なかったのです。そのために旧約聖書の預言書は、たいていは未来物語であり、人類の救い主が終末にあらわれたときに、預言との「符合」によって世の人を驚かすために人類に与えられたものである、との考えを持っていました。そこで私は預言書を早くからわかりにくい書物の部類に入れてしまっていました。私は預言書については読みましたが預言書そのものは読みませんでした。しかし、いまや、なかば好奇心となかば恐怖心とをもってエレミヤを覗いてみました。院長が、あるとき、エレミヤのごとき人は一人も自分のところには立ち入らせない。もし、そのような人が病院にある不幸のいっさいを見たならば、院内の人々全部を泣かせてしまうからだ、と私たちに注意を与えたことがあったにもかかわらず。ところが、見よ！　なんたる書であるか！　これほど人間的な、これほどわかりやすく、これほど未来の話が少なく、これほど現在への警告に富んだ書であるとは！　全巻、一片の奇跡の業も行なわれずに、人間エレミヤは人間の強さも弱さもことごとく私にあらわに示しているのでした。「偉人はみな預言者と呼ばれてはいけないであろうか」。私はつぶやきました。私は私の異教国の偉人を全部心に数えて、その言行をはかってみました。そして、エレミヤに語りかけた同じカミが、エレミヤに対するほど定かではないにせよ、我が国の何人かには同じように語ったこと、カミは私たちをまったくその光と導きとから除外しておいたのではなく、世界のなかで最もキリスト教的な国民と同じように、何世紀にもわたって私たちを愛し見守ってきたのである、との結論に達したのでした。この考えは、とても口ではいえないほど私を励ましました。外国起源の信仰の受容により、いくらか弱まっていた愛国心が、いまや百倍もの活力と感動とを伴って私によみがえりました。私は我が国の地図を見て泣き、そのために祈りました。ロシアをバビロニアに、ツァーをネブカデネザル*に、我が国を義の神を認めることによってのみ救われる無力なユダヤになぞらえました。私は自分の古びた英語の聖書に次のような言葉を書きつけました。

エレミヤ記第三章一―五節　だれがこの願いに逆らいうるか。

エレミヤ記第四章一―一八節　これは悲しみの言葉である。ああ我が国よ、我が帝国よ、汝、ユダヤの二の舞を演ずるな。

エレミヤ記第四章一九―三一節　北のロシアはわがカルデヤ*ではないか、など。

このときから二年の間、私は聖書を預言書以外ほとんど何も読みませんでした。私の信仰上の考え全体は、それによって変わりました。友人たちは、私の宗教は福音書のキリスト教というよりはユダヤ教のかたちに近いと言います。しかし、そうではありません。私はキリストとその弟子たちからは私の霊魂の救われる道を学び、預言者たちからは我が国を救う道を学んだのでした。

病院での仕事を始めて八か月近くに達しましたころ、私の内部の「懐疑」は、これ以上長くは堪えられなくなってきました。どこかに救出が求められなくてはなりません。よき院長は私には休息が必要であると言って、働きの弱まった私の肝臓のためにアポリナリス水*を調合してくれました。彼の現実的な見方によれば、いわゆる精神的な苦悶は、全部そうだといわないまでも、たいてい消化器官の不調で説明することができたからです。彼の医学的な勧告を機会に、私は母国の友人たちのいるニューイングランドに出かけました。といいますのは、転地によってなにか「幸運」が訪れるかもしれないと思ったからでした。「幸運」に対する私の異教徒的信頼は、危機にのぞむときまって顔をのぞかせました。

病院とそこで知った多くのよき友とをあとに残し、悲しい気持で去りました。私のやりかけの仕事と、よき院長に身を委ねて間もないというのに計画を変更したこととが、深く後悔されました。「人を愛する(love-man)」仕事である慈善事業(Philanthropy)は、私の「自己を愛する(love-self)」傾向が、完全に心のなかより根絶されるまでは、私のものにはならないことがわかりました。魂の治療が、少なくとも私の場合には身体の治療より先になされる必要があります。慈善事業だけでは魂の治療には無力でした。

しかし、「天使も羨む」この仕事をけなすつもりは毛頭ありません。それは、この広い世界でどこにも見当たらないほど尊い仕事であります。異教徒への伝道事業のほうがもっと尊いという人がいます。おそらく肉体が衣服以上のものであるように霊魂はその衣服である肉体以上のものであるから、そう言うのでしょう。しかしながら、ミカンの皮をその中身から分けるように、肉体を霊魂から切り離した人がいたでしょうか。肉体を介さずに霊魂を救うことのできる人がいたでしょうか。あたかも金もうけ主義で働く肉体の医師が、天国とは反対の極近くにいるのと同じように、「安らかにして往け、温《あたた》かなれ、飽くことを得よ」*主義で働く宗教の教師は、天国からはるかに遠い存在であります。もしも、愛をあらわす二つのギリシア語の相互の意味にくわしい人なら、慈善事業(Philanthropy)は聖愛事業(Agapanthropy)であることがわかるでしょう。中国の聖賢は、「医は仁術なり」と言いました。私の知るかぎり、福音書のキリスト教は、異教徒から出たとはいえこの諺に同意を与えているようにみえます。医学を神学から区別できる人がいるでしょうか。

第八章　キリスト教国にて

——ニューイングランドの大学生活

アマスト大学(当時)と学長シーリー

私は、ぜひともニューイングランドを見ておかなくてはなりませんでした。私のキリスト教は、もともとニューイングランドから来たものであり、それによって生じたすべての私の心の苦闘は、その地の負うべき責任であったからです。私はその地に対して一種の貸しがあり、そのため、あえて私はその地に身を投じたのです。まずボストンに出て、そこからアン岬の近くの漁村*に行き、ニューイングランドのブルーベリーとヤンキー風の生活や行動に慣れ親しもうとしました。二週間の間、私は東部マサチューセッツの岩の多い岬の上で祈りに没頭しました。大西洋の波の音は私の悲惨を嘆き、花崗岩採掘所は私の心の硬さを物語りました。私は、いくらか心を落ち着かせてボストンに戻りました。牛の行き交うひなびた町の一隅にひきこもって二週間以上も過ごしました。そのあとコネチカット河畔に向かいました。

私がそこに行った目的は、ある有名な大学*の学長*をしている人に会うためでした。その人が信仰厚く学識豊かな人であることを、私はその著書を介して故国にいるころから前もってよく知っていました。私たち異教徒にとりましては、学識の豊かさはきまって横柄な感じとそれによる近寄りがたさを常に伴うものであります。神学博士(D・D)と法学博士(L・L・D)という二重の学位を持っているような人は、庶民のもとにまで下ってきて、その疑問を解いたり悲しみを思いやったりする必要はないのです。その心は常に「進化」とか「エネルギー恒存」などに奪われているのではないのでしょうか。そういう人から私の小さな霊魂のために、親しく助けになるようなことを期待するのは、私の側のまったく過ぎたる望みであると思っていました。しかしながら、その人に会うことがかなうとの連絡があり、特にどうこうするわけではないとしても遠くからでも拝顔の栄にあずかろう、と決意しました。

古びてよごれた服を着たみすぼらしい身なりで、ポケットにはわずか七ドルの銀貨を持ち、かばんにはギボンの『ローマ帝国衰亡史』五冊を入れて私は大学町に着き、やがて学長の家の玄関に立ちました。友人の一人*が前もって私の名前を通じてありましたので、学長は一人の若い粗野な人間の来訪を知っていました。私は応接間に通され、そこで学長の知性とプラトンのような威厳の前に身をたじろがせる瞬間を待っていました。静かに！　その人が来る！　その汚れなき面前に立てるように魂をそなえよ。汝の心はたちどころに見抜かれ、正体は見破られ、その弟子とすることを断わられるかもしれない。扉が開きました。見よ、その優しさ！　大きながっちりとした体軀、涙でうるんだ獅子のような目、力をこめた温かい握手、歓迎と情愛あふれるもの静かな言葉――どうしたことでしょう。これは会う前に私の描いた姿とも心とも異なりました。私はただちに心がたいへんくつろぐのを感じました。私に対する支援を学長はとても喜んで約束してくれましたので、私はお世話になることにしました。私は退出しました。そのときから私のキリスト教はまったく新しい道をたどることになりました。

私は大学の寮*に無料で一室を与えられました。机も椅子もベッドも洗濯盥《たらい》さえも持っていなかったので、親切にも学長は用務員に命じて私のために最小限の必要な品を用意させてくれました。いちばん上の階にある一室に身を落ち着かせた私は、これで全能のカミが私にその姿を現すまでは、絶対にこの場を動かないぞと固く心に決めました。このような目的を抱いていたので、私は個人的な快適さの欠如については全然気になりませんでした。その部屋に前に住んでいた人*が、床からじゅうたんを取り外してしまっていました。新しい住人は、それに代わるじゅうたんを敷くことができませんでした。そこには、引出しの一部欠けた机がありましたが四本の足は頑丈だったため、私にはたいへん役立ちました。また、一隅がこわれてなくなり実際には三本足で立っている古びた安楽椅子もありました。しかし、体のバランスをちょっととりさえすれば腰かけてまったく心地よく勉強できました。ベッドは木枠の上等品でしたがきしむ音がしました。ベッド・カバーにはふつう南京虫といわれている生物(*Cimex lectularius*)がひそんでいました。最も簡単な構造のヤンキー式ランプを一つ自分で買ってきました。これと小さな洗面器が私の家具の全部でした。私にはペンとインキと紙とがあり、あわせて足らぬものをなんでも充たす祈りの心がありました。

　こうして私はニューイングランドでの大学生活を始めました。それを全部記す必要はアメリカまたはイギリスの読者にはありません。私はその生活から、どの学生もが経験する喜びと楽しみをすべて味わいました。そこの教授たちはみな好きでした。ドイツ語の教授*は、私の知るかぎり最もおもしろい人でした。ゲーテの『ファウスト』を読まされましたが、教授はそれに少なからず自己の感情をまじえることによって、その書を私にとても興味あるものにしてくれました。その悲劇は私を天雷のようにうちのめしました。私は今でも、その「この世の聖書」を聖書にそれほど劣らず愛読しています。歴史の教授*は真の紳士でありました。過去の公平な見方を教え、それによって現在に関しても同じ見方を教えました。その講義はめったに宗教には触れることなく、たいてい「人類の進歩」の話でしたが、私にはほんとうの神学の授業でした。聖書解釈学の教授*は、私に旧約史と有神論の特別授業を授けてくれました。この善良なる老博士は私に心からの配慮を与えてくれました。そのクラスでは私がただ一人の学生でしたから、二人は三学期間にわたって定例討論会を行なったのでした。その人は私のうちにある、儒教をはじめとするよい異教主義を引き出しては、それを聖書の尺度に合わせて比較しました。哲学では私は完全に失敗しました。私の演繹的、東洋的な心は、知覚とか概念とかをはじめとするあらゆる厳密に帰納的な手続きに対し、まったく性が合いませんでした。そのようなものは、すべて私には区別する必要のない自明のもの、あるいは同じ一つのものに別の名を与えているにすぎず、哲学者が退屈しのぎにそうしているように思われました。真理の確立を論理によるよりも直観に頼る私たち東洋人にとって、私がニューイングランドで教えられた哲学は、私たちの懐疑と精神的幻想を一掃するのにほとんど役に立ちませんでした。ユニテリアンをはじめとする知的な傾向を帯びた宣教師たちは、たいへんなあやまちを犯しているように思われます。なぜなら、彼らは私たち東洋人は知的な民であるので、キリスト教への改宗は知的でなくてはならないと教えたからです。私たちは詩人であって科学者ではありません。三段論法の迷路は私たちが真理に達する道ではないのです。ユダヤ人は「一連の啓示」によって、真の神の知識に到ったといわれています。私はアジア人もみな同じであると信じます。

このように、私の好んだのは哲学よりも地質学や鉱物学でありました。それは、そういう学問自体のためばかりではなく、あらゆる知性にまさる心の平安についての知識を私に与える助けになったからです。結晶学はそれ自体私にとって一つの説教であり、黄玉石や紫石英の角の測定は私には真の精神的な慰めでありました。当時、私たちの学んだこの分野の教授*は世界的に第一流の人でありました。その人は路上で拾ったわずか一つの石について、授業時間中休まずに話し続けることができました。この間、ロージャーとかホイットマーシュをはじめとする他の級友たちは、教室の片隅で気持よい昼寝にふけっていました。私はその教授がいかにして創世記と地質学とを調和させたかを一度も尋ねてみませんでした。その頭には、はみ出るほどの岩石、鉱物、化石、蹄痕が詰まっていて、そのような問題を入れる余地のないことを知っていたからでした。

しかし、私に最も大きな影響を与え私を変えたのは偉大な学長自身でありました。彼がチャペルに立って、讃美歌を指示し聖書を読み、祈りをする、それだけで十分でした。私はこの尊敬する人を一目見るというただ一つの目的のためだけで、チャペル礼拝を一度も「カット」、つまり欠席しませんでした。彼はカミと、聖書と、何事をもなしとげさせる祈りの力とを信じていました。この聖者が祈りを捧げているときに、ラテン語の内職をしていた無知な仲間たちは、天国に行ってからその行いを後悔するだろうと思いました。私にとり、その日一日の戦いにそなえて彼の朗々と響きわたる声ほど必要なものはありませんでした。カミは私たちの父であり、私たちがカミに対する以上に熱心にカミは私たちを愛すること、その恵みは宇宙に充ちあふれているので、私たちはただ心を開いて「押し寄せる」カミの真情を受け容れるだけでよいこと、私たちのほんとうの過ちはカミ自身を除いてはだれも清められないのに、私たちはみずから清くなろうと努めていること、真に自己を愛する人はまず自己を憎んで自己を他者に与えなくてはならないから、自己中心とはほんとうは自己を憎むこと、等々——これらをはじめとする貴重な教えを、偉大な学長はその言行を介して私に教えたのでありました。私を支配していたサタンの力が、その人を知って以来ゆるみはじめたことを告白します。徐々に私は原罪とそれから発する罪とから清められてゆきました。大学生活二年間を終えて(私は三年生として入りましたから)、私は自分が天国へ向かう道にあったと考えます。私が躓かなくなったからではありません、私は今でも絶えず躓いています。そうではなくて、主は慈悲深くその御子によって私の罪を消し去り、私はその御子に依り頼むことにより、永遠の愛から見放されていないことを、いまや知っているからです。のちに掲げる日記が実際にはどうであったかを示してくれるでしょう。

私が大学になじんでからしばらくして、学長はある宣教師大会に出席するために私を連れて行きました。まことに、こういう大会ほどキリスト教国のキリスト教徒らしさ(*christianness*)の表れるものはありません。異教国にはこれに類するものはありません。私たちは他人の霊魂のことなどかまわないからです。他国の人々に福音のすばらしさをわからせる方法を聞くために、一万人もの知的な男女が三、四の広い会場にあふれるばかりに集まっているのです。これだけでも十分印象的であります。なかにはショーを見にきた人々も多く、また、ショーになるために来た人々も多いかもしれません。しかし、その人々にとっても、異教徒への伝道事業がショーとされるに値するという事実ははっきり残っています。それは、疑いなくあらゆる宗教的ショーのなかでも、最も崇高にして神々しいショーであります。だが、この伝道ショーには、この国のなかでは最も頭の確かで冷静な人々が参加し、伝道についておそろしく熱心な男女たちが壇上に登場し、苦労の跡やしわを顔にとどめてカフィル人や「ホッテントット人」*との道徳的戦いを語ります。そうなるとショーはもはや単なるショーではなくなり、それによって私たちも燃え立ってくるのです。非キリスト教国である我が国の人たちだれにでも、もしキリスト教国でこのような伝道ショーを見る機会が与えられたなら、ぜひ、どれでも出席するように勧めます。出席しても決して後悔するものではないと保証します。このショーはあらゆる点で見るだけの価値があります。その人はキリスト教国の大なる理由がわかり、あわせて自分の国の小なる理由を知るでしょう。それにより「キリスト教徒の残虐さ」について大声で語らなくなるかもしれません。私はこの伝道ショーは励みを与えるものであると、あなたがたに言っておきます。

しかし、このショーで最もひどい目にあうのは、たまたまその場に居合わせ、異教徒からの改宗者の見本となる人々です。その人々はサーカスで飼い馴らされたサイのように必ず利用されます。彼らは見世物として壇上にひっぱり出されます。実にすばらしい見世物です！　ほんの最近まで木や石の前に額ずいていたのが、今やこれら白人たちと同じカミに信仰を表白するとは！　「どうして改宗したか話してください」と叫ぶ声。「だが十五分以内で。それ以上は困ります。このあと神学博士某大先生の伝道の方法と手段と原理に関する話がひかえていますからね」。飼い馴らされたサイは生ける実例でありますす。黒板に描かれた例ではありません。現場から連れてこられた本物です。しかも見世物に供されて喜んで慰み物になりたがるサイは、この人々の命令に従い、とても見るにしのびない態度で、いかにして自分らが動物であることをやめて人間のように生活し始めたかを語ります。しかし、そのように利用されることを好まないサイもほかにはいるのです。そのサイたちは群衆の前で見世物にされて、心の平安の奪われることを好みません。すべての群衆には、サイの生活を捨てるためにどんなに曲がりくねった痛ましい歩みがあったかを理解できないのですから。彼らは一人だけ離れて人目から離れたカミの緑野を黙って歩む道を好みます。だが、サーカスの興行師はそんなサイをふつうは嫌います。そこで興行師たちは、この特別の目的のために、インドのジャングルから扱いやすい見本(たいていは非常に若い見本)を連れてきます。そして、それをともなって全国を巡業し、日曜学校の子供に見せたり説教壇に上らせたりサイの歌を歌わせたりし、こうして人々に伝道事業への関心を持たせるのです。

さて、生まれ変わったサイの一人として私は、伝道サーカスの興行師たちにこのやり方にはもっと配慮をするように勧告します。これでは、一方で飼い馴らされたサイをだめにし、また野生のサイに必要な滋養物を最も手軽に入手する道として、飼い馴らされたサイのまねをするようにと誘うことになります。他方、キリスト教の伝道事業に関心を抱かせたいと思っている人々に対しては、その真のあり方につき誤った考えを与えるものと信じます。パウロやバルナバが、テトスやテモテのような人たちをエルサレムに連れて行ったのは*、その人たちに異郷の歌を歌わせ、怪しげな半分しかわからぬ言葉で「いかにして私は偶像を火に投じ福音にすがったか」を語らせるためでありましたか。私は聖書にそのように書かれているのを読んだことはありません。私が聖書で読んだのは、その偉大なる使徒が全情熱をこめて異邦人を弁護し、カミの民に対して、彼らがカミなき異邦人にまさるものではなく、共に罪のとがめを受けカミの栄光を欠いている点では同じである、と告げた話です。――このことから、パウロの心あるいはパウロのような心を持つ人々は、異教的なるものを決して慰み物にしたり「あわれみ」の対象とするのでもなく、それを自分自身の状態として思いやり、それによって敬意とキリスト教的親切とを尽くさなくてはならないと考えたのだ、と私は思うようになりました。インドの青年に民族衣裳を着せて、母国のパーリ語でトップレディを歌わせて集めた献金は、飼い馴らされたオランウータンを見世物にして集めた金と同じ価値しかないと思います。

どうか、人々のパリサイ的なプライドに訴えて、彼らが異教徒よりもまさっているように見せつけ、「本国のキリスト信徒」に「彼らをあわれ」ませるような行為を伝道事業とは呼ばないでください。最もよき宣教師とは、常に自分たちが派遣された先の民の言い分と尊厳とを支持し、また彼らはいわゆるキリスト教国の民といわれる人々の前に、偶像崇拝をはじめとするその国の堕落した面がさらけ出されることを、当地の愛国者と同様に気にかけるのです。

実際、異教徒の闇をキリスト信徒の光で対照的に描くことにのみ、伝道の根拠があると思っているようにみえる人がいます。だから、その人々の描く地図は、異教徒をまっ黒な区分で表しプロテスタントのキリスト信徒を白の区分で表します。伝道関係の雑誌、評論、通信はいずれも、異教徒の邪悪、堕落、いまわしい迷信の記事で充ちています。その高潔、篤信、すこぶるキリストにも似た性格などは紙面にほとんど登場しません。私たちのたびたび経験することですが、私たちが伝道集会で自国民の性格の道徳的な面について多く語り、その異教徒的な面をあまり語らないようなときには、その話はたいへん残念ながら、まったく賛同を得られません。その人たちはこう言いました。「もしあなたの国の人たちが、それほどりっぱな人たちの集りなら宣教師を送る必要はないで

はないですか」。私はくり返し答えました。「みなさん、ほかのだれよりも切にキリスト教を飢え求めているのは、こういう道徳的な人々なのです」。実際、もしも私たち異教徒が、テナガザルとかチンパンジーよりほんの少しましなものにすぎないならば、キリスト信徒はその伝道事業を完全な失敗として放棄するがよいでしょう。正邪と真偽とについていくらか分別があるからこそ、私たちはキリストの十字架のもとにすすんで導かれるのです。「異教徒へのあわれみ」だけの動機にもとづくキリスト教伝道は、それを派遣する側にも派遣された側にも多くの被害を与えることなく、支援をまったく打ち切ることができただろうと私は心から信じています。

（一八八六年）三月一日――カミのわれわれに与える贈り物は実質的である。他人の意見に支えられた単なる思弁でもなければ、想像の所産である幻想でもなく、世の風に乱れ飛ぶことのない真の実質的なものである。

三月八日――私の生涯で非常に重要な日。キリストの贖罪の力が、今日ほど明らかにあらわれた日はなかった。これまで私の心をうちのめしてきたあらゆる困難の解決は、カミの子の十字架のうちにある。キリストが、すべての私の負い目を贖って、堕落前の原人*(first man)の純粋と無垢とに私を戻すことができるのだ。いまや私はカミの子であり、私のなすべきつとめはイエスを信じることである。イエスのお蔭でカミは私の望むものをなんでも与えてくれるであろう。カミはその栄光のために私を用い、最後には天国で私を救うだろう。

＊　＊　＊　＊

「哲学的」傾向のある読者は、右のような文を軽蔑ではないにしても一種のあわれみをもって読むかもしれません。そして、この世に新しい科学が入ってきたために、ルター、クロムウェル、バニヤン*の宗教はいまや過去の「伝説」と化してしまったというでしょう。死せる救い主を信仰することが人に生命を与えるなんて「理性に反する」と言うでありましょう。私はその人々と論じ合おうとは思いません。「全能のカミの前に責任をもって立つ魂」というような問題は、おそらく、そういう人々を決して苦しめてはこなかったでしょう。その人たちの望みは、人生と呼ばれるこの短い存在のひとこまを越えては広がらないのでしょう。その人たちの全能の審判者は社会と呼ばれる慣習的なものであり、社会に「たいへん結構だ」と認められることで、その人たちの望むすべての平安が与えられるのでしょう。そうです、十字架にかけられた救い主は、男女を問わず永遠を待望し、おのが心の内奥を審《さば》く宇宙の霊を有する人々にのみ必要なのです。そのような人々にとり、ルター、クロムウェル、バニヤンの宗教は、伝説ではなく、真実のなかの真実であります。

十字架にかけられたカミの子についての決定的な把握後、私に生じた上昇と下降の全部を記して読者をわずらわせようとは思いません。下降もありましたが上昇よりは少なかったのです。私の注意は一つのことに集中しました。私の全霊魂はそれにとりつかれました。私は昼も夜もそれについて考えました。石炭を入れたかごを地下室から私の住んでいる最上階まで持っていくときでも、私はキリストと聖書と三位一体と復活をはじめ、それと同じようなことを考えつづけました。あるときは持っていた二つのかご(バランスをとるために二つさげていました)をまん中の階で下に置き、その場で待ちきれずに感謝の祈りを捧げました。「石炭山」から上ってくる途中のその時その場で、三位一体についての新しい説明が私に啓示されたからでした。休暇が始まって私の天国が訪れました。学生たちはみなママに会うために帰省し、大学の丘には私がただ一人の住人として残され、私のママであるカミの優しき霊だけとなりました。クラス対抗の声援と異教的な騒がしさとにどよめいていた丘は、いまや真のシオン*に化しました。サタンが私をひとりだけにして去ったときには、きまって海の彼方のなつかしく恵みあふれる故国が心に描き出され、そこには教会やキリスト教の大学がありました。もちろん、それらは私の想像上の存在にすぎませんでしたが。心の励みになるような考えが浮かんだときには、いつもそれを私の国人へのメッセージとしてあたためておくことにしました。まことにひまな時間はすべてある帝国とその国民のことだけで占められました。

五月二十六日――この世には悪よりもずっと多くのよきものがあると考えて非常に感動した。小鳥、草花、太陽、大気――なんと美しく、輝かしく、かぐわしいことか！　それなのに人間は始終悪のことで不平を言っている。世の中には、それを楽園にするというただ一つのことしか必要でない。それが、イエス・キリストの宗教である。

少しずつ、ほんとうの楽天主義者になろうとしています。これは、ちょうどニューイングランドの厳しい冬を、体を暖める自分のストーブもなく過ごした直後であり、まだ学期ごとの支払いの目途もつかないときだったのです！

六月三日——予定説について学び、その重要さに心を動かされた。心は喜びに躍った。誘惑は消え去るかのようにみえ、私の心のあらゆる高潔な品性は感動で燃える。もしも私が世の創造に先立ちカミの嗣子《しし》として定められ選ばれた者の一人であるならば、恐れはどこにあるか。誘惑者の力はどこにあるか！

かつて、人間にとり大きな躓きの石であった教義が、いまや私の信仰の隅の首石《おやいし》*に変えられたのです。この教義は、そういう目的のために宣せられたものと信じます。カミを喜ばせるために最善を尽くしながら、自分の選びについてはほんとうに心から不安を感じている人々こそ、選ばれたる人のなかに必ず自分を見いだす者であると信じます。選ばれぬ人は、たいていこの問題で自分を苦しめることがないのです。

六月五日——おお、あらゆるキリスト信徒を謙虚にさせる思想！　自分が選ばれし者の一人であるとは、なんの価値が自分にあったためか！　しかも自分が日々罪を犯していることを考えるべきだ！

「羨ましき妄想だ！」と哲学者の友は言うでしょう。しかし、想像されるほど羨ましいものではありません。神に選ばれたる者の運命は、この地上では最も悲惨であるからです。もしその人に与えられたならばきっと拒むでしょう。日々自己に死ぬこと、*これが選びです。哲学者の友よ、それでもお気に召しますか。

六月十五日――私の魂の救いは私の環境とこの世の財産の状態とは全然関係ない。たとえ私が黄金のなかに「埋まって」いたとしても、私の魂はまったく変わらないままだろう。たとえ私が最も厳粛な禁欲主義者の道を歩んでいたとしても、私の魂は飢えたる野獣と同じであり、その献身を自慢するだろう。もしもカミの霊が私の心に直接ふれないならば、回心はまったく起こりえない。なんと慰め多き思想か！　私は肉体が苦しむために貧困を嘆く。魂の救いが危険にさらされるために富を恐れる。しかし、ちがう！　救いはカミのものである。いかなる人も、いかなるものも、いかなる境遇も、私からそれを奪うことはできない。それは山そのものよりも確かである。

これはロマ書第八章三八、三九節の私による解釈です。力を落とすな、貧しき者よ。

カミの恵みは、あなたに充ち足れるからである。恐れるな、富める者よ。カミは針の穴にラクダを通すことができるからである。

七月三十一日——昨晩恐ろしき雷雨。ちょうどそのとき、永遠の生命につき考え、ある私の弱さと戦いつつあった。突然の閃光《せんこう》と雷鳴とは私の心からこのような「肉の要素」を取り除いた。私は自分が稲妻にうたれて、安らかな平安のうちによこたわっているのを夢みた。生まれてはじめてとどろく雷雨を楽しんだ。

私は雷が嫌いでした。頭のすぐ上でそれがとどろくと、きまって自分の最後がきたと思いました。異教徒でありましたころ、私の守護神全部の助けを頼って祈り、「天の怒り」から逃れるためにいちばん安全な場所である蚊帳《かや》のなかに避難しました。そしてキリスト信徒になってからでも、同じように何度も、私の信仰は雲のなかで「神がほえる」ときに最も厳しい試練にさらされました。しかし、いまやカミの恵みによって私は雷に堪えられるものとなりました。あらゆる種類の恐怖は、十字架にかけられたイエスが私に啓示されたことによって、私の心から取り払われたからであります。私は心のなかで言いました。「撃《う》てよ、雷！　私は大丈夫だ」

八月十六日――イエスにあってなんたる喜びと平安。孤独にあっての喜び。友なき身にあっての喜び。実にまた罪深さにあっての喜び。私の魂よ、この貴い真理にすがって汝の全注意をそれに向けよ！

「単なる修辞的な対照にすぎない」と批判者は言うでしょう。しかし、文章論の友よ、そうではありません。私たちキリスト信徒は自分の罪深さにも喜ぶのです。人類を向上させるに役立つものとしてアダムの堕落にまさるものはない、と言ったのは哲学者のライプニッツ*でありました。罪は梃子《てこ》であり、それによって、私たちはカミの子を介してカミのもとにまで上り、ときにはマルクス・アウレリウス*のごときタイプの男女にはとうてい達しがたい高みにまで上ることができるのです。

九月十三日――夕べは静かで美しかった。ちょうど夕食に出かけようとしたとき、私が肉(flesh)に死んだなら悪魔も私を攻撃できないとの考えが起こった。そして、この「罪の死」は、自分の罪深い心を見つめることではなく、十字架にかけられたイエスを仰ぎ見ることによって成就されうる。私は私を愛したイエスによって征服者にもまさるものになりうるのだ。このように考えて私の気持はきわめて晴れやかになり、その日の心の重荷はすべて忘れ去られてしまった。私の心は感謝の気持で充ちた。主の聖餐にあずかることによってその日を祝いたかったのです。私はそこで一房の野ブドウから少しジュースをしぼって小さな磁器の皿に入れた。またビスケットをひときれ用意した。私はこれらをきれいに洗ったハンカチの上に置き、その前に坐った。感謝と祈りとを済ませてから心からの感謝の気持でその主の体と血とを食した。きわめておごそかな感じだった。一生の間に何度でもこれをくり返さなければならない。

「罰あたりな！　聖餐式をもてあそぶなんて！」と、教会主義をはじめ教皇主義的な立場の人は、これを言うでしょう。しかし、どうしてローマ教皇とその一派の司祭たちは、このような礼典に関して反対し、あなたがたと同じ人間である私たちが主の死をもっとも記念したいときにそうする権利を認めようとはしないのですか。もしも教皇にこの儀式を聖別する独占権もなく、そのキリストの代理職*が単なる想像上の作りものにしかすぎないとしたら、あなたの「使徒承伝*」をあなたはどのような権威によって裏づけるのですか。私の知っている一人の日本人は、洗礼を受けたキリスト信徒としてある福音主義教会*の会員になろうとしました。彼に授洗したのはどのような立派な聖職者であるかと問われて「天」であると答えました。それは実はこういうわけでした。ある夏の午後、彼は深く自己の罪を自覚し、十字架にかけられたイエスにあって赦《ゆる》しを見いだしました。そのとき荘厳な気持にかられた彼は、どうしても聖なる洗礼を受けずにはいられなくなりました。しかし、彼の住んでいるところから二十五マイル以内には、一人も「資格ある牧師」を見つけられませんでした。しかしながら、まさにそのとき、実に爽快な夏の夕立にその地方は見舞われました。彼は、これこそ天みずからが自分をその聖なる儀式に招いているのだと考えました。そこで彼はまっしぐらに雨の中に飛び込み、敬虔な態度で全身に「天水」を浴びました。その方法は良心的にも満足を感じさせました。まさにこのとき以来、彼は偶像を崇拝している同国人の前に、自分がキリスト信徒であることを告白し生きてきました。私は聖餐のパンと黄金の聖盃に敬意を払う他の人々に対し、それを妨害しようとするのではありません。だから自分自身もこれに関し自分の好きなようにすることを妨害されたくはないのです。最も大切な点はカミ御自身であります。人がカミをもつに至る道はいろいろ異なるのです。どうでもよいことでは自由に！

十一月二十四日――感謝祭*の休暇始まる。たいへんさわやかな眠りがとれた。――朝起きたとき、部屋のドアの外に、しゃれた三角のかごに入っている一山のまっ赤なおいしそうなリンゴを発見した。私は、たいへん驚いた。だれか親切な友が、私のさびしい魂を慰めるために置いて行ったにちがいない。なんたる親切！　私の魂よ、このような経験を忘れるな！　こういう行為は、たとえ小さなことでも、何百ドルもの贈り物にまさって人の心に響くのだ。私は、自分に思いをはせ関心を抱いてくれる未知の人々の存在を知り、その日は一日中どんなに楽しかったことか！　私は、頭を下げ、うれし涙で感謝の祈りを捧げた。いまだその名を知らせない人の上に尽きせぬ祝福のありますように。

十一月二十六日――デヴィッド・ブレナード*の墓を訪ねた。

十一月二十八日——デヴィッド・ブレナード伝を読んだ。その日記を読みながら、あたかも自分の日記を読んでいるように感じた。「私のすべての困苦を堪えがたくしているものは、カミが私からその顔を隠していることである」という文に出会って、私は声をたてて泣かずにはいられなかった。しかしながら、カミが突き棒で内からも外からも鍛えている人は私だけではないことを思って、たいへん慰められた。私はこの人のように祝福され試みられた霊と、天国で楽しい交わりに入るのを待ち望んだ。

十二月四日——午前中の学長の授業で、私はどのようにして自分がキリスト教を真理として信ずるようになったかを語った。私は級友に対し正直にありのままに、自分がいかにして「道徳的分裂」の調和をキリストにおいてのみ見いだすに至ったかを語り、「私にはこうするしかないのだ。カミよ助けたまえ」とのルターの言葉*で話を結んだ。まことにカミは私を助け、この日は一日中、自分がなにか正直で良心的なことをしたように感じた。我が魂よ、おまえはカミがおまえになしたることの「証人」にすぎないことを銘記せよ！　おまえのちっぽけな知性が、おまえのためにだけ作りあげたものを世に宣べるな。主を信頼せよ。主の義によって救われよ。

私たちのりっぱな学長は、あらゆる真のキリスト信徒と同じように「異教徒改宗者」を深い配慮を払って見守りました。（私は、これを私自身の経験から語っているのです。）彼の私への話によると、まだ一八五九年という昔、私の同国人である一人のキリスト信徒が学長の家で一夜を過ごしたことがありました。学長は「異邦人が福音を聞いた」という事実の厳粛さにうたれて、その夜は終始眠られなかったそうです。学長が私たち改宗した異教徒を買いかぶるのを心配するあまり、ある日、学長に対し、私がキリスト信徒であるためにさしのべられる援助なら、そのようなものはどうしても受け取られないと率直に言わなくてはなりませんでした。しかし私は、学長が私を飼い馴らされたサイの見本として用いるつもりはないとわかっていましたので、その授業や祈禱会ではその人の役に立つことならなんでも、いつも喜んで致しました。その日の午前、私は自分が親代々の信仰には全然よらずに、どのようにして自分の信仰としてキリスト教を受け容れるに至ったかを告白することになっていました。私はきわめて率直にそれをしました。また、そうして良かったと思いました。

十二月五日――カミの摂理が我が国民の上にあるにちがいないと考えて、おおいに感動した。もし、すべてのよき賜物がカミより与えられるものとするならば、我が国人たちの持つ賞讃すべき性格のなかには、いと高きところより与えられたものがあるに相違ない。私たちは私たち固有の賜物と恵みとをもって、カミと世とに尽くそうとしなくてはならない。カミは二十世紀間にわたる訓練によってもたらされた我が国民の性格が、欧米の思想によってすっかり取り替えられることを望まない。キリスト教の美しさはカミが各国民に与えたすべての独自性を聖化できるところにある。日―もまたカミの民であるとは、恵まれた勇気のわく考えである。

十二月二十三日――学費の支払いのやりくりにずいぶん頭を用いた。

読者のなかには、当時、私がどのようにして生活費を得ていたのか、知りたい人がいるかもしれません。いくつかの方法によっていました。ペンシルヴァニアでの稼ぎと慣れぬペンで書いたちょっとした話で得た収入により、私の大学生活の最初の一年近くは、かなり楽に過ごせました。私の聖書解釈学の先生であったF博士は、あるとき、私のポケットに彼の友人からのものとして百ドルすべりこませ、必要なときには「また来るように」と告げました。それから、恥ずかしい話ですが、六回ほど飼い馴らされたサイを演じて若干の収入を得たこともあります。わずかの額ですが。ここでキリスト教国アメリカに敬意を表して言っておきたいことは、自国に福音を伝える牧師になろうとする異教徒の改宗者は、アメリカにいる間はその衣食に関しては常に少しも困らず、むしろ楽であるという点であります。しかし、ここには偽善もしのび込みます。トルコ人、ギリシア人、アルメニア人、インド人、ブラジル人、中国人、日本人のなかには、そのカミよりもほんとうは自分の腹を愛する者がいて、飼い馴らされたサイのふりをして、アメリカのキリスト信徒の親切心をずるくも食いものにしている連中がいるのです。そして、ときおり本国の教会は、現地の宣教師からこの「でたらめな慈善」の注意を受けるのであります。アメリカにいる間は住むところと教育を与えられた改宗者たちが、帰国する途中の海中に福音を投げ捨て、官職とかその他の悪魔の仕事にいったん就いてしまうと、今度は異教徒の国人の前でキリスト教国につき悪《あ》しざまに言うようにもなるといわれます。

しかし、それは良心的な改宗者にとってかけられたくない疑いの最たるものではありません。その人々は故国に帰ると慈善のおかげによりキリスト教国で学んだ福音を説きます。そのとき、その人と彼の説く福音に対して国人たちはなんと言うでしょうか。どうでしょう、人々は「あの福音で金が入るのだ」と言って、彼とその説く福音とを罵倒するのです。あわれな改宗者よ！　彼は多くの犠牲を払ってキリスト教的慈善を与えられるようになりました。だが、その同胞をキリストに導こうとするためには、その慈善までも犠牲に供さなくてはならないのです。

このような事情のもとで少なくとも言えることは、独立こそ賢明な道であり、私はできるだけ独立をつらぬく決意をしました。まず、出費を最小限にきりつめ、衣食に欠けていた栄養と快適さにあたるものは、すべて新鮮な大気とカミの霊から得ようと努めました。大学生活の最初の一年半は、だいたい計画どおりにうまくいきました。しかし、いまや、ニューイングランドで二度目のクリスマスを迎えようとするにあたり、私は、長い間、一枚の紙幣*にも一枚の金貨*(We Trust in God)にも、お目にかかっていませんでした。私は、ほんもののマナ*が天から与えられるように熱心に祈りました。しかし、それは降ってきませんでした。私は親切なF博士の言葉を思い出しました。ふたたび祈って心を決し、雪と沼地の茂みのなかをたどって博士の家に行きました。ほんの一キロメートルもないというのに、その夜はその道のなんと遠く思われたことでしょう！ ついに私はその家の門まできて家の書斎の灯を見つめました。入って援助を頼もうか、十分間もの間、私は考えながら雪のなかを立ちつくしました。我が国の人たちは、私が宗教で食べていることをなんというでしょうか。私の心は暗くなりました。もう、これ以上は進めませんでした。「待て」、ついに私は自分に言い聞かせて、もう一度向きを変えて今や大学の丘全体のなかにただ一つ明りがともっている自分の部屋に向かい、さびしく歩を運んだのです。私は両者を比べてどちらが有利かをはかりました。そして我が国の人と他国の人との双方から誤解を招くくらいなら、ひもじさを忍んだほうがよいとわかりました――福音のために。

一八八七年一月五日――夜、金銭の援助を乞いにF博士を訪ねた。実に身を焦がす試練であった。自分を失わんばかりであった。しかし、博士は、私をたいへん親切に迎え、いくらか都合することを約束してくれた。

私は、この試練を延ばしていました。クリスマス休暇の間じゅう、そうしなくてもすむように懸命に努めました。実を申しますと必要に迫られて地方の教会で一、二度、飼い馴らされたサイの役を演じたのであります。しかし、それでもまだ、そうとうの赤字が残りました。いまや私はアメリカのキリスト教に負担をかけるか、それとも寮母優しい彼女は最近その夫に先立たれたばかりでした――に借金を残したままにしておくか、とのジレンマにおちいりました。この恐ろしいジレンマにおちいっているとき、カミの摂理の助けが私に訪れました。それは私が期待していたような食べられるマナのかたちではなく、一つの「思想」としてあらわれました。その考えはその後今日に至るまで、私にとってはかり知れない価値ある思想となりました。眠くなってふと取り上げた一冊の古雑誌のなかで、次のような詩の一節が目にとまったのでした。それはアメリカのうるわしい詩人の一人アデレイド・A・プロクター*のものです。

愛の為に至誠《まこと》の心を以て
惜まず与ふる人は大なり
然《さ》れど愛の為に、臆《おく》せず物を受くる人は
更に大なる人と称《たた》へん

この歌のおかげで私は改めて博士のところへ行く勇気がわき、ためらいながらその人の前に私の窮状を訴えました。こうして身を焦がす試練を通り抜けました。こののち幾日もたたずに、彼は町の郵便局のまん前で私と待ちあわせ、その約束を果たしてくれました。それは人の見分けのつけがたい夕方近くでありました。この心優しい人は私に近づき、二言三言親切な言葉をささやいて私のポケットに若干の金をすべり込ませると直ちに、暗闇の世界と私とをあとに残してゆっくりと去ってゆきました。――私は衣食の不自由がなくなったので、ふたたび霊的な真理という真珠を求めて水に潜《もぐ》りました。

二月五日――晴れて寒い。私の精神の世界も同じように寒い日が続く。心を暖めて他者への愛を増し加え、祈りをいっそう熱心になさんと努める。しかし、こういう努力は寒空の下の炭火のようなものであって、ほんの部分的、一時的に効果があるだけである。だが、ひとたび暖かくて心地よい霊の風が吹くならば、どんなにたやすく私の愛は暖められ、どんなに熱心に私の祈りがなされ、どんなに容易に私は快活となり心が充ち足りることであろう！　われわれの側の努力の限りを尽くしても、依然としてわれわれはみじめな罪人である。われわれを清め聖化するには、超自然的な「助け」が来なくてはならない。

刺すようなニューイングランドの冬は、私には厳しく感じられました。それは私の体に突き刺さるような痛みのためではありません、私はまもなくこれには慣れてしまいましたから。私の貴重な石炭をたちまち使い尽くしてしまう力のためでした。寮の建物の煉瓦が体の暖まるよりも早く貧乏学生のストーブから熱を吸収してしまうのでした。しかし、この気象のなかにもまた、精神的な教訓があるのではないでしょうか。わびしい部屋はカミの霊に去られたあとの私の心であり、それはどんなに暖めようとしても冷たいままであります。バミューダの方から来る心地よい風はカミの霊であり、それさえ吹くならば万物の氷が溶けて貧乏学生は石炭代の心配から解放されるのです。吹けよ天のそよ風、私の心とあらゆるところの凍れるものを溶かしてくれるように。

四月十五日——朝の祈り。私があなたの前にあるのは自分が清らかで汚れなく人を愛する者であるからではありません。あなたによって充たされ、それによってもっと熱心にあなたに祈り、もっと世の人を愛し、あなたの言葉とあなたの真理にもっと教えられるように願ってあなたの前にあるのです。あなたは私に、あなたによって養われ、すべての善と恵みと愛との泉であるあなたを自分のものとするように求めます。従順と敬虔な信仰と純潔とは、あなたからのみ来たり、私の尽くすたゆまぬ努力によって生み出すものではありません。あなたはその戒めに従うように命じます。それは私たちが自分の力でそれに従いうるからではなく、私たちが自己の無能を知ってあなたのもとに導かれ、あなたを自分のものとするためであります。あなたは私たちをあなたのもとに導くために、私たちに戒めを与えたのです。主よ、私は自分のまったく無能で堕落した存在であることを認め、あなたの生命で充たされんとしてあなたの前にあります。私は汚れています。私の清められんことをあなたに祈ります。私には信仰がありません。私にあなたから、の信仰を授けてください。あなたは善そのものであり、あなたなしには私はまっ暗闇であります。私の汚穢《おわい》を御覧になって、あなたの力で私の罪から清めてください。アーメン。

四月二十三日——キリスト信徒の祈りは、その願いがカミの特別な力添えによって達成されることを求めるものではない。それはまさに永遠なる霊との交わりであって、それによってカミがすでにその心にもっていたものを求めて祈らされるのである。このような態度で捧げられた祈りは、すべて聞き届けられるし聞き届けられるにちがいない。したがってキリスト信徒の祈りは預言である。

これは、私の以前の異教徒的な祈りの考え方からみると、そうとうな前進といえるでしょう。しかし、残念ながらキリスト信徒になった人々のなかには、まだ祈りにつき私の以前の考え方と同じである人々が多いのです。私は、祈りはカミを説き伏せて自然の法則すら変えさせるものだと思っていましたし、今なおそう思っている人が多いのです。私の魂よ、そうではないのだ。おまえの意志を常に善をはかるカミの意志にあわせよ。

そのときおまえは、太陽の運行を止めて、より多くの光と楽しみとを得ようとするような徒労な祈りはしなくなるであろう。

このようなことを考えているうち、私のニューイングランドでの大学生活の終わるときが訪れました。私は重苦しい心で大学に入り、そして私の主にして救い主のうちにある輝かしい栄光を得てそこを去りました。その後も私はより多くのことを学び、より多くのことを知りえました。しかし、それらは私があの由緒ある大学の丘で学んだことの確認にすぎませんでした。故国で受洗してからおよそ十年後に、そこで私はほんとうの意味での回心、つまり向きを変えたのであります。主はその地で、とくにあの一人の人――鷲のような目、獅子のような顔、小羊のような心をもつ私たちの大学の学長を通して、私にみずからを現されました。私の内なる霊と私の前に置かれた模範と私の周囲の天然と事物とによって、ついに私は従わされました。むろん完全なる服従は一生の仕事であります。だが、自己にうちかつのに私自身の無駄な努力によるのでなく、そのためには宇宙の大いなる力によるように私は正されました。この世のちっぽけな神――人間は、全能なる力によってはじめて従わされるのです。

私の大学での知的な収穫はほとんど取るに足りませんでした。少なくともそれは、私の精神に関して得たものとくらべるならば、そのように思われました。その霊魂の救済に多くの心が費やされ、その肉体の維持に少なからず苦労した学生から、勉学に関する顕著な進歩は期待されません。しかし、大学は私に対して非常に寛大で、まことに鷹揚でありました。私はその大学に選科生として入学したので、大学からは正式には何の資格も得ていなかったのですが、私は養子とされ実の息子と同じ地位を与えられました。* こうして私は級友たちは私に授けられたこの栄誉のためにエールを三唱してくれました。こうして私は自分の信仰と国とのためばかりでなく、我が母校(alma mater)のためにも気高くりっぱに生きるように定められたのです。「大学の精神」は野球場の外にあっては高潔でキリスト教的な情操であります。もし、それが忠実に履行されるならば、それだけで十分にその学生たちは、デマや身なりによる判断や対人恐怖や、そのほかこの世に充ち充ちている卑怯卑劣なことから身を守られるでしょう。私は、この大学の精神は気高い独立、内容のないショーはいかなるものであれ勇敢に無視すること、真理の忍耐強く敬虔な探究、反頭脳宗教(anti-head-religion)という言葉の意味での正統的信仰であると解します。それは洗練された異教主義ではなく、「最も現世的な(the greatest probability)」

宗教でもなく、俗悪な十九世紀的意味での「成功」でもありません。私は自分が仕え喜ばせるべきもう一人の母の与えられたことを、とても感謝しています。どうか、その名と栄光とにふさわしい私の生涯でありますように！

夏休みの長い二か月間、私は今はにぎやかな住人たちの去ってひっそりと静まりかえった寮に一人とどまり、来たる秋に神学校*へ入るための準備をしました。こうして過ごした期間は私の生涯のなかで最良の時でありました。静かな孤独、美しい自然環境、私の上に絶えざるカミの霊の臨在、回顧と未来の展望――まことに丘全体がうるわしく私のカミの家であるシオンに化していました。次に記すのは、この幸福な日々のひとこまの記録であります。

八月二十七日――晴れた心地よい日――おだやか。しきりとさびしさを感じるがカミに頼る。私は、もしも今ただちにカミが私の生命を取り去るならばどうするかとわが魂に聞いてみた。魂は答えた。「私はたとえカミが私を殺したとしても喜ぶでしょう。カミの意志はたとえ私が亡ぼされても確かに行なわれるでありましょう。カミに捧げられた魂はカミの栄光を讃えることにのみ喜びを感じます。

自分の成功は喜びではありません」と。

九月十二日——Aでの最後の日。非常に心に残る日。当地でこの二年間に出会った多くの葛藤と誘惑のことを思った。また、カミの助けによって私の罪と弱さとを克服して得た多くの輝かしい勝利のこと、カミより与えられた多くの栄《は》えある啓示のことも考えた。まことに私の全生活は新しい方向に向けられて、いまや、その道を希望と勇気とをもって進むことができている。カミの特別なる祝福がこの神聖なる丘にあらんことを！——お別れの挨拶に学長に面会に行った。尊敬するその人の前に立つと、私の目からはいつものように涙が出た。私は言いたいことが多すぎてほとんど何も言えなかった。その人は若干の助言を与えたのち、今後の生活の足しにするようにと百ドルを私に手渡し、それから、私が去るにあたって豊かな祝福を与えた。涙がどっと目にあふれ、私は涙声でわずかしかものが言えなかった。私がどんなにその人のことを思っているのか、主は御存じである。学長は私にあらゆることをしてくれた。いまや教育と卒業証書とその他の多くのものを授けられたうえ、しかも金一封を、その人の言葉によれば「残高」としてもらって去ろうとするのだ！　わが魂よ、主がおまえに金銭と恵みとを託すことがあれば、貧しき人、困っている人に対しておまえの財布と心とを必ず惜しみなく開くように。――私の部屋に戻ると三羽のツバメが迷い込んでいるのを見つけた。その夜、戸外は暗く荒れていたためだった。ツバメたちは羽をはげしく壁にたたきつけていた。私はそっとこの臆病な生き物たちをとらえた。暗闇のなかに放つのは心配であったが、ツバメにとっては私のいる方がこわいと察したから、あえて室内にとどめておかなかった。宇宙の父のいつくしみ深い保護に委ねられるように願って、ツバメたちを外に放した。

次の日、私は大学町を去って神学校へ行きました。

第九章　キリスト教国にて

——神学に触れる

アマスト大学卒業時(1887 年)

長く続いた恐ろしい苦闘のあとで、最後に私はみずからに言い聞かせて神学生になる決意をしました。前述したように私は武士の家に生まれました。武士はどの実際家とも同じように、およそ衒学的でセンチメンタルなことはすべて軽蔑します。いろいろある人間の階層のなかで常に坊主ほど非実際的なものはありません。この忙しい社会に対し坊主の頒《わか》つ商品は、彼らが情操(sentiments)と名づけているものです——それはこの世でいちばん怠け者でも作られるような、あいまいなわけの解らないものです——、彼らはそれとひきかえに衣食をはじめとする現実的、実質的な価値のあるものを手に入れます。ですから、私たちは坊主は施し物で生活していると言い、剣は施し物にまさって名誉ある生活手段であると信じていました。

坊主になること自体悪いことであり、ましてやキリスト教の坊主になるなんて私の運の尽きたときであると思っていました。我が国のような異教国にあって、キリスト教の牧師は、直接であれ間接であれ外国人の援助を受け、なんらかの系統の外国の高位聖職者(bishops)の支配下に置かれます。真のドイツ人なら、だれ一人としてイタリア人とかフランス人とかの坊主に支配されることに甘んじないでしょう。同じように真の我が国民ならば、だれ一人としていかなる外国の勢力によってもしばられることを好みません。自由放任主義（*Laissez faire*）とか等価交換（*Quid pro quo*）という経済原理の助けを借りて、この良心的な国家の名誉の尊重を放棄することは卑劣であり、我が国家の独立にとって危険でもあります。思想はコスモポリタンなものであって、あらゆる国のあらゆる人々から教えられることを、私たちは喜ぶし実にありがたいとも思っています。しかし、パンはそうではありません。実は、心の束縛は最も危険な束縛ではありません。胃の束縛が最も危険であるのです。フランスはフリードリヒ大王の心を束縛しました。しかし、ドイツをフランスの支配下から解放したのは彼でした。プロシアはヴォルテール*の胃を束縛しました。そして御覧なさい。その悲惨と堕落とを。物質の面でのコスモポリタニズムこそ常に悪しき原理なのです。

これだから私の場合にキリスト教の坊主になることは、二重の性質の束縛を意味しました。私自身の名誉と我が国の名誉のために、私にはキリスト教の牧師の職に就くという考えは毛頭ありませんでした。実を言いますと、私がはじめてキリスト教に入るように説き勧められたとき、私の頭に最初に浮かんだ最大の心配は私を坊主にさせるのではないかという点でした。のちに私の熱狂的な信仰的活動がキリスト信徒の友人たちの注意をひき、この世での私の使命は教えを説くことにあるのでないかと彼らに思わせたとき、私はそういう考えを誓って断固としてはねつけました。職業的な牧師を私は心の底から嫌っていました。私の友の中に私に牧師になるように勧める者がいると私は激昂しました。

しかし、生まれてこのかた長期にわたり抱いていたこの僧職に対する偏見は、人格高潔な牧師と接することによって大いに緩和されました。私の学んだニューイングランドの大学の偉大な学長は牧師であり神学者でありました。私が洗礼を受けたメソジスト派の牧師はたいへん尊敬できる品性をそなえていました。私が僧職階級を例によってむきになって非難するときでも、きまってその人のことは除いていました。私の聖書解釈学の教師であるF博士、大学の牧師であるB博士、等々の人々は——みな牧師であり、詐欺師(humbugs)やほら吹き(traders in wind)ではありませんでした。ときには牧師たちが社会で最も役立つ人々であり、よい牧師の存在は勘定にあい、この地上でなんらかの役割は果たし、ときには偉大な仕事をしていることも多いと、やがて私にもわかるようになりました。

ルターはふつうの牧師でこそなかったものの、やはり牧師でなかったでしょうか。あの勇敢な偶像破壊者のジョン・ノックスは、牧師にして神学者ではなかったでしょうか。世界の最もすぐれた戦士たちのなかには、これまた深い思想をもつ神学者がいたのではなかったでしょうか。イギリス人ではありましたが私の理想とする紳士にしてキリスト信徒であるジョン・ハンプデン*――彼の英雄的行為はその深遠な神学的確信の所産ではなかったでしょうか。ガスパル・ド・コリニイ*――彼の神学は、その愛するフランスの大改革計画を作り上げるのに、なんの役にも立たなかったでしょうか。もしも神学が世界の大うそつきと大偽善者どもの慰み物であり、彼らの魔法使いの盃であるとしたなら、それはやはり世界の偉大なる知識人の仕事となったり、世界のりっぱな魂をきたえ上げるものになったでしょうか。もしも神学がその語源が示すように神の学(the science of God)であるならば、真のアダムの子孫ならだれでもこれを敬虔に学ばなくてよいのでしょうか。神の世界に関する学問はすべて神学ではないでしょうか。そして、もしも人間の行動が神の学問によって導かれないとしたなら、どうして正しく真理にかなうものになるでしょうか。私の魂よ、そうならばお前は神学生になるがよい。ダビデがカミの聖なる箱をペリシテ人の手から救った*ように、神学を偽善者と霊のやぶ医者どもの手から救うがよい。その学問自体はあらゆる学問のなかで最も崇高な学問であります。それをただ「異教徒」の手に放任しておく人だけが悪いのです。

日ごとに増大する霊の経験の実在感は、私がかつて神学に対して与えていた、空しきもの、無用なものという考えを一掃するのにあずかりました。自分が神学を憎んでいた理由がほんとうにわかりました。もしも霊が、米やジャガイモが確かにあるように確かに存在するものならば、どうして神学をさげすんで農業を礼讃するのですか。もしも穀物を育てて私をも飢えたる仲間たちをもカミの大地の収穫物で養うことが尊いなら、私たちの飢えたる魂にカミの霊をあてがうためにその律法を学び、それによってより高潔にしてより雄々しくなることが、どうしていやしい仕事でしょうか。モミ殻とワラしか栽培せず、それを人々にほんものの麦であり米であると称して供給する農業を、私たちは軽蔑し見下げます。それは、まさに農耕（Agriculture）ではなくて、それにより実際にはだれ一人として養えない岩耕（Rock-Culture）であり砂耕（Sand-Culture）です。したがって私が悪口を言っていた神学は非神学（No-Theology）なのです。それは、霊の代りに風を、説教の代りに美辞麗句を、音楽の代りに騒音を与える悪魔学（Demonology）でした。神学は中身があって食べかつ飲むことのでき――その水を飲む者は渇かずその肉を食べる者は飢えないほど、実質的で滋養のあるものです。神学を恥じていますか。そう、それが非神学か悪魔学であるならば、たとえ神学校やほかの学校で教えられるものであれ、おまえは永遠に恥じるがよい。しかし、本来の神学はいかなるところで教えられようとも、おまえはそれを誇るがよい。貧しくて飢えたる人々を救わんとして朽つべき自己の所有物を惜しげなく与えたジョージ・ピーボディ*やスティーブン・ジラードの名を讃える世ならば、宗教思想を体系化し、善行と神に仕えることとを学問的に扱えるものに近づけたネアンダー*やユリウス・ミューラー*をはじめとする人々の名を尊敬してやまないでしょう。「心(heart)は神学の中心である」と言った教会史の父*がいます。心(heart)を欠き胃(stomach)しか持たない者は、神学に関係してはいけません。

このように言い聞かせて、私は神学を学ぶ決意をしました。だが、一つの大切な条件つきでありました。それは、私は決して資格を得てはならないということでした。私は心のなかで言いました。「主よ、もしもあなたが私を牧師にさせたまわないならば、私は神学を学びます。たとえキリスト教国にあるすべての神学を習得できましても、私の名前にあの二つのD*からなる重苦しい称号をつけないつもりであります。どうかこの私の最後の願いをお許しください」。カミはよしといわれました。その同意を得て私は神学校に入学しました。

九月十八日　日曜日――もし神学がまったく現実的でも実際的でもない学問ならば、それは学ぶだけの価値がない。しかしながら、真の神学は現実的なものである。まことに他のいかなる学問にもまさって現実的なものである。医学は人間の肉体的な苦しみをやわらげる。法学は人間対人間の社会関係を扱う。しかし、神学は肉体的病気と社会の無秩序の原因そのものを究める。真の神学者は当然理想家ではあるが夢想家ではない。その理想の実現はこの先何世紀もの未来にある。その仕事は完成までにはかり知れない年数のかかる巨大な建物に、一つ二つと煉瓦を積むようなものである。それに従う人は、誠実な忠実な仕事なら決してこわれるものでないことをひたすら信じて着手するのだ。

九月十九日――神学は、小人が解するにはあまりにも大なるテーマである。小人は、そのような巨大なテーマの前に自分がいかにも小さすぎる者であるとわかると、自分自身の神学を自分自身の小ささにあわせて作り、自分たちよりもよく神学を解する人々をののろう。我が魂よ、神学をおまえの小なるにあわせて縮めるのでなく、神学の大なるにあわせておまえ自身を拡げよ。

十月十二日——教室での勉強に飽き飽きした。新約聖書釈義の勉強では地獄と煉獄とにつき、護教論の勉強では同様に無内容な問題について論じ合った。霊なき神学はあらゆる勉強のなかで最も無味乾燥にして最も無価値である。重大な問題を論じているのに笑って冗談を言っている学生を見るのはショックに近い。彼らが真理の蘊奥《うんのう》を究めえないのも不思議でない。ちとせの岩*から生命を引き出すためには最大の情熱と熱意がいる。

十一月三日——私は「しなければならない(must)」にまさる高い道徳を捜し求めている。カミの恵みによりもたらされる道徳を渇望している。しかし、そのような道徳は大多数の人々から否定されているだけでなく、神学校の学生や教授たちからもほとんど信ぜられていないようだ。この聖なる壁の内にあっても、その外で教えられることとは別の、新しい異なることを何ひとつ教えられていない。ここの神学者たちが異教徒に教えていると思い込んでいることは、たいてい孔子や仏陀からでも私の学びうるものだ。

十一月七日――この世は何なのか。いたるところに対立と不一致の光景が見られる。不信仰対キリスト教、ローマ・カトリシズム対プロテスタンティズム、ユニテリアン主義対正統主義――人類は、一つの面を他の面と向かい合わせ、さらに一つの面の一部を同じ面の他の一部に向かい合わせるようにテントをはっている。――それぞれ、他方の過ちと失敗とにより得をしようと努めている。個々の人間がたがいに信頼できないだけでなく、人類全体が、マムシの子*、人間嫌い、カインの末裔*である。我が魂よ、メソジスト主義であれ、組合主義であれ、ほかのどんなに聞こえのよい主義であれ、主義からは遠ざかれ。真理を求めよ。雄々しく振舞え。人を避けよ。おまえの上を見よ。

十一月十八日——デヴィッド・ヒュームの伝記を読んでいる。私の信仰熱は、この鋭い哲学者の冷静な心に接してさまされた。しかし、私は、自分の信仰体験を、すすんで厳密なる学問的方法で試すつもりである。私は、自分が、「哲学的夢の国の蜃気楼(Fata Morgana)」に住んでいるのでないことを、知的に確かめたいのだ。自然科学の進歩せる今の時代にあって、懐疑論者を呪うことでその手から逃れようとは思わない。信仰は客観化され、「触知しうる」ものとなり、科学的に理解されうるものでなければならない。だが、ああ! 私の周辺に見られるのは、相変わらず古き道をたどって、「教区民からたいへん気に入られている」お人よしの老牧師のまねを、互いに他を押しのけてしたがる者たちである。

十二月五日——どの人の生涯にも前もって神意により定められた一種のモデルがある。その人の成功は、自己をこのモデルに合わせることにあり、それに不足の場合にでもなく、それを過ぎたる場合にでもない。それに合わせて歩むときにのみ完全な平安がある。その人の身心はそれに合わせて歩むときに最も効率よく用いられる。大いなる望みを欠く人はそのままで終わりがちで、能力を最大に発揮して自分の仕事をなしとげられないままにこの世を去る。他方、望みが大きすぎると、それをとび越してしまうことを招く。その結果、体をこわして若死にする。人間の選択力(自由意志)は自己をこのモデルに合わせることにある。その人が、いったんその流れにのるならば、自分を前に進ませるにはなんの努力も要らず、ただ、この流れのなかに身を任せるだけでよい。この流れのなかにある恵みはすべて享受するがよい。だが、決して恵みを追い求めようとして流れから外れるな。この流れをいかなる邪魔物がさえぎろうとも、ひるまず進むがよい。カミの定めた道であるなら、動かしえない山のあるはずはないからである。しかし、それにもかかわらず自己自身に頼るな。カミがおまえの流れを定めたのであり、カミはまたおまえのために「船長」をも用意している。「汝ら之《これ》に聴け*」と。

十二月二十九日——私は神学を学んでいることを他人の前ではまだ時々恥ずかしく思うが、このことの方を恥ずかしく感ずる。実は、俗っぽい人たちには、どんな学問でもその精神的側面はわからず、当然、パンとバターとのために教えを説くという考えは、きわめていやしく見えるにちがいないからである。福音のほんとうの説教者になるという真の自己犠牲は、多くの人々の目には自己犠牲のようには見えないという事実があるからである。いや、それ以上にそれは人々には最もいやしいことのように思われている。実際的な慈善やほかの善行はそうではない。神学の勉強を犠牲であると考える人々に対してはできるだけそれを隠し、それをいやしいと考えている人々に対してはそれを明らかにするとは——。ああ、実にキリスト信徒は、この世では茨多き道を歩まなければならない。まことに十字架の子にそなえられたる道は狭い。父よ、人々の前で私があなたを公然と否むことをお許しください。私の召されたる仕事に対し、より勇気と確信とをお与えください。

しかし、私はもうこれ以上神学の勉強を続けることができませんでした。過去三年に及ぶ苛酷な精神的緊張は私の神経を不安にし、かなり深刻な慢性不眠症にとりつかれました。休息も、睡眠薬も、祈禱も、きき目がありませんでした。いまや私に許された唯一の道は、故国に向かう道でありました。私は神学を放棄し、外国での流浪で得たものをたずさえて家に帰るしかありませんでした。

しかしながら、今になって思えば、このような摂理の指示は賢明であり正当でした。アメリカの神学校は、とくにアメリカの教会のために役立つ青年の養成を目指して設立されていて、その国とは異なる環境の伝道地で働くように定められた人を養成するには最適のところではないのです。旧約および新約聖書の解釈学は別として、これらの神学校で教えられている内容の多くは、たとえ教えられなくても、伝道地で実際に働く人にとってはたいした用もなくて済むものでしょう。牧会学、歴史神学、教義学、組織神学を、私たちはまったく重要でないというのではありません。人間の知識の分野はどんなものでも、キリスト信徒にとり知る必要のないものはない、と私は心から信じているからです。だが、問題は相対的な重要度です。私たちが取り組む問題は、懐疑的なヒュームでもなければ分析的なバウル*でもなく、インド哲学の精緻および中国の道徳家の非宗教性であり、ならびに、新しい願望においては物質的だが、根本的な考え方においては精神的な、新興諸国の混乱せる思想と行動なのです。西洋のキリスト信徒によって使われているような、ふつうの意味での「教会(Church)」という言葉は、我が国の人たちの間にはまったく知られていません。この制度が他国では疑いなく価値あるものであっても、私の居る国の人たちの間に移されて少しでも定着する望みがあるかどうか、これは依然として大きな問題です。二十世紀にわたる我が国の人たちの生活において、慣れ親しんできた道徳と宗教との教え方は、聖書にもとづく説教とか高壇から伝えられる方法ではありませんでした。私たちは徳育と知育とを区別しません。学校が私たちの教会であって、そこで全人の形成が期待されているのです。宗教の専門家という言葉は、私たちの耳にはたいへん奇妙で気味悪いほどです。私たちのところにも僧侶はいますが、彼らはもともとお寺の管理人であって、真実と永遠なる真理との教師ではないのです。私たちの道徳的改革者はすべて教師であり、学問を教えながら精神的なことも教える「人生の教育者(pedagogues)」でありました。「学は人倫を明らかにうる所以也《ゆえんなり》、士の道に志す者、豈《あに》悉《ことごと》く儒者ならん也《や》」と言ったのは奇人にして異教徒の日本人高山彦九郎*でした。彼もまた、そのような多くの人たちと同じように、この島帝国にあって道徳、政治、その他の分野において、最も偉大にして立派な改革を致しました。

　回心させたり教会員を作ったり、これに類する他の手段や方法はどうでありますか。手段や方法によってキリスト教に改宗させられた者は、同じように手段や方法によって異教徒に戻すことができます。この物質的時代に生きている私たちは、環境を重視しすぎます。ダーウィン主義が、ついにキリスト教を改宗させてしまったように思われます。よき聖歌隊、楽しい教会での社交、若い女性たちのバザー、無料昼食会、日曜学校の遠足――このようなもの全部がいまや霊を維持するための重要な方法と考えられ、「牧会学」の大部分はこのようなもので占められているようです。もしも若い神学生たちが、霊の炎(Fire)にもとづかずに洗練した修辞術を求め――その霊の炎すら修辞術のためです――、また、もしも説教者の話が、人の心を燃え立たせ偶像を破壊させる見地よりは、弁舌きわやかにして劇的な見地より語られるとしたなら、クリソストモス*が黄金の響きで天啓を語った自らの口を呪い、アウグスチヌスが修辞術*を詐欺術として軽蔑したのも当然です。もしも批評家のいうように聖パウロが特にハンサムな男でもなく、そのギリシア語も特に純粋なギリシア語とはいえず、ボシュエ*の雄弁とマション*の完璧な文体とがフランス革命の猛攻を転じることができず、いかけ屋のバニヤン*と店員のムーディ*とがその時代の要求する福音の真理をよく説くことができたのならば――、もしそうならば私は自分が神学校で教育を終えられなかったことを残念に思う必要はありません。

私は神学校に入るにあたり、決して資格は取るまいとみずからに約束したと述べました。私の友人のなかには、私が資格を取るところまでいかずに神学の勉強をやめてしまうことを惜しむ人たちがいました。しかし、私の側は資格がつく方を真剣に心配していたのでした。この新しい特権の授与についてかねて抱いていた恐れは、神学校内で資格をもつ利益が語られるのを見るにつけ、いっそうつのりました。「牧師館つき千ドル」だの「シカゴの無政府状態についての二十ドルの説教」だの、同じような調子の言辞は私にはたいへん耳ざわりでありました。説教が豚肉やトマトやカボチャと同じように商品価値があるとは、少なくとも東洋では考えられません。私たち東洋人はたいへん疑い深い人間であります。ジョン・スチュアート・ミルは、私たちをそのように評して、カトリック信徒のスペイン人と比較しました。私たちに最も疑惑を抱かせるのは信仰を売物にする人であります。私たちにとり信仰は常に現金には代えられないものです。まことに信仰が増せば増すほど金銭との縁は遠くなります。私たちは迷信的ではありますが、信仰と経済学とをいっしょには致しません。もし資格が信仰に商品価値を定めるならば、私にそういう資格の与えられないことは幸いなるかな。そのために私は誘惑から免れるから。

実際、この有給の牧師職の問題に関しては、私たちにはまだ論ずべき点がたくさんあります。私たち異教徒の教師たちは、その仕事に対して定まった給料を受け取らないのが普通でした。年に二度、その教え子たちは、それぞれのなしうる力の範囲内のものを教師のもとに持参しました。贈り物の段階には、金十枚から一束の大根とかニンジンまでありまして、それは「お礼のしるし」といわれました。教会費や礼拝座席料をはじめとする雑務のために教師を死ぬほどこき使う教会役員は一人もいませんでした。教師は、自分の衣食の維持を天と仲間たちとに全部任せうる境地にまで精神的な修養を積んで、はじめて教師とされるのでありました。このことが、にせ教師や時流におもねる者を教師としてしまってだまされる危険を防ぐ、きわめて実際的な「自然淘汰」の方法と思われたのでした。

私は、人間が霊のみならず、大地から生ずるすべてのものによって生きるものであることを認めるものです。これが有給の牧師職を正当化する論拠であり、私たちはそれがまったく正しい論拠であると思います。今日の生理学の教えるところでは知力と精神力とはパンと羊肉とから生じます。「エネルギー変化」の法則にもとづいて精神を羊肉と交換したってかまわないではありませんか。肉体の餓死が罪であるのは霊魂の餓死が罪であるのと同じであります。カミの健康法によれば、頭を使い心を労する福音の教師には、適切にして規則正しい衣食のあてがわれる必要があります。

しかし残念ながら、頭の固い東洋人にはこの単純な科学的論理が見抜けません。彼等は、人がパンのみで生きるものではないこと、精神はなんとかすれば身体の糧《かて》にもなること、羊肉やチキン・パイは天の霊を豊かに受けて生きている人々にはなくても済むことを信じきっているのです。このために宣教師たちの暮しぶりに対して「思いやりのない」非難が出るのであります。もちろん、宣教師たちが、ときどき伝道の敵たちによって報ぜられるように、「豪華な暮し」をしているというわけではありません。彼らはただ自国にいるときと同じ生活をしているのにすぎないのです。しかし、その派遣されたところの人々のなかにあっては、豪華な暮しをしているようにみえるだけです。御存じのように富と快楽とは相対的な言葉にすぎず、安楽椅子は畳の上に寝ころんでいる人たちにはぜいたく品であります。ですから、救いの喜ばしきおとずれを、亡ぶべく定められた異教徒に伝えるために、宣教師がその情熱によって努力し克服しなくてはならない課題がこういうところにあります。

ときには、この異教徒の特性を認めて、それに合わせようとする「恵まれた」宣教師も出てきます。その人たちは白いカラーを脱ぎ捨て、頭に辮髪を結《ゆ》い、パイや故国の御馳走を断ち、畳に足を曲げて坐ることを習い、ありとあらゆる方法や態度を尽くして、人々の魂をイエスに導く仕事に熱意を注ぎます。そのような人を私たち異教徒は喜んで受け入れます。彼らは私たちを光明と真理とに到らせるために驚くほどの援助をするので、その善事に対して私たちは彼等と彼等を遣わしたカミに感謝します。中国派遣の長老派宣教師クローセット氏*のような人は、まさにそういう宣教師でありました。彼は中国人そのものとなりました。官僚タイプの中国人(Mandarin)ではありません。とうとう彼は、その「奇行」のために母国からの援助を断たれてしまいました。しかし彼の仕事は異教徒たちが続けて助けました。彼は異教徒の北京の商人の援助で、北京に救貧院を始めました。彼はふつうの中国人と同じ三等室で旅行しました。彼がこの流儀で黄海を伝道して渡っているとき、彼に天上の家へのお召しが訪れました。船長からは自分の船室に来て楽にして休むようにとの申し出がありましたが、彼は丁重に辞退しました。彼は自分の遣わされた人々の間で一生を終えたく思っていたのでした。彼は無理やり船長室に運び込まれ、そこで周囲にいた人たち全員をカミと救い主とに委ねて息を引き取りました。その死の知らせは彼の故国にもたらされました。宗教新聞は、それにつきほとんど紙面を割きませんでした。それどころか、もっとひどいことには、彼の犠牲は愚かな犠牲であるとか、善行は白いカラーをつけて一等船室でもなされうるとか、そんなことをそれとなく示す話が引かれる始末でした。だが、北京人、天津人をはじめ辮髪を結った紳士たちは彼の奉仕を忘れていません。人々は彼のことを「キリスト教の仏陀」と呼びました——これほど、人々のなかにあって彼の存在は崇敬されていました。おそらく、その人々のなかで彼の宗教の恩恵にあずかった人は、それほど多くはなかったでしょう。しかし、彼という人間から、人はみななんらかの神の慈悲と愛とを学んだにちがいありません。

幸運な宣教師でありました、彼は！　おそらく誰もが彼のまねをすることはできないでしょう。たぶん彼の胃は、中国人の食物を消化不良をひき起こさずに消化できるダチョウの胃であったのでしょう。私が彼は幸運であったと言いますのは、彼は「伝道地の困難」をぼやく必要のない人だったからです。私たちは彼のまねをしようとは思いません。まねは偽善であり、そこからは少しもよいものが生じないからです。辮髪を結った三等室で行くことはもちろん重要なことではありません。そうでなくて彼の精神が重要であります。それを「奇行」として軽蔑する気にはなれません。もし私たちのなかに異教徒のなかで成功する宣教師になりたい人があるならば、私たちは彼のような人間になれるように祈りましょう。

しかし、このいかなる環境にも対する適応性は、神学校教育では得られません。そこでの教育は実は私たちをまちがった環境に慣れさせてしまい、それからの脱却をすこぶる困難にするものです。我が国の人たちのなかにも、そんな教育を受けている間に西洋風の生活と思想とを身につけ、異邦人として帰国して自分の以前の環境に戻るのがたいへん困難になっている人が多いのを私は知っています。炊いた御飯と豆腐とは、いまや彼の新たに適応した体組織の要求する栄養のすべてを供給するものとはなりません。堅い畳に坐る生活は膝関節炎や下肢の病気をひき起こします。母国の教会には大気の冷たさをやわらげるスチームヒーターがないためにのどは痛み、換気が悪いために頭はがんがん鳴ります。その人にとって必要最低限のことが、母国の人たちの目にはとても大変なことに映じます。その人は肉体をそこない、それとともに精神をもそこないます。説教は辛くなります。ほかの職を求めて去り、その地位は彼よりも丈夫な人に代えられます。生存競争は彼の身にあまるのです。――それから、彼の思想はというと、これまた、なんと母国の人たちとはあまりにも合わなくなってしまったことでしょう！　彼はヒュームやセオドア・パーカーの考えを非難します。しかし、ヒュームもパーカーも、彼が教えを説いている人々の頭のなかには一度も宿ったことのない存在であります。ローマ帝国の滅亡や血なまぐさいメアリー*の迫害の話は、我が国で万事わからないことについて称する「馬耳東風」そのものです。彼は聖書によって聖書の真理を証明します。しかし、聖書はこの人たちにとってはひまな古物マニアの好むすすけた羊皮紙と変わりありません。彼の説教は、その人たちの頭をとび越えて空中に消えていきます。彼は聴衆に失望し、聴衆は彼に失望します。不満、不平、辞職、離脱。乞食のもとに送るのに王子を養成しなくてはならないのでしょうか……。

しかし、これらは神学校生活の否定的な面にすぎません。それは私が現在の不運*を慰めるために頭に浮かべたことであります。神学教育の肯定的な長所については、ここでこまかく数え上げる必要はありません。たとえ神学校が預言者を養成できないとしても——預言者は詩人と同じく生まれ出るものですから——、そこは預言者を成長進歩させる最良の場であります。そこはたとえ天使のすみかでないとしても——そんなすみかはこの下界のどこを捜しても見つかるものではないから——、そこには天下のどこにもまさって清らかな聖なる交わりがあります。神学校の短所が他の施設よりも強く目立ってあらわれるという事実こそ、そのなかに輝く光はほかよりも明るく、照らす力のあることを物語っているのです。気の毒にも神学生たちは、この小うるさい世の人々に対し最も不利な立場に立たされているのです。世の人々は彼らに天使にしか期待できないものを期待しています。世の人々は彼らの罪に石を投げるが、そのまったく同じ罪を世の人々も犯しているのです。世の人々は自分たちは公然と政治経済学に従って追求している拝金主義を、福音の教師に見いだすと悪しざまに言うのです。キリスト教の教師、宣教師たちは、全能なるカミにして救い主に対し、徹底的に罪を悔い改めるがよいでしょう。だが、彼らと同じ人間に対しては、同類として恥ずかしく思う必要はありません。カミの家に住む私どもは、外の者の目には一顧の値うちすら与えられない過ちを重視しています。シオンの内の騒ぎを、拝金国に見られるうめき声や歯ぎしりと同類のものとして誤解されないようにしましょう。

私は神学校を去って故国に戻る途につきました。

第十章　キリスト教国の実感
——帰国

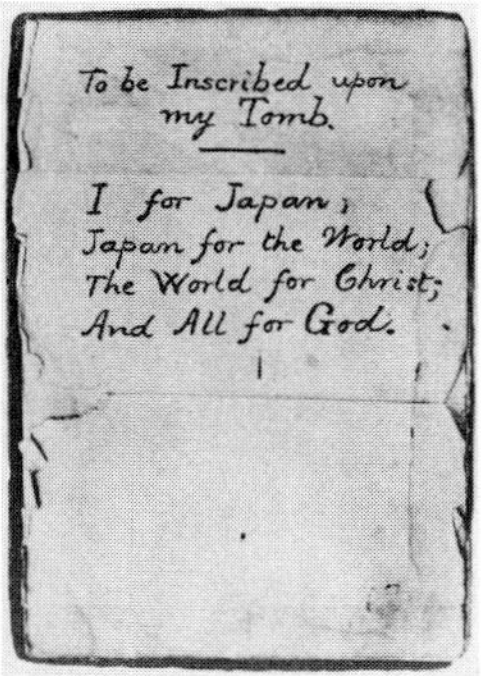

「自分は日本の為に
日本は世界の為に
世界はキリストの為に
凡ては神の為に」

アメリカで愛用していた聖書に記した自らの墓碑銘

私のキリスト教国での修行が終りにきましたからには、読者は、私が結局その国をどう考えているかを知りたいと思われます。私がはじめてその国に上陸したときに受けた印象は、最後まで変わらなかったのでしょうか。キリスト教国はやはり異教国よりすぐれているのでしょうか。キリスト教は、我が国が受容するだけの価値があるものでしょうか。また、キリスト教伝道の存在理由はあるのでしょうか。

まず率直に言わせてもらうならば、私はキリスト教国に何もかも取り込まれはしませんでした。三年半におよぶ同地での滞在は、この上ない厚いもてなしを与えられ、きわめて親密な友情を生みましたが、それにもかかわらず私をまったくその国になじませませんでした。私は終始異邦人にとどまり、一度として異邦人とは別のものになろうともしませんでした。文明国にいるフェゴ諸島*の出身者たちは、南十字星のもとで白波の寄せては砕ける断崖をさまよった昔をしのびます。ラテン化された原住民たちは、ふたたび故郷の草原で牛とむつまじく過ごすことを願います。しかし私は、もっと高く貴い目的で「なつかしきわが家(Home-Sweet-Home)」のある故国を慕いました。キリスト教国における最後の日に至るまで慕いつづけました。アメリカ人やイギリス人のようなものになるなんて、たとえ何があろうとも決して願いませんでした。かえって私は自分が異教徒の立場にあることを特権と思いました。そして、私がこの世に「異教徒」として生まれ、キリスト信徒としては生まれてこなかったことを、少なからずカミに感謝しました。

と申しますのは、異教徒として生まれるということには若干の利点があるからです。私は異教を、いまだどんなかたちのキリスト教によっても達成されなかったほど、高くて完全な段階に発展する可能性を秘めた、人間性の未発達な段階と考えています。まだキリスト教に染められていない異教国には、いつまでも尽きない希望があります。それは、あらゆる先人の歩んだ人生よりも、もっと広大な人生に挑まんとする青年のような希望であります。我が国は歴史の上では二千年を越してはいますが、キリスト教においてはいまだ子供です。将来のあらゆる希望と可能性が、その国の急速に発達している日々のなかに隠されています。実に有難いことには私は多くのそのような日々に立ち会えているのです。――そう思うと、私は新しい真理の力を以前よりもさらに強く感じることができました。「生まれながらのキリスト信徒」には使い古びた平凡なことでも、すべて私には新しい啓示でありました。

清らかな露の幕に覆われ、
大《おお》いなる落日の光を浴びて、
宵の明星は、星辰を具してあらわれた。
見よ！　目前に展開する創造を。*

というようなとき、私たちの最初の先祖が歌ったと思われるあらゆる讃歌を呼び起こしました。私の内部で十八世紀にわたるキリスト教の変化と進歩とを目撃し、自分のあらゆる苦闘から抜け出られたときに、私は自分が思いやりのある人間となっているのを見いだしました。それは私が、偶像崇拝から十字架にかけられたカミの子のうちにある霊魂の解放に到るまでの、すべての精神的な展開に通じたためでした。このような光景と経験とは、カミの子すべてに与えられるものではありません。最後に*(in the eleventh hour)呼び出された私たちが、きわめて長い間暗黒に置かれた損失の埋めあわせとして、少なくともこの特権を持つのです。

キリスト教国を正しく評価するためには、純粋にして単純なるキリスト教と、教授たちにより飾られ教義化されたキリスト教とを、厳密に区別することがなによりも重要であります。今日の正常な人ならだれでも、キリスト教自体の悪口をあえて言う人はいないと信じます。私は入手できるかぎりの信仰に懐疑的なあらゆる書物を読んでみました。その結果、ナザレのイエスの名で呼ばれている人々には猛烈な攻撃がなされていますが、結局、イエス自身には一指も触れられていないとの結論に達しました。もしキリスト教が今私が信じているようなものとしたなら、それはヒマラヤ自体と同じほど確固たるものであります。それを攻撃する者は攻撃によってみずからを危険にさらします。愚か者でないかぎり、危険を冒してまで岩に向かって突進して行く者があるでしょうか。実際には、キリスト教と思い込んでそれに向かって突進して行く人たちがいます。それは、実はキリスト教ではなくてキリスト教の上に建てられた建物なのです。この建物は、信仰なき信徒たちが、岩だけでは年月にさらされて破損されずにいることは不可能と案じ、神殿や聖堂や教会や教義や三十九か条*をはじめとする可燃性のもので、その上を覆うために建てたものです。世の中には、そのようなものが燃えやすいことを承知していて、それに火をつけて燃えるのを喜び、岩自体が焼失したと考える愚か者がいます。見よ、岩はそこに、「うつりゆく世にもかかわらで立てる」*とあるではありませんか。

しかし、キリスト教とは何でありますか。たしかに、それは聖書そのものではありません。聖書のなかにはキリスト教の大部分とおそらくその本質が含まれているにしても。また、それは時代の要求に応じて人の手で作られる一連の教義でもありえません。まことに私たちが知っているのは、キリスト教が何であるかではなくて、何でないかであります。

私たちはキリスト教は真理であると言います。だが、それは定義しがたいものを、別の定義しがたいものによって定義づけることです。「真理とは何か」は、ローマのピラト*をはじめ不誠実な人々から問われました。生命と同じように真理はきわめて定義しがたいものです。いや、定義は不可能なものなのです。機械論的(mechanical)な現世紀にあっては、この両者はともに定義が不可能という理由のために存在が疑われはじめています。ビシャ*、トレヴィラヌス*、ベクラール*、ハクスリー、スペンサー、ヘッケル*らは、それぞれ勝手に、生命を定義づけました。しかし、いずれも不満足なものでした。ある人は「動いている有機体である」と言います。別の人は「死に抗する力の総体である」

と言います。しかし私たちは、生命がそれ以上のものであることを知っています。生命の真の知識は、それを生きることによってはじめて現れます。メスと顕微鏡は、生命の仕組みを教えるにすぎません——真理も同じです。私たちは真理に従うことによって、はじめて、それが何であるかを知るに至るのです。屁理屈や小理屈や議論の引き延ばしは、真理を減ずるだけです。真理は、まちがいなく堂々とそこにあるのです。私たちの方からそこに行きさえすればよいのです。それを私たちのもとに呼ぶのではありません。真理を定義づけようとする企て自体、私たち自身の愚かさを示すものです。無限なる宇宙にあたる方を除いて、何ものも真理を定義づけたり限定したりすることはできないからです。だから私たちは、自身の愚かさを隠すためだけならば、真理の定義づけは断念しましょう。

こうして私には、キリスト教の定義不可能性が、その実在しない証明ではなく、ましてや、そのインチキの証明でもないことが解ってきました。キリスト教の教えに従っていくほど、キリスト教は私にとって大きくなっていきます。この事実こそ、キリスト教と無限なる真理自体との密接な関係を物語るものです。私はキリスト教が他の諸宗教とまったく無関係ではないことを知っています。それは「十大宗教*」の一つであり、ある人たちのように、キリスト教をもつに値する唯一の宗教と思わせるために、他の宗教すべてをおとしめようとは致しません。しかし私にはキリスト教は、私の知っているいかなる宗教よりもすぐれているもの、たいへんすぐれているものです。少なくともキリスト教は、私をはぐくんだ宗教よりは卓越したものです。「比較宗教学」で教えられたものをすべて検討したいまなお、私にはキリスト教より卓越した宗教を考えられません。

「だが、賞め言葉はもういいですよ。どういう点でキリスト教があなたがたの異教よりはすぐれているのか、それを話してくださいよ」と言われるでしょう。

キリスト教国においてキリスト教として通っている多くのものと同様、異教においても道徳は教えられ、それを守るように私たちに説いています。道を示してそれに従って歩むように命じます。異教はこれ以上でもこれ以下のものでもありません。ジャガノートや幼児御供などのことは、私たち異教についての話のなかから全部取り除かなくてはなりません。それらは異教ではないからです。ちょうど拝金主義とか、幼児をワニに投げ与えるのではないがやはり幼児殺しとか、そのほかのキリスト教国の恐ろしいことや迷信とかが、キリスト教ではないのと同じです。その点では他教をさばくには、公平で寛大でなくてはなりません。敵には最善最強の敵を迎えたいです。

キリスト教も同じく、私たちに歩むべき道を示しているといって過言ではありません。まことにキリスト教は、他のいかなる宗教にもまさって明確に正しくそれを示しています。キリスト教には、他の信仰によく見られるような、導く光で人を迷わす鬼火(will-of-the-wisp-ness)がありません。まことにキリスト教のすぐれた特徴は、この光と闇、生と死との峻別であります。だが、モーセの十戒と仏陀の戒律とを、公平な審判者に比較させてごらんなさい。そうすれば、その人はただちに両者の相違が昼と夜との相違にあたらないことがわかるでしょう。仏陀、孔子をはじめとする「異教」の教師によって教えられた人生の正しい道は、もしもそれをキリスト教徒が注意深く学ぶならば、それまでの自己満足を恥ずかしく思うでしょう。中国人と日本人とに、自分らの孔子の教えを守ることに専念させてみましょう。そうすれば、この二つの国からヨーロッパやアメリカでは見られないようなりっぱなキリスト教国が造られるでしょう。最もすぐれたキリスト教の改宗者は、仏教とか儒教の精髄を決して捨ててはいません。私たちはキリスト教を、それが自分の理想とする人間になる助けとなるから喜んで受け容れます。それまで崇《あが》めていた崇拝対象を宗教裁判で処刑しようと熱中する者は、狂信家、「リバイバリスト」、見世物好きな宣教師を喜ばせたい連中にすぎません。「毀《こぼ》たんとて来《きた》らず、反《かえ》って成就せん為なり」*とキリスト教の創唱者は語りました。

キリスト教は、私たちに律法を守らせる点で異教よりまさり、すぐれています。それは異教プラス生命であります。キリスト教によってのみ律法を守ることは可能となります。それは律法の霊であります。あらゆる宗教のなかでも、とりわけキリスト教は内面から働きかけます。それは異教が多くの苦心の涙を流して捜し求めつづけてきたものです。それは永遠に善なる存在のところにただちに私たちを導くことによって、善をあらわすにとどまらず、私たちを善くします。私たちに単に道だけでなく生命をも与えます。線路とともにエンジンを与えるのです。同じような働きをするほかの宗教の存在を、私たちは「比較宗教学」からはまだ教えられていません。原注

(原注)グラッドストーン閣下のキリスト教の定義は、次のとおり。
「通常の意味でいうとキリスト教はわれわれに抽象的な教義の受容を示すものではない。それは生ける神的存在を示し、われわれはその存在と生き生きとした合体をとおして結合される。それは罪によってカミから切りはなされた被造物のカミとの再結合である。その方法は教えを授けるようでなく、カミのそなえた賜物や能力と同じく新生命を頒つしかたによる」――ロバート・エルズミア論から

「救済計画の哲学」については、哲学の賢者に心ゆくまでたずさわってもらいましょう。救済の事実は現にあるのです。哲学であろうとなかろうと事実を否定できません。その人の名は、この地上の人間の経験ではいまだ知られていないが、その人によって私たちは救われるに違いありません。道徳学につきましては、私たちは十分すぎるくらいわかっています。いかなる神学博士の道徳学の話であろうと、私たちは大金を払いさえすればそれを聞けます。博士に教えられなくても私たちは盗んではならないことを知っています。おお、さまざまな精神的な意味の盗みがあるにしても、盗んではならないのです！「我をあおぎのぞめ然《さら》ばすくわれん」*。「モーセ荒野《あらの》にて蛇を挙げしごとく、人の子もまた必ず挙げらるべし。すべて信ずる者の彼によりて永遠《とこしえ》の生命《いのち》を得ん為なり」*。救いの哲学が何であれ、私たちの救いはこのカミを見ることにあります。十九世紀にわたるキリスト教の歴史は私にそのように教えます。私の小さな魂もまたそうであると保証できます(カミに感謝)。

　これがキリスト教であります。少なくとも私にはそうです。カミの子の贖罪の恩恵による罪からの解放、キリスト教はこれ以上のものかもしれませんが、これ以下のものではありません。これがキリスト教の本質であります。教皇も主教も牧師も、そのほか役に立とうが立つまいがそれを補佐する者たちも、キリスト教にとって必要なものではありません。このようなキリスト教は、他のあらゆるものにまさって持つだけの価値があるのです。真の人間はそれなしではやってゆけず、平安はそれなしには人に訪れません。

ウェブスター*によれば、キリスト教国とは、「キリスト教がいきわたっているか、またはキリスト教的諸制度のもとに置かれていて異教国やイスラム諸国とは異なる世界の部分」と定義されています。完成されたる天使の国とは言っていません。それはキリスト教がいきわたっているか、それが大多数の人々により生活の指針として仰がれているところです。信仰と信徒との二つの要素は、いかなる国でも実際的な道徳性を決めます。荒っぽいサクソン人も、海賊的なスカンジナビア人も、享楽的なフランス人も、ナザレの神人の教えに従いみずからを律して、この世を過ごそうと努めています。――それがキリスト教国において私たちの目にする姿です。彼らが偏屈だからといってキリスト教を非難してはなりません。むしろ、その人たちのような虎をも従わせる力の面でキリスト教を讃えましょう。

その人たちがもしキリスト教を有していなかったら、どうでしょうか。彼らの略奪をおさえて正義と赦しとに心を向かわせるレオ教皇*がいないとしたら、どうでしょうか。仏教と儒教とは、彼らにとってはアポリナリス水が慢性の消化不良にきかないのと同じで――、不活発、気ぬけ状態、動物的生活へのゆり戻し、果てしない破滅です。拝金主義、酒の密売買、ルイジアナくじ、その他の無法行為などの犯罪の大怪物に対して戦線をしく戦う教会*(the Church Militant)の存在により、はじめてキリスト教国は即刻の滅亡と死とにおちいらずに済んでいるのです。長老派の牧師の息子のロバート・インガーソル*という人が、自分の国では教会を全部劇場に変えてしまうがよかろうと言いました。彼がそう言ったわけは、その国の人たちが決して彼の勧告に従うはずはないとの確信があったからでした。キリスト教の「残虐性」については、なんとでも言うがよいでしょう。しかし、その病める姿こそ、実はキリスト教国を生かしている生命力を証しているのではないでしょうか。

最大の光が最大の闇と共存している、この光学的現象を御覧なさい。その影が濃ければ濃いほど、いっそう、それに投げかける光は明るいのです。真理のもつ一つの特徴は、悪しきものをより悪しく、善きものをより善くすることであります。これが何故そうなのか、その理由の詮索は無駄であります。「有《も》てる人は与えられて愈々《いよいよ》豊《ゆたか》ならん。然《さ》れど有たぬ人は、その有てる物をも取らるべし」*——道徳も経済学と同じです。蠟を溶かす同じ太陽が粘土を固めるのです。キリスト教が万人の光であるならば、善と同じように悪を助長させても不思議ではありません。したがって私たちが、キリスト教国において最悪のものを予測しても当然でしょう。

五百万の人口をもつニューヨーク州は、四千万人からなる日本よりも人殺しが多いといわれます。グラント将軍*の観察によれば、日本の貧民の数とその状態とは、自国の合衆国で見たものとは比較にならないとのことでした。ロンドンは貧民の多さで有名であり、キリスト教国は概して賭博と飲酒の習慣で知られます。この人たちの欲望を満足させるアルコール飲料のなかには、もしもそれを相当量飲んだなら、我が国の酒飲みの頭を十分発狂させるほど強いものがあります。キリスト教国にある大都市の裏町の光景は、上品な人ならだれもあえて立ち入ろうとはしない状態であって、それを述べるには、何語であれその言語の最悪の言葉をもってしてもまだ足りないほどです。恥知らずな賭博、白昼強盗、自分の縄張りの拡大のためには仲間を血も涙もなく犠牲にする行為などが、そこでは大がかりに企業的な規模で演ぜられています。異教徒をあわれみの目で見て、キリスト教文明の幸福を誇りに思っているあなたがたは、そちらの慈善事業家の一人から私に知らせてきた次の話を、公平な目を見開いて読んでください。

キリスト教諸国のなかでもとりわけキリスト教的な国の首府の郊外に、一組の老夫婦がひっそりと住んでいました。二人は、外見上はこの世の幸福を楽しんでいるかのようにみえたが、その恵まれた生活を支えるすべは誰にもわかりませんでした。しかしながら、一つ奇妙なことがありました。それは彼らが、外からはどう見ても二人の煮炊きのためには大きすぎるストーブを持っていた点です。その煙突からは、だれも食事もせず、みな眠っている夜ふけの静まった時分に煙が出ていたのです。この風変わりな小さな家は、その町に住む一人の勇敢な女性の注意をひきました。彼女は、世の悪事を探るときには、その鋭い女性本能に加えて、きわめて実際的な機転をきかせる人でした。彼女はこれを慎重にひそかに調べました。証拠は相次いで見つけ出され、もはや疑っている必要はなくなりました。ある暗い夜、彼女は、当局の人たちをひき連れてその家に踏み込みました。ストーブが嫌疑の対象です。彼らは、それを開けます。そのなかに何を見つけたと思いますか。年老いた人たちを慰める無煙炭の残り火でしょうか。いや、なんと恐ろしいことでしょう！　そこには、人間のようなもの！　やわらかな赤ん坊が焼かれているのです！　焼き賃一体二ドル！　二十年間だれにも邪魔されずにこの仕事に従っていたのです！　しかも、それによって一財産作ってまでいたのです！　何のためにこんな恐ろしいことを？　不幸な赤ん坊を産んだ恥ずかしさを隠してしまうためです！　この町にも婚外子はあふれています。それが、この老夫婦の商売を繁昌させるのです！　私に話を聞かせた人は、さらにこう語りました。「このかわいそうな赤ん坊たちがこの世に生まれてきたのは………としても不思議でないですよ」。（何たる恥知らず！）

　キリスト教国でも同じモロク崇拝*があるのです！　ジャガノートの恐ろしさを人の心に思い浮かばせるためには、なにもインドの神話を持ち出す必要は少しもありません。異教徒のアンモン人*は明らかに宗教的な目的で幼児を犠牲にしました。だが、この夜の魔女たちにはなんの高い目的もなく、ただ「一体二ドル」のためだけです。なるほど、あなたがたは「あなたの戸口に異教徒」を持っています。「キリスト教国は畜生国だ」と、外国を旅行して暗黒面のみを見てきた我が国の人のなかには、そのように報告する人があります。たしかに、その人たちは公平ではありませんが、今述べたような畜生道が行なわれているかぎり、その人たちの受け取った印象は正しいのです。異教国は、これまた畜生道の上でもキリスト教国にかなわないのです。

　しかし、たとえキリスト教国の悪がこれほど悪いものとしても、その善はなんと善いものでしょう！　異教国を隅々までくまなく捜してごらんなさい。そうすれば、あなたがたには、人類愛の歴史を飾るジョン・ハワードのような人がいるかどうかがわかるでしょう。第一章で述べましたように、私の父は儒学に造詣深く、中国の古人に対する尊敬はたいへん厚くありました。その父がくり返し私に語ったのは、父の知るかぎりのジョージ・ワシントンについてでした。父には、孔子が全讃辞を尽くして惜しまなかった堯《ぎょう》や舜《しゅん》も、このアメリカの解放者にくらべると比較にはなりませんでした。ワシントンについては父よりもよく知っている私は、父の「歴史批評」を十分にうけあえます。オリバー・クロムウェルのような人々にみられる勇壮と心根の優しさ、才能と公平な考え、良識と信仰上の熱情とが、ほどよく組み合わされている人間の存在を、キリスト教の行き渡っていないところでは想像できません。我が国の金持たちも何百万もの金を貯えて、自分の「後生《ごしょう》のために」お寺に寄進したり、貧者に施したりするといわれます。しかし、ジョージ・ピーボディとかスティーブン・ジラードのような人は、与えるために貯えるのであり、与える行為に喜びを見たのです。それは異教徒のなかには見られない現象です。しかもそれは、このような選ばれたる少数の人だけにとどまりません。とくに真人と呼んでよい人々、そういう人たちは必ずといってよいほど人目にはつかないものですが、キリスト教国には広くあちこちに存在しています。——その人たちは、善自体のために善を愛し、人類が一般には悪に屈する傾向があるのに対して、善に屈する傾向があります。この人たちは、公衆の目を用心深く避けながら、どんなにその努力と祈りとでもって、この世を少しでもよくしようと努めていることでしょう。新聞で読んだにすぎない人々の悲惨な状態に対して、どんなに多く涙を流すでしょう。全人類の幸福をどんなに心にかけているでしょう。人間の不幸と無知とを改善する仕事に、どんなにすすんで参加しているでしょう。——これらの事実を、私はこの目で見て確かめました。それらすべての背後には、純粋無雑の精神のあることを証明できます。自国の存亡の危機にあたり、まっ先にその生命を捧げるのは、この黙っている人たちであります。異教国への新たなる伝道計画の話が出ると、それを行なう宣教師に鉄道代金を渡して自分は徒歩で家に帰り、自らのそういう行為にもまずカミを讃えるのは、この人たちなのです。涙もろい心でカミの慈悲のあらゆる秘義を解し、それによって自分の周囲のあらゆる人々に対していつくしみ深くあるのは、この人たちなのです。この人たちには、熱狂も見境のない熱情もなく、優しさと善をなすにあたっての冷静な考慮があります。まことに私は、真人というものをキリスト教国ではじめて見たのであると、真正直に言えます。勇士、正直者、義人が、異教国にいないわけではありません。しかし、真人がいるかとなると疑わしいのです。——私が、この言葉によって言わんとしているのは、英語にだけあって他の言語では相当するもののない Gentleman です。——私には、そのような人間が、イエス・キリストの宗教なしに形成されるものかどうかは疑問であります。「キリスト信徒、全能のカミの gentleman」——それは、この世において口では言えないほど美しく、りっぱで愛すべきユニークな人間です。

キリスト教国には、そういう真人がただいるだけではなく、そこでもそういう人たちは比較的乏しいことを考えれば、真人が悪人を押しのける力もまた重要です。キリスト教国では、善が異教国よりもなされやすく力があるという点も、そのもう一つの特徴であります。友もなく目立たないいいいいいロイド・ガリソンのような人によって、一人種の解放が始められました。ジョン・B・ゴフ*のような人によって、大酒飲みが倒れはじめます。この国の憲法では少数派であることは負けになるらしいが、この人々には敗北を意味しません。この人々は自分たちの正しい主義主張と国民の良心につき確信があるので、その国民を疑いなく自分たちの味方にできると信じきっています。人々は金持に対して恐れ讃え尊敬していますが、真人に対してはそれ以上です。彼らは、ワシントンの勇気よりもその善を誇りにしています。ジェイ・グールド*よりも、フィリップス・ブルックスを誇りにしています。（実際のところ、この人たちのなかにもグールドについては実に恥ずかしく思っている人が多い。）彼らにとって正義は力です。一オンスの正義は、一ポンドの富に匹敵し、それより重いことが多いのです。

では、国民的良心――この言葉で、私の言わんとするのは、一国民としての人々の良心の総体――、そのなんと、個々の平均的良心に比して無限に高くて清らかでありましょうか！　この人たちは、個人個人では勝手に楽しんでいることでも、一国民としては強く反対します。ふだんはカミの悪口を言っている人でも、先の南北戦争の戦場ではキリスト信徒らしい死に方をしたとの話を聞いています。その話を私は疑いません。あの戦いは主義のための戦いであって、名声とか不正な利益のための戦いではありませんでした。彼らは、不遇な人種の解放というキリスト教的な目的のために進軍しました。歴史上、そのような利他的な目的のために戦った国民は、いまだ一つもありません。そのような戦争に赴ける国民はキリスト教国以外にはありません。しかも、この戦争に行った人間は、みながみなキリスト信徒だったのではありませんでした。――また、この人たちが大統領を選ぶにあたり、その人物の道徳性の高さをどんなに精査しているかを御覧なさい。大統領になる人は単に有能であるにとどまらず、同時に道徳的に立派な人物でなくてはならないのです。リシュリュー*やマザラン*のような人間では、この国の大統領になれません。他の点では統治に最適の人でありながら、その性格的欠点が少しあるために落選する候補者はわざわいなるかな。異教国では、政治家には通常道徳的資格は問われません。——どうしてモルモン教徒*が、きびしく責められるのでしょうか。「隠れた」お妾制と一夫多妻制とが、実際にはこの国の人たちの間に行なわれていないでしょうか。おかしな矛盾した話だといわれるでしょう。確かにおかしいですが賞められていい話です。国民としては一夫多妻制は許されないのです。それを行なっている者にはひそかに行なわせるがよろしい。その国民の良心は、まだ、このような隠れた行為に気づくほど鋭敏にはなっていません。だが、制度として一夫多妻制を、国法の黙許と保護のもとにおくことは、いかなるキリスト信徒であれ非信徒であれ、看過しないでありましょう。モルモン教徒は、これに従わなくてはならないのです。それでなければ、ユタ州*は、すでに多くの輝かしい名誉ある星のきらめく星条旗に、さらに一つの星を加えられなくなります。

この気高く価値ある感情のすべてを培う国民の良心は、同時にいやしく価値なきもののすべてを遠ざけます。くまなき昼の光はいかなる魔女をも退けます。魔女が人々のなかに姿をあらわすときには、義人の衣を身にまとわなければなりません。そうしなければ、仲間の魔女により「リンチを加えられ」、忘却という神とその使いの手に引き渡されるでしょう。富の神マモンは正義の法にのっとって歩みます。正直は、他の金もうけ仕事と同じく政治においても最良の策と信じられています。家のなかでは妻をたたく人も、人前では妻にくちづけをします。賭博場はビリヤード場を名のり、堕落した天使も「レディ」を名のっています。バーは外から見えないようにすっぽり幕で囲まれ、人々は自分の悪習を明らかに恥ずかしく思いながら、暗いところで酒を飲みます。まるで最悪の偽善を生んでいるのではないかと言われるでしょう。しかし、徳とは悪の公許の意味でしょうか。私はそうは思いません。

では、いったい、善に対して悪、大空を飛びたがるヒバリに対して穴ぐらに住むコウモリ、右手の羊に対して左手のヤギ*、両者を区別するものは何でありますか――、私はこれがキリスト教世界というものだと考えます。それは、私たちみながこれから赴く先にあるもの――善と悪との完全な分離の前触れなのです。この地上は美しくありますが、もともと、天使の国として定められたものではありません。ある別のところへ私たちが行くための予備校であります。私たちの地上がもつこの教育的価値を、それを理想的な姿にしようとする私たちのささやかな企てのなかから見失ってはなりません。古代ギリシア人と同じようにこの世を神の家であると思っている、功利主義や感情的キリスト教をはじめとする浅薄な思想の連中は、クロムウェルやほかのきびしい預言者を見て、その人たちは万人を幸福にすることができないとの理由で躓くでありましょう。また多くの場合「最大多数の最大幸福」は、公明正大な統治の反対を意味しています。天下のどこを捜しても、コンゴやザンベジ河のほとりにあるアフリカのジャングル以上に、「だれもが満足」しているところは地上にないと思います。霊魂の教育が最もよくなされることにより、この地上の創造の本来の目的が最もよく実現されている状態が、最良の状態なのであります。これさえなされるならば、私たちはみなこの世を去って、ある者は永遠の祝福に、残る者は永遠の呪いに入るでしょう。そして地上そのものは、用のなくなったものとしてもとの要素に帰するでしょう。

　キリスト教国の良い点の話を終わる前に、そのもう一つの特徴をあげておきます。それは、最近の生物学が、食後の話題のように必ず取り上げているキリスト教の一教義のことです――つまり復活の話であります。ルナン*およびその亜流はこの教義について勝手なことを言っていますが、それは言わせておけばよいでしょう。しかし、この独自な教義の実際的意義は、いかなる傾向の「歴史学派」でも無視は許されません。それは、異教徒が概してたいへん早くふけ込むのに対して、どうしてキリスト信徒が一般にはいかなる衰えをも知らず、死そのものにまで希望をもっているのかという問題です。八十歳代の人たちが、まるであたかもまだ二十代であるかのように相変わらず将来の計画をたてていることは、私たち異教徒にとっては、まったく驚くべき不思議な光景です。私たちは、四十歳を過ぎた人たちを老人の部に入れてしまいます。ところが、キリスト教国では、五十歳以下の人はだれも重要な責任ある地位に適しているとはみなされません。私たちは、子供たちが成人するとすぐに仕事をやめて隠居を考えます。孝行の教えに支えられて遊んで日を送り、若い世代の手で世話をされ、大切にされる資格を与えられています。宣教師のジャドソン*は困苦の一生を歩んだあとで、自分には休息できる永遠があるからもっと生きて働きたいと叫んでいます。ヴィクトル・ユゴーは八十四歳のときでも、「私は、この世を祖国として愛しているから、一刻も惜しんでそれを良くするのだ。私の仕事は始まったばかりだ。私の大仕事は、その土台がようやく出来た程度だ。私は、それが永遠に高くなっていくのを見て楽しみたい」というほどです。この人たちと、老境の楽しみを酒盃に求めた中国の詩人陶淵明《とうえんめい》、あるいは、その頭に白髪がのぞくやいなや、ただちに忙しい世間から引退している我が国の多くの人たちとを、比較するがよろしい。カミなき生理学は、これを全部、食事や気候などの相違に帰します。しかし、米とモンスーンに今も頼る私たちでも、過去の私たちとは異なったものになりうる事実があり、これには生理学的説明とは異なる別の説明がいります。

私は、キリスト教国の積極性は、そのキリスト教によるものと思います。信仰と希望と愛、*すなわち死神とその使いとを拒みさえぎるこの三つの生命の使いが、過去千九百年にわたってキリスト教国にはたらいて、それを今日あるような姿にしたのであります。

生は其《その》大敵なる死の意味なき悪《にくみ》を嘲《あざけ》り
彼が坐《ざ》する座位《くらい》に坐し、墓を足下に踏《ふま》へ
此《この》青白き敵より得たる獲物《えもの》を以《も》つて
己《おの》が成長を計る為《ため》の営養となす

――ブライアント*

たとえその罪がいかに甚大であっても、この人たちはそれに打ち克つ力を持っているのです。彼らには癒しえないような悲しみは少しもありません。キリスト教は、ただこの力だけでも信じる価値があるのではないでしょうか。

キリスト教伝道の存在理由は何ですか。私は、それについては、すでに述べてきたと思います。それはキリスト教自体の存在理由であります。デヴィッド・リヴィングストン*は、「伝道の精神は、われわれの主の精神であり主の宗教の本質である。博愛のあまねくいきわたることが、そのままキリスト教である。その真実を証明するためには不断の宣教が必要である」と言いました。宣教の止むときは、生きることの止むときでありましす。あなたがたは、どうしてカミが人類の大部分をまだ異教の暗黒のなかにおいたままなのか、考えたことがありますか。私は、それはあなたがたのキリスト教が、その暗黒を絶滅させようとするあなたがたの努力によって、生き成長するためであると思います。十三億四千万人もの異教徒がまだいるのです！　こんなにも多くの人たちのまだいることを、神に感謝しなくてはなりません。私たちは、アレキサンダーのように征服されるべき世界の不足を嘆く必要はないからです。もしもカミが、あなたがたに国内にとどまって財布のひもを固くしめ、異教徒には心を閉ざしているようにと言ったと想像してごらんなさい、あなたがたは、無駄なつとめをしなくて済むとカミに感謝すると思うでしょうか。もしもキリスト教の伝道が義務であり、それゆえにあなたがたに報いるカミのいっそうの祝福と、あなたがたの心を温める異教徒の感謝を受けるべきだとしたなら、カミも異教徒も、あなたがたからは何もよいものを得られないでしょう。そのような伝道には加わらない方がよいと私は信じます。「もし福音を宣伝《のべつた》えずば、我は禍害《わざわい》なるかな*」。そう言ったのは使徒パウロでありました。パウロの最大の試練は宣教師になってはならないということだったと私は信じます。彼のうちにふくらむ生命が、どうしてもキリスト教伝道という普遍的な愛にまで高まるのを制しきれなかったのです。「伝道地の困難」とか「異教徒の傲慢」をはじめ、そんな卑劣なことを口にして不満に思うくらいなら、もっと正直に自分たちには何一つ語るべきキリスト教がない、と告白したほうがましだと私は思います。

しかし、あなたがた自身の国にも、あり余るほどの異教徒がいるのに、どうして異教徒のもとへ宣教師を送るのでしょうか。

この世界は一体であり、人類は一大家族であることをあなたがたは知っています。このことは、たとえキリスト教的愛国心やほかの愛国心が否定するようにみえましても、私が、私のキリスト教の聖書を通じて読んだものであります。あなたがたは、他者を完全にしないまま自分を完全にはできません。異教国で囲まれたまん中に完全なキリスト教国があるという考えは成り立ちません。他の人々をキリスト教化しながら、あなたがた自身をもキリスト教化するのです。これは実際の経験からどれだけでも説明できる哲学であります。

外国伝道をやめて、全エネルギーを国内伝道に集中したと考えてごらんなさい。あなたがたは何を得るでしょうか。驚くほど多くの回心、ウイスキーの呪いから解放された多くの家庭、よい身なりの多くの子供たちを、きっと得るでしょう。だが、それといっしょに何を？　おそらく、日曜学校の遠足は増え教会での「日本の花嫁」*が増すとともに、多くの異端狩りと多くの教派間の悪口とが生ずるでありましょう。いまや千八百年間にもわたってキリスト教を有してきたあなたがたは、一方で善行がなされてしまうと他方ではなされる予定の善行がそれだけ減るという、ばかげた異教的な考えはすでに卒業してしまっていると思います。——外的な成長は常に内的な成長を意味するものです。あなたの腸の働きがどこか悪くなったとします。あなたが医者に行くと、医者は、次から次へといいかげんな薬を特効薬だと言って、あなたに服用させます。しかしあなたは治りません。あなたはその医者を信じないようになります。ついにあなたは自分の病気をほんとうに知るようになります。あなたは、その注意を内から外に向けます。すなわち、自分のことを忘れて、キャベツ作りでもなんでもよろしい、屋外の仕事に行きます。そうするとあなたの呼吸は楽になり、その筋骨はだんだん大きく固くなっていきます。徐々にあなたは自分の病気がなくなっていると感じ、いまや前よりはずっと丈夫な人間になっています。あなたは反射作用によって自分を治したのです。あなたは、キャベツに自分を任せることによって、キャベツがあなたを治したのです。

教会も同じです。異端狩りで取り除こうとしても新神学を服用させても決して治らないでしょう。いや、悪化さえするかもしれません。そのとき、賢者がいて彼らに外国伝道の処方箋を書きます。彼らは外国伝道に参加し、やがて外国伝道に関心を抱くようになります。自分たちの思いやりを全世界に向けるに至り、それによって自分自身が大きくなるのを感じます。こうして生じた新しい思いやりは、異端狩りと新神学の服用で眠らされていた昔の思いやりを呼び起こします。自分を自分に与える手段では内部に再生できなかったものが、いまや自分を、自分ではなく他者に与える道によって、戻ってきたことがわかります。あなたがたは異教徒を改宗させ、今度は異教徒があなたがたを再改宗させるのです。これが人類愛であり、あなたがたはこのように親密に全人類と結びついているのです。異教徒をあわれむとは？　あなたがたは、自分の兄弟がみじめな状態にいるのをあわれむでしょうか。あなたがたは、その兄弟のことを恥ずかしく思って、彼がみじめな状態にあることで自分を責めないのですか。私は、これこそキリスト教伝道の真の哲学であると信じます。これ以外の理由にもとづいて始められる伝道は、ショーであり遊びであり、敵から非難され、その人たちの派遣される当の異教徒からも無視されるものなのです。

しかし、異教徒はキリスト教をもつことを好むのか、とあなたがたは尋ねます。そうです。ものわかった異教徒は好みます。私たちのなかでも無思慮な人たちが、たとえ宣教師に石を投げたり、そのほかの不幸にあわせたとしても、その分別を取り戻しさえすれば、すぐに自分のしたことが悪かったとわかるでしょう。もちろん、私たちは、キリスト教の名でもたらされる多くのことを好みません。聖体、法衣、強制的な祈禱書、神学などは、キリスト教そのものを今日の知的な発達状態のなかにいる私たちに伝えるために絶対必要なものでない限り、私たちはそれなしで済ませたいのです。また私たちはキリスト教として、アメリカ教やイギリス教が押しつけられることを好みません。私たちのだれ一人として、キリスト自身には決して石を投げつけるようなことはなかったと思いたいです。もしそうだとしたら、それは全能なるカミの玉座そのものに石を投じたことになり、私たちは真理そのものから罰せられるでしょう。だが、キリストの名で、私たちに自分勝手な見解——彼らが神学と呼ぶもの——と、私たちには多かれ少なかれ不向きな「自由結婚」とか「女性の権利」などという自分たちの風習とを教える宣教師には、石を投じても私たちをとがめないでください。私たちは自己保存のためにこれをするのです。あなたがたも、カトリック信仰には我慢できてもローマ・カトリックには我慢できず、学校をはじめとする公的な事がらに干渉するといって、高壇での説教や新聞の論評を通じてピオなんとかやレオなんとかに対する非難をたたきつけます。そのあなたがたなら、私たちがアメリカ主義やイギリス主義をはじめとする外国主義に抗議するわけを理解できるはずです。

それから、私たちのもとに来るときには、高い良識をもって来て下さい。一国は一日にして改宗されうるという、あの伝道サーカス屋の言葉を信じてはなりません。この地上には精神の黄金国*(El Dorado)はないのです。霊魂を何ダースも何百もまとめて改宗できるところは、どこにもありません。ここもかしこも実は同じ世界なのです。よそと同じように当地でも、人々は疑いもし見せかけもし躓くのです。私たちに対して、まるで自国民であるかのように教えを説く宣教師がいるのを知っています。この人たちは、アメリカ人やイギリス人にはたいへん成功するムーディ＝サンキー方式*が、日本人や中国人にも同じようにうまくいくものと思いこんでいるようです。しかし、御存じのように日本人や中国人はアメリカ人ではありません。彼らには、「主はわが牧者*」とか「今ぞ休みにつかんとす*」をはじめとする、天使の調べで育てられた子供時代がなかったのです。彼らにとり、エスティのパイプオルガン*も鐘の音も同じ喜びです。彼らは「異教徒」であるから、それに応じた教え方をしなくてはなりません。しかし、彼らにイエス・キリストの話を語り、それぞれ一冊の新約聖書を与え、洗礼を勧めて受けさせ、その名を教会員名簿に記入し、それらを母教会に報告します。これで異教徒たちは安全になり、とにかく天国に行くだろうと思っている人がいるのです。おそらく、そうであるかもしれませんが、多分そうでないかもしれません。彼らにもアダム以来変わらぬ罪への傾向のある点は別として、その遺伝的影響、心理的特異性、社会的環境の相違があって、彼らに説かれる新しく聞き慣れない教えに対し簡単には適応させません。私たちはカミなき科学を軽蔑しますが、それ以上に科学なき福音の宣教には価値を置きません。私は、信仰は良識とまったく両立しうるものと信じています。熱心にして成功せる宣教師は、すべてこの良識の豊かな持主でありました。

また、私たちのもとへは、自分自身のうちなる霊魂において悪魔と戦いぬいてから来てほしいのです。御存じのようにジョン・バニヤンは、悪魔と全然といってよいほど出あった経験のない牧師さんについて語っています。その牧師がバニヤンの霊魂を癒せなかったように、このような牧師では私ども異教徒を癒せません。「生まれながらのキリスト信徒」は、回心については「遠方からの便り」として聞くだけですから、闇から光を求めて死にものぐるいでもがいている私たちには、ほとんど役立ちません。私は、アメリカのあるクェーカー教徒の大学教授を知っていますが、その人に、キリストを求めた苦闘のなかで克服しなければならなかった疑惑と困難について語ったことがあります。それに対して彼は、キリスト教はL-O-V-Eという一音節のなかに含まれるたいへん簡単なものだと思う、だから、それがどんなに大変なことだったかよくわからない、と言いました。たった一音節、しかし大宇宙そのものも、その一音節を収められないのです！　羨ましき人であります。彼の祖先が彼のためにその戦いを戦いぬいてしまったのです。彼は戦いを知らず既製のキリスト信徒としてこの世に生まれました。百万長者の息子が、独立独行の人の悲惨と奮闘を理解できないのと同じように、この教授をはじめキリスト教国の同様な人たちは、私たち異教徒がその一音節のなかで安んじて落ち着けるようになる前に、あらゆる霊魂の戦いを経なければならなかったことを理解できません。私は、彼のような人々には、その国に教授としてとどまっていて、宣教師として私たちのもとへは来てくれないように勧めます。その人たちの単純さや一本調子が私たちを戸惑わせるのと同様に、私たちの複雑さと屈折とがその人たちを戸惑わせるかもしれないからです。まことに、キリスト教ときわめて真剣に取り組んできた私どものような人間には、キリスト教は、少しも安易なものでも楽しいわが家(home-sweet-home)でも万人への平和というようなことでもありません。私どもは、それが詩人ブライアントが自由について歌ったようなものであると、いくらかわかってきました。

　　ひげ武者よ、
おまえは全身武装している。
鎖かたびらをつけた片手は、

幅の広い盾をつかみ、
別の片手は、
剣をにぎる。
おまえの額は、美しく輝いてはいるが、
いにしえの戦のしるしの傷がある。
おまえの堂々たる手足は、
戦いでたくましい。*

私どもには『天路歴程』はよくわかります。だが、しあわせいっぱいな新婚旅行じみた宗教については、それが十字架にかけられた人のキリスト教ではないことがわかるだけで、その正体が何かはわかりません。あなたがた自身の霊魂のうちに、まず克服されるべき異教があるのです。その後なら、あなたがたは私たちの異教の克服にきっと成功するでしょう。

あなたがたのキリスト教からあなたがた自身の主義(isms)を取り除き、あなたがたの良識をよく磨き(まだ磨いていないならば)、何よりもあなたがた自身の霊魂を通して悪魔との戦いを経てから来るならば、あなたがたは必ず異教徒にはかり知れない善を頒てるでしょう。異教国はそのような宣教師を与えられてきました(カミに感謝)。更にそういう人たちの与えられるように切望しています。私たちは、ほどなく、その人たちが異邦人であるとは少しも思わなくなるでしょう。私たちの言葉にたとえ通じていなくても、それは私たちの間のなんの妨げにもなりません。キリスト教はその目で語られます。それは私たちとの握手のなかに感じ取られます。なんとその人たちは私たちのなかで光り輝くことか! その人たちは居るだけで闇を追い払います。その人たちは私たちに教えを説く必要はありません。私たちが彼らに代わって説くでしょう。後ろから私たちを支えるだけでよいのです。何ダース何百人もの伝道の投機師や実験家よりも、むしろそのような人なら一人でよいのです。「天使の長《おさ》もねたむ業——キリストを異教徒に説く仕事」、この羨むべき仕事に従う者は天使の長以外にはありません。

そうです、キリスト教を私たちは必要としているのです。私たちのところの木像や石像をなくすためだけではありません。そのようなものは、異教国やほかのところで拝されている他の偶像とくらべれば、まだたわいのないものです。私たちの悪をより悪く見えるものとし、私たちの善をより善く見えるものとするためにキリスト教を必要とするのです。それによってこそ、はじめて私たちは罪を確信できるのです。罪を私たちに確信させるということは、私たちが罪を乗り越え征服する助けとなります。異教については私は常に人間存在の生ぬるい状態とみなしています——それは、さほど熱くもなければさほど冷たくもありません。あいまいな生活は弱い生活です。それは苦痛が少ないだけ、喜びも少ないのです。深き淵より[*](*De Profundis*)という言葉は異教国にはありません。カミには忠誠、悪魔には敵意を誓い、私たちを強化するためにキリスト教を必要としています。蝶の生活ではなくて鷲の生活です。花盛りのちっぽけな桃色のバラではなく、頑丈なカシの木の強さです。異教は子供には向くでしょうが、キリスト教だけが大人に向いています。世は成長しつつあり、私たちは世とともに成長しつつあります。キリスト教は私たちすべての必需品になりつつあります。

　五十日の間、私は故郷に帰るために海上の人となっていました。南十字星のもとを航海しているとき、真の十字架が立ち、偽の十字架が倒れるのを見ました。しかし、あなたがたは、私がまもなくなつかしき人々に会うのを楽しみにしていたと思いますか。そうです。武士が敵と出会ったあと、それを打ち負かす夢をみる楽しさと同じ意味の楽しさです。私は主に見いだされ、主は私を縛って私の欲しないところへいざなうと告げました。主が私に割り当てた戦場は、私自身の小さな領分のうちであって、私はいやと言えませんでした。ああ、私は多くの戦いで主を求めました。私は主を見いだし、主はただちに主の戦場に赴けと命じたのです！　これは武士の家に生まれた者の定めです。不平を言わず、ありがたく思いましょう。

（一八八八年）五月十六日　正午――晴。午後はかすむ。――午前十時ごろ、我が国の景色が見えてきた。昨日の正午ごろから二百八十二マイル走った。あと六十三マイルで故国だ。――創世記の第三十二章を読んだ。この私の流浪の年月の間に、カミが私に示したあらゆる慈愛の最も小さなものにも、自分は値しないと考えて大いに慰められた。カミの恵みは、人生の悲しき経験によって生じた真空*をすっかり充たしている。私は自分の生涯がカミによって導かれてきたことを知っている。故国へは非常に恐れおののきながら帰って行くのだが、カミが御自身をさらに明らかに私に現されると思うから、わざわいを恐れない。

真夜中。午後九時三十分に家に着いた。二万マイルの旅をして、ついに私がこここにあるのをカミに感謝。家中手放しの大喜び。おそらく、私の両親には生涯で最も楽しいときだっただろう。弟妹たちも大きくなった。弟は元気な若者となり、妹はまったくかわいい娘になっていた。父とは夜通し語った。母は世界について知りたいとは思わず、その息子が無事に家に帰ったことだけを嬉しがっている。私の不在の年月、我が家族の守られてきたことをカミに感謝する。それまで私の祈りは、無事な父と会えて私の見聞と経験のすべてを語ることにあった。

「ヤコブまた言《いい》けるはわが父アブラハムの神わが父イサクの神エホバよ汝嘗《かつ》て我につげて汝の国にかえり汝の親族に到《いた》れ我なんじを善《よく》せんといいたまえり　我はなんじが僕《しもべ》にほどこしたまいし恩恵《めぐみ》と真実《まこと》を一《ひとつ》も受《うく》るにたらざるなり我わが杖のみを持《もち》てこのヨルダンを済《わた》りしが今は二隊《ふたくみ》とも成《なる》にいたれり」(創世記、三二の九・一〇)。これこそ主が栄光を与えたいと思う人の姿です。ヤコブは、ハランで祈り求めたすべてのもの、すなわちレアとラケル、子供たち、羊を得ました。主の貧しきしもべである私もまた、キリスト教国で私が祈り求めたすべてのものを得ました。もちろん、ヤコブの受けた祝福と同じものではありません。実のところ、この点では私はひどく貧しい状態だったから、二万マイルもの海陸をさまよい歩いたのち、私のポケットに残っていた金銭は実にわずかで、ただ七十五セントだけでした。家に持ち帰った知的資産も同じで、私と同じ年代と境遇の同国人がふつう持ち帰るものとは比較になりませんでした。科学、医学、哲学、神学――このような学位証書は、両親を喜ばせるみやげとして私のかばんには一枚もありませんでした。しかし、私の望んだもの、まさに――「ユダヤ人《びと》に躓物《つまずき》となり、ギリシヤ人に愚《おろか》となれど*」を得ました。たしかに私は、それを私が期待していたような方法により、キリスト教国で見つけたのではありませんでした。すなわち、私は、それを、街頭で拾うこともありませんでしたし、教会や神学校でさえも見つけませんでした。それにもかかわらず、それを私はいろいろな予想外の方法で得たのであり、私は満足でした。そしてこのことが、気に入るかどうかはわかりませんが、私の両親と我が国の人々へのみやげなのです。これは人類の希望であり諸国民の生命であります。いかなる哲学と神学をもってきても、人類の歴史においてその位置を取り替えることはできません。「我は福音を恥とせず、この福音はユダヤ人《びと》を始めギリシヤ人にも、凡《すべ》て信ずる者に救《すくい》を得さする神の力たればなり*」であります。

私は夜遅く我が家に着きました。小高いところに杉垣に囲まれ、父の小さな家は立っていました。「お母さん」、私はその戸をあけながら叫びました。「あなたの息子が戻って来ましたよ」。母のやせた姿、それには前にもまして苦労のあとが見受けられましたが、なんと美しかったことでしょう！　デラウェアの友人の選んだ人のなかには見出せなかった理想の美しさを、改めて私の母の清らかな姿のなかに見つけたのでした。そして、私の父、この広大な地球に十二分の一エーカーの地主である父は——彼もまた文字どおりの英雄にして、正しく忍耐強い人です。ここにこそ、私が自分のものと呼んでよい場があり、この場を介して私はこの国と地上とにつながっているのです。ここは私の家でもあり私の戦場でもあります。私の仕事、私の祈り、私の生命を、惜しみなく捧げるべき地であります。

家に着いた次の日に、私は異教徒の手で設立されたといわれる、一キリスト教主義の学校*の校長(principalship)にならないかとの勧誘を受けました。これは世界の歴史にも類をみない、珍しい教育機関であります。受諾すべきでしょうか。

しかし、ここで本書は終わらなくてはなりません。私はあなたがたに、いかにして余はキリスト信徒となりしかを語ってきました。もしも、私の人生が書くに足る波瀾に富み、読者が私の話し方に退屈なさらないならば、私は「余はいかにしてキリスト信徒として働きしか（*How I Worked a Christian*）」と題する同じような書物を別に記すつもりです。

終り

訳注

（以下の「全集」は『内村鑑三全集』岩波書店、一九八〇―八四をさす）

まえがき

7 **奨励**　カーライルの *Past and Present*, 1843 にある文章。

10 **われは……思わず**　新約聖書ピリピ書第三章一三節。

〃 **目標を目ざして……努めている**　新約聖書ピリピ書第三章一四節参照。

11 **ヨナタン**　内村鑑三の洗礼名。旧約聖書サムエル前書に登場する人物。イスラエル最初の王サウルの長男でダビデの親友。

第一章

18 **一八六一年三月二十三日**　旧暦では二月十三日。

〃 **武士階級**　上州の高崎藩士。初代内村至之より数えて鑑三は八代目にあたる。

〃 **生くるは戦うなり**　古代ローマの哲学者セネカ（Lucius Annaeus Seneca）の言葉。「ルシラスよ生くるは戦うなり（Vivere, Lucii, militare est）」より。

18父　内村金之丞宜之。藩主に重用され殿様御側役などを勤め、廃藩後は桃生県権判事、石巻県少参事、登米県少参事、高崎藩少参事を歴任。本章扉参照。

20ジャガノート　ヒンズー教のクリシュナ神のこと。インドのプリー(Puri)で催される祭りでは、その像を乗せた山車が引き回され、これにひき殺されると往生がかなうとされて、車の前に身を投ずる者が出たといわれる。

〃赤ん坊をワニの餌にする　ヒンズー教の河神に対する人身供犠。

21エホバを畏るるは知識の本なり　旧約聖書箴言第一章七節。

〃孝子の話　中国の「二十四孝」のうち呉の孟宗に関する話。

〃ヨセフの話　旧約聖書創世記参照。

22目には目、歯には歯　旧約聖書出エジプト記第二一章二四節。

24学問と書道の神　天満宮の祭神菅原道真(八四五―九〇三)のこと。二十五日は道真が大宰府の配所で没した延喜三年二月二十五日にちなむ。

25稲作を司る神　祭神は宇迦御魂《うかのみたま》はじめ豊宇気毘売《とようけひめ》神などと呼ばれ、白狐を使いとし一般には稲荷信仰で知られている。

〃烏を印刷した紙　熊野神社などで厄除けや誓紙用に発行した「牛王《ごおう》宝印」という祈禱札のこと。烏はその神の使いとされた。

26最高の神　天照大神のこと。

第二章

28 学校の友だち　一八七三年に上京して学んだ有馬私学校の友だち。
〃 キリスト教の礼拝所　外国人向けのユニオン・チャーチ(Union Church)。東京の同チャーチは一八七二年に献堂。
〃 イギリスの年配の女性　教師ピアソン(Frances Susanna Maria Pearson)。
29 新設の官立の学校　明治政府によって一八七六年札幌に開設された札幌農学校(北海道大学の前身)。内村たちは第二期生として一八七七年入学。
〃 ニューイングランド出身のキリスト信徒科学者　アメリカ・マサチューセッツ出身のウィリアム・S・クラーク(William Smith Clark, 1826–86)。一八七六年来日、札幌農学校初代教頭として翌年四月まで在任。離任にあたり‘Boys, be ambitious!’の言葉を残したことで知られる。
30 強襲《ストーム》　storm. 学校の寮などで深夜に行なわれる上級生の下級生に対する示威行為。
〃 近くの異教の神社　札幌神社。北海道地方の守護神として大国魂《おおくにたま》神、大那牟遅《おおなむち》神、少彦名《すくなひこな》神を祭神とし一八六九年創立。一八七一年社殿成り札幌神社と称した。現在の北海道神宮。
31 イエスを信ずる者の契約　原文名は‘Covenant of Believers in Jesus.’本章扉に掲載。訳文は『聖書研究』一三(一九四八年四月)による。有島武郎の訳。
〃 S・A学校　Sapporo Agricultural College. つまり札幌農学校のこと。
33 S　札幌。

34 **福音主義的な大学**　のちに内村も学ぶアマスト大学(Amherst College)。クラークは、一八四八年に同大学を卒業。ドイツ留学後一八五二年より十五年間、同校の教授として化学を担当。

〃 **十五人の学生たちの署名**　実際は黒岩四方之進、伊藤一隆、佐藤昌介、大島正健、渡瀬寅次郎ら十六人。

〃 **私の名は最後から二、三番目**　第二期生のうち太田稲造、宮部金吾、広井勇、内村鑑三ら十五人が署名。ただし内村の署名は最後から九番目。

36 S　佐久間信恭(一八六一―一九二三)。のちに英語学者。

〃 M　宮部金吾(一八六〇―一九五一)。のちに北海道帝国大学教授。植物学者。

〃 O　大島正健(一八五九―一九三八)。のちに札幌農学校教授。中国古韻学者。『クラーク先生とその弟子達』(一九三七)の著者。

〃 T　高木玉太郎(一八六二―一九一六)。卒業後、開拓使御用掛。農芸化学を専攻。

〃 F　藤田九三郎(一八五八―九四)。卒業後、開拓使御用掛として工業局土木課に勤務したが、夭折。

〃 H　広井勇(一八六二―一九二八)。のちに東京帝国大学教授。土木工学者。

〃 Ot　太田(新渡戸)稲造(一八六二―一九三三)。のちに第一高等学校校長、東京帝国大学教授、国際連盟事務次長。

38 A　足立元太郎(一八五九―一九一二)。のちに横浜の生糸検査所調査部長。

〃 **遊戯会**　札幌農学校の運動会。

39 **牧師H氏**　アメリカのメソジスト監督教会宣教師ハリス(Merriman Colbert Harris, 1846–1921)。一八七三年に来日して当時函館で伝道。その妻フローラ(Flora Best)とともに終生内村と親交を保った。

〃 **メソジスト派**　Methodist. ウェスレー(John Wesley, 1703–91)によりイギリスで創始され一七九五年にイギリス国教会から独立。教派名は規則(method)の厳守に由来。

〃 **ウェブスター辞典**　アメリカの辞典編者ウェブスター(Noah Webster, 1758–1843)の編纂した *An American Dictionary of the English Language*.

〃 **ガマリエル**　ユダヤ人によって尊敬されていた律法学者(使徒行伝第五章三四節)。パウロは、そのもとで厳しい教育を授けられたとされる(同第二二章三節)。

〃 **ヒュー**　Hugh. 精神・霊魂を表す。

〃 **フレデリック**　Frederick. 平和的な統治者を表す。

〃 **エドウィン**　Edwin. 資産の受取人を表す。

〃 **チャールズ**　Charles. 気高さ・強さを表す。

〃 **フランシス**　Francis. 自由と解放を表す。

〃 **ヨナタン**　Jonathan. 一一頁の注を参照。ウェブスターの辞典ではヨナタンは'Gift of Jehovah'(エホバの贈り物)となっている。

40 **ルビコン川**　the Rubicon. イタリアとガリアとの間にあった川。紀元前四九年、カエサルが「さいは投げられた」と言ってこの川を渡り、ポンペイウスとの戦いを始めた。重大な決意をして行動に出るときに用いられる。

40ついには……救い主の名をおぼえるように　ヒーバー(Reginald Heber)の作詞した'From Greenland's Icy Mountains'の第三節。原文の'earth's'が内村の本書では'each'となっている。訳文は斎藤勇『讃美歌研究』(研究社出版、一九六二)による。

第三章

44『絵入りキリスト教週報』「札幌農学校第二年報」(英文)所収の蔵書目録にAmerican Tract Society からの寄贈書として一八七一―七六年分が記されている。

〃バトラー　Joseph Butler (1692–1752). イギリス国教会の主教。主著『宗教の類比(*The Analogy of Religion*, 1736)』。

〃リッドン　Henry Parry Liddon (1829–90). イギリス国教会の説教家。

〃何びとに……善意をもって　リンカーンの第二期大統領就任演説(一八六五年三月)の言葉。

〃北極星の役を果たしました　『論語』の「為政」篇に、「子曰　為政以徳　譬如北辰居其所　而衆星共之」とある。

45トマス　キリストの十二使徒の一人。キリストの復活につき「我はその手に釘の痕《あと》を見、わが指を釘の痕にさし入れ、わが手をその脅《わき》に差入るるにあらずば信ぜじ」(ヨハネ伝第二〇章二五節)と語った。

46予定説　人間の救済はカミの恩恵によってあらかじめ定められているという教理。

47 **S**　前出の佐久間信恭のこと。

〃 **カハウ**　ボルネオ産のテングザル(*Nasalis larvatus*)。

48 **ネルソンの『不信仰論』**　「札幌農学校第二年報」(英文)所収の蔵書目録にD. Nelson, *On Infidelity* がある。

49 **『村の説教』**　ドイツの牧師から作家になったフレンセン(Gustav Frenssen, 1863–1945)の著書 *Dorf-predigten*, 1899–1903(全三巻)で、英語の抄訳本 *Village Sermons* がある。

50 **アルバート・バーンズ師**　Albert Barnes(1798–1870). アメリカの長老派に属する牧師。『新約聖書注解(*Notes on the New Testament*)』(全十一巻)はとくに名高く、また旧約聖書の注解も内村は渡米後参考にしている(本書第七章の一八八五年一月六日の日記)。一八八八年発行の札幌農学校の蔵書目録(英文)に同書がある。

〃 **生理学の教授**　同年九月着任のカッター(John C. Cutter)。

51 **S**　第一期生佐藤昌介(一八五六—一九三九)。後年、農学者、北海道帝国大学総長。最年長のため「長老」と呼ばれた。

〃 **W**　第一期生渡瀬寅次郎(一八五九—一九二六)。

〃 **学業優秀賞**　開拓使賞のことで、このとき六科目のうち、内村は、数学と農学が一等で各七円、英語と化学が二等で各三円五十銭、計二十一円となるが、一人で二十円を越える賞金は許されず、化学の分が除かれて十七円五十銭となった。

52 **どんな名の劇場……最後**　しかし、この後も困惑しながら劇場での講演会に出席している。

52 **amusements that kill** 「札幌農学校第三年報」(英文)所収の蔵書目録に Thomas De Witt Talmage の *Sports that kill,* 1875 がある。

53 **トップレディ** Augustus Montague Toplady (1740–78). イギリスの牧師、讃美歌作者。日本では讃美歌「千歳の岩よ」で知られる。

55 **I 教授** 市郷弘義。予科の数学教師で舎監。

〃 **Y** 第一期生柳本通義。

〃 **U** 第一期生内田瀞。

〃 **T** 第一期生田内捨六。プテロダクティルスは恐竜(翼竜)の一種。

56 **テオドシウス** Theodosius (346 ころ–95). ローマ皇帝。テサロニケ市民約七千人を殺害したが、アンブロシウス(次項参照)の要求により懺悔。

〃 **アンブロシウス** Ambrosius (333 ころ–97). ミラノの司教。古代ローマ教会の代表的教父。テオドシウス帝のテサロニケ市民虐殺に対する断固たる態度とアウグスチヌスへの授洗で名高い。

58 **教会会議** ニケアの公会議(三二五年)以後、とくにカトリックにおいて、その重要な教理、儀礼、布教法などを世界の諸教会の代表者が集まって定める会議。

59 **聖使徒たちでさえ……眠ったのであります** イエスがゲッセマネで最後の祈りをして戻ると眠っている弟子たちを発見(新約聖書マタイ伝第二六章三六—四六節など)。

60 **当地の鎮守の神のお祭りの日** 札幌神社(現在の北海道神宮)の例祭日。現在でも六月十四—十六日は「札幌まつり」としてにぎわう。

〃 **善をなさんと……我悩める人なるかな**　新約聖書ロマ書第七章一八―二五節の表現にあやかる。

61 **弟**　内村達三郎（一八六五―一九三四）。後年は立教学院、東北学院教授。

〃 **重記写本**　羊皮紙に聖書が写されていた時代、その羊皮紙が高価なために、一度書いた字を消した上に重ねて書かれた聖書の写本。Palimpsest ともいう。

62 **長老派**　Presbyterian Church. ツヴィングリ、カルヴァンの流れをくむプロテスタントの教派。改革派教会の別名で教会政治に長老制を採用している。

65 **ウォバートン**　William Warburton（1698–1779）. イギリスのグロスターの主教。理神論者に対し *The Divine Legation of Moses,* 1737–41（全二巻）を著したことで名高い。

〃 **チャルマーズ**　Thomas Chalmers（1780–1847）. イギリスのスコットランドの神学者、社会事業家。スコットランド自由教会を創設。カーライルなどの思想にも影響を与えた。

〃 **グラッドストーン**　William Ewart Gladstone（1809–98）. イギリスの政治家。自由党党主として第四次内閣まで組閣。内村は、のちに「グラッドストーン氏の死状と葬式」（全集六）を著し、そのキリスト教的政治姿勢および平民性を評価している。

〃 **ボリングブルック**　Henry St. John Bolingbroke（1678–1751）. イギリスの政治家。アン女王時代の宰相。理神論者であった。

〃 **ヒューム**　David Hume（1711–76）. イギリスの有名な経験論的哲学者。

〃 **ギボン**　Edward Gibbon（1737–94）. イギリスの歴史家。『ローマ帝国衰亡史（*The History of the Decline and Fall of the Roman Empire*）』の著者として名高い。

65 ハクスリー　Thomas Henry Huxley (1825–95). イギリスの生物学者。ダーウィンの友人で進化論を支持、不可知論者でもあった。

66 マックスウェル　James Clerk Maxwell (1831–79). イギリスの物理学者。

68 ライオンと牛とは……共にしました　旧約聖書イザヤ書第一一章による。

〃 ジョン・K　第一期生の伊藤一隆(一八五九―一九二九)。後年は水産事業、石油事業に尽くす。禁酒運動家でもあった。

69 目あれども見えず、耳あれども聞こえざる　旧約聖書エレミヤ記第五章二一節のほか新約聖書にも各所に出てくる語句。

〃 サヴォナローラ　Girolamo Savonarola (1452–98). イタリアの宗教改革者。一時フローレンス(フィレンツェ)で神政政治をしき、低俗な娯楽を廃し道徳的禁欲的生活を奨励した。当地のカーニバルも、これによって単なるばか騒ぎから聖化された祭りになったといわれる。最後は教皇と対立して火刑に処せられた。

70 レント　四旬節。キリストの荒野における四十日間の断食にちなみ、復活祭に先立ち食事をひかえ悔悛して送る期間。

71 ヘブル書、一〇の二五　新約聖書ヘブル書第一〇章二五節に「集会《あつまり》をやむる或人《あるひと》の習慣《ならわし》の如くせず、互《たがい》に勧め合い、かの日のいよいよ近づくを見て、ますます斯《かく》の如くすべし」とある。

〃 一人はアメリカ人、二人はイギリス人　アメリカ人は、メソジスト監督教会のデヴィッドソン(William Clarence Davidson, 1848–1903)。イギリス人は、聖公会のデニング(Walter Denning,

1846–1913)とアイヌ研究家としても名高い同会のバチェラー(John Batchelor, 1854–1944)。

〃 **U氏**　イギリス領事ユースデン(Richard Eusden)。

72 **ラバンが……キスをした話**　旧約聖書創世記第三一章五五節。

〃 **K**　第一期生黒岩四方之進。黒岩涙香の兄。

73 **D氏**　前出のアメリカ人デヴィッドソン。

74 **Den氏**　前出のイギリス人デニング。

〃 **P氏**　パイパー(John Piper, 1840–1932)。イギリス人で聖公会宣教師。

〃 **N氏**　中村守重(通称ベコ中村)。彼の家は当時、聖公会の会堂になっていた。

〃 **主は一つ、信仰は一つ、バプテスマは一つ**　新約聖書エペソ書第四章五節。

76 **パルマイラ**　Palmyra. ソロモンが建設したとされるシリアの古都。旧約聖書歴代志略下第八章四節に「曠野《あれの》のタデモルを建て」として出てくるタデモルとされる。

〃 **数人は……住んでいました**　当時、札幌近郊山鼻村の農地に購入した家に伊藤一隆、大島正健、内田瀞、黒岩四方之進、田内捨六、柳本通義の「六人組」が住み、共同生活を営んでいた。

〃 **ゼノビア**　Zenobia. 三世紀のシリアのパルマイラの女王。

〃 **愛餐はウェスレーの徒**　「愛餐」は、初代教会において行なわれていた宗教的会食。メソジスト教会の創始者ウェスレーは、これをメソジスト教会の儀礼として四季に一度ずつ行なった。

80 **セミラミス女王**　Semiramis. アッシリアの美しく賢明な女王でバビロンの建設者とされ、ギリシア人はバビロンの空中庭園を彼女の造ったものとして伝えた。

81 **ソロモンは……ヒラムに口約束をしました**　旧約聖書列王紀略上第五章に、ソロモンがエルサレムに神殿を建設するにあたり、ツロの王ヒラムにレバノンの材木の供給を依頼したとある。
〃 **モリヤの山**　エルサレム神殿の建てられる山。
〃 **パロ**　Pharaoh. 旧約聖書に出てくるエジプトの王の通称。
〃 **シドン**　レバノンの西方、地中海に面した都市。
82 **ツロ**　レバノン南西部の地中海に面した都市。
〃 **ベンサムやジョン・スチュアート・ミル**　ベンサム(Jeremy Bentham, 1748–1832)もミル(John Stuart Mill, 1806–73)もイギリスの功利主義者。
〃 **ダビデの家**　ダビデはソロモンの父。したがって「ダビデの家」はイスラエル王国にあたるが、ここではキリスト教会になる。
85 **神は智《かしこ》き者を……世の愚《おろか》なる者を選**　新約聖書コリント前書第一章二七節。
87 **Z**　第四期生の頭本元貞(一八六三―一九四三)、のちThe Japan Times社長。
89 **心楽しき……安息所よ**　Sweet Sabbath School. Blackall Christopher Rubyにより一八七四年に作成された安息日学校讃美歌。
〃 **卒業の日**　当時の模様は、同校第四期生である志賀重昂の「札幌在学日記」(『志賀重昂全集』第七巻・同全集刊行会)にくわしい。
〃 **卒業演説**　『北海道大学創基八十年史』によると次のとおり。
一、Sweetness after Pleasure(快哉苦後の楽)　足立元太郎

二、北海農民には宜しく道徳を奨励すべし　広井勇
三、Principle and Importance of Agriculture(農業は開明を賛く)　太田稲造
四、農学と植物学との関係　宮部金吾
五、Relation of Agriculture and Chemistry(化学と農業との関係)　高木玉太郎
六、大洋の農耕(漁業)　内村鑑三

91 **二十一人**　札幌農学校生徒表(北海道大学所蔵)では二十人が一八七七年の入校者になっている。

〃 **十二人**　実際には十人である。

〃 **七人**　内村鑑三、宮部金吾、高木玉太郎、足立元太郎、太田稲造、広井勇、藤田九三郎の七人。

92 **狗児《ちんころ》を追い払う**　内村は一九二九年、ジョン・Kつまり伊藤一隆の葬儀に列し、弔辞のなかで伊藤がある日の説教で、当時の札幌県知事調所広丈が入場してきたのを認めて「狗児を追払へ」と壇上から語ったと伝えている(全集三二)。

〃 **リットン**　『ポンペイ最後の日(*The Last Days of Pompeii*, 1834)』を著したイギリスの作家で政治家の Edward Bulwer-Lytton(1803–73)のことか。

第四章

94 **月給三十円の職**　開拓使御用掛として民事局勧業課漁猟科に就職。

96 **ファバー博士の著したマルコ伝の注解書**　ファバー(Ernst Faber, 1839–99　中国名・花之安)が漢文で書いた『馬可講義』(一八七四)全五冊本のこと。

97 **父は受洗しました**　のちに内村の父は平岩愃保の下谷メソジスト教会で受洗。

98 **エリコ**　イスラエル民族がヨシュアにひきいられて最初に攻め落としたカナン(現在のパレスチナ地方)の町。旧約聖書ヨシュア記第六章参照。

〃 **もう一人**　一八八九年に内村と結婚した妻かず(旧姓横浜)のこと。いわゆる「不敬事件」(一八九一年一月九日)の直後の四月に死去。

99 **弟**　前出の内村達三郎。

〃 **K氏**　角谷省吾。横浜神学校を卒業し、当時、自給伝道を志して札幌に来ていた。

〃 **南通りの新教会**　通称「白官邸」といわれていた仮会堂。

100 **オルガンも……提供されたものであります**　メソジスト監督教会と聖公会で受洗した信徒により合同で設立をはかった教会であったが、前者に比して後者の宣教師デニングは好意的でオルガンのほか多数の書籍を寄贈したとされる。

〃 **F氏**　藤村信吉(一八六三―一九三七)。当時札幌農学校に入学を志して来札中だった青年。のち北海道庁立水産学校校長。

101 **教会の最年長者**　実業家で一致教会員の中川嘉兵衛(一八一七―九七)。

103 **使徒信条**　使徒の教えによって定められたとされるキリスト信徒の基本的信条。

104 **YMCA**　日本のYMCA(キリスト教青年会)は、前年の一八八〇年に東京ではじめて結成。

〃 **「帆立貝とキリスト教との関係」**　この講演はこのときではなく翌一八八二年一月八日の献堂式で語ったものである。

105 **教授C博士**　前出クラークのこと。

110 **ハレルヤ**　ヘブル語で「主を讃えよ」の意味。

〃 **シェキナ**　神の臨在を遠まわしに表現したヘブル語。

〃 **ダビデの賢き息子**　ソロモンのこと。

113 **Ts**　辻本全二。一致教会の伝道師。

〃 **A製材所**　厚別の柾製造所。

〃 **H氏**　伊藤一隆の父、平野弥十郎。

114 **もろもろの谷は……卑《ひく》くせられん**　旧約聖書イザヤ書第四〇章四節。

115 **国の祝日**　秋季皇霊祭。現在の秋分の日。

116 **宣教師S氏**　ソーパー（Julius Soper, 1845–1937）。アメリカのメソジスト監督教会宣教師として J・C・デヴィソンとともに一八七三年来日。

118 **悪を念《おも》わず**　新約聖書コリント前書第一三章五節。

〃 **フランシスの家**　宮部金吾の自宅は下谷徒士町にあった。

〃 **七月四日**　アメリカの独立記念日。

119 **教会の独立……告げました**　内村は一八八三年四月、札幌県御用掛（開拓使から所管が札幌県に変更）を辞職して津田仙の学農社農学校の講師になった。

〃 **四年前**　いわゆる「不敬事件」（一八九一年一月九日）の年で、事件後、札幌在住の宮部金吾、新渡戸（太田）稲造、広井勇らは、内村を慰めるために札幌に招いた。同教会を訪れたのはこのときである。

119 十三年前　本書刊行のとき（一八九五）より数えている。

120 新しい会堂　内村たちが最初に設立した通称「白官邸」は、一八八五年つまり内村の渡米中に南三条西六丁目に新築移転した（本章扉の写真参照）。その後一九二二年にクラークを記念して大通西七丁目にギリシア風の会堂を建築。

第五章

124 自然は真空を嫌います　アリストテレス（Aristotelēs）の『自然学（*Physica*）』にみられる考え方。

125 科学上の実験の成功　札幌県御用掛として一八八二年「札幌県鮑魚《アワビ》蕃殖取調復命書幷ニ潜水器使用規則見込上申」を提出。とくに鮑魚の卵子の発見は、著者にとっても忘れがたい業績であった（全集一）。

126 私の魂……下ってくる　新約聖書ヨハネ伝第五章二―七節参照。

〃 第三回基督教信徒大親睦会　一八八三年五月八日から新栄橋教会で開催されたプロテスタントの全国的集会。いわゆるリバイバル現象を全国的に波及させた注目される会合。

〃 T氏　津田仙といわれる。ただし「十年ならずして我国は基督教国となるであろう」と言った人物は、五月十一日の晩餐式に演説した新島襄とされる。

128 ペンテコステ　聖霊降臨。新約聖書使徒行伝第二章の出来事にちなみ、のちにイースター（復活祭）から五十日目を聖霊降臨日とする。

〃 **一人の朝鮮人**　李樹庭（イ・スジョン。一八四二―一八六）。同会合の記念写真（本章扉に掲載）に朝鮮服を着て最前列に着席している。

〃 **隠者の民**　グリフィス（William Elliot Griffis, 1843–1928）の著書に *Corea: the Hermit Nation*, 1882 がある。

〃 **炎の舌**　新約聖書使徒行伝第二章三節。

129 **五月九日**　内村は、この日午後、井生村楼で開かれた演説会で「空ノ鳥ト野ノ百合花」と題して演説。

〃 **死者は……葬らせてよい**　新約聖書マタイ伝第八章二二節など。

〃 **政府に特別の陳情**　「埋葬自由の建白」の提出を決議。翌年十月、「内務御口達」により実現。

130 **憲法**　一八八九年発布の大日本帝国憲法。その二十八条に「日本臣民ハ安寧秩序ヲ妨ケス及臣民タルノ義務ニ背カサル限ニ於テ信教ノ自由ヲ有ス」とある。

〃 **リバイバル**　Revival. 信仰復興ともいわれる宗教心理現象。

〃 **カーペンター**　William Benjamin Carpenter (1813–85). イギリスの生理学者。その著書『精神生理学（*Principles of Mental Physiology*, 1874）』は、「札幌農学校第四年報」（英文）所収の蔵書目録にある。

131 **いつわりやすい心**　旧約聖書エレミヤ記第一七章九節に「心は万物《よろずのもの》よりも偽《いつわ》る者」とある。

〃 **ゲーゲンバウル**　Karl Gegenbaur (1826–1903). ドイツの解剖学者。

133 **「こころの交わりいともたのし」**　日本基督教団讃美歌四〇三番第一節。John Forcett の作。

133 **ライデンの……汝でありました**　オランダの独立戦争において、プロテスタント軍は一五七四年、ライデンを包囲されるが、スペインを破り独立をかちとる。

〃 **スミスフィールドの火刑場**　ロンドンのスミスフィールド(Smithfield)には処刑場があり、十六世紀のメアリー一世女王のとき、多くの反カトリック者が火刑に処せられた。

〃 **バンカー・ヒル**　Bunker Hill. アメリカのマサチューセッツ州チャールズタウンにある丘。独立戦争の最初の戦闘が近くで行なわれた。

〃 **セイレーン**　ギリシア神話に登場する半人半鳥の海の精。シチリア島近くの小島に住み、船人たちをその美声で魅惑して海中に飛び込ませ死に至らせたといわれる。

〃 **ジュピターの多情な子**　ジュピターはギリシア神話のゼウスと同一視されるローマ神話の最高神。「多情な子」は、その子とされる女神ヴィーナス。つまりここでは恋愛を意味していると思われる。

〃 **シナイ**　モーセがイスラエルの民をひきいてエジプトを脱出する途中、カミより律法を授けられたシナイ山。旧約聖書出エジプト記第一九章以下参照。

134 **ジョン・ハワード**　John Howard(1726–90). イギリスの監獄改良家。伝染病の予防にも尽力したが、みずからも感染して死去。

〃 **古きアダム**　つまり古き肉の人間。新しきアダム(キリスト)が霊の人であるのに対する。新約聖書コリント前書第一五章四五節。

135 **永遠なる仏陀は……教えました**　四無量心(慈無量心、悲無量心、喜無量心、捨無量心)のうちの、人々に愛の心を無量に起こす「慈無量心」。

〃 **わが兄弟よ……救い得んや**　新約聖書ヤコブ書第二章一四節。

〃 **チャールズ・ローリング・ブレース**　Charles Loring Brace (1826–90). アメリカの慈善事業家。『ゲスタ・クリスチ（*Gesta Christi; or a history of humane progress under Christianity*, 1883）』はその著作のひとつ。

136 **「エビス」港**　Port Barbaric. 佐渡島の両津港。

〃 **十一屋**　同地の宿屋ではなく、宿舎を提供した民家の呼称。

〃 **ふたたび政府に雇われ**　一八八三年十二月より農商務省御用掛として農務局水産課に勤務。

〃 **Sという小島**　佐渡島。

137 **バッカス**　ローマ神話の酒神。

140 **ラセラス**　サムエル・ジョンソン（Samuel Johnson, 1709–84）の『アビシニアの王子ラセラスの物語（*The History of Rasselas, Prince of Abissinia*, 1759）』の主人公。「幸福の谷」に住んでいたが、人生の幸福を求めて外界に出て失望して戻る話。

141 **外国行きの目的**　「流竄録」（全集三）では、「実行的慈善事業に顕はる丶基督教の結果を其本国に於て」見るための「視察事業」としているが、この年三月二十八日に結婚した浅田タケとの離婚の件も関連している。

142 **コルネリアが若きグラックス兄弟**　グラックス兄弟はローマの政治家、Tiberius Sempronius Gracchus (B. C. 162–133) と Gaius Sempronius Gracchus (B. C. 154–121) の兄弟。コルネリア

(Cornelia)は彼らの母で賢母として知られる。

142 秀峰　富士山。

143 他国の……船　アメリカ船 City of Tokyo 号(第六章扉参照)。

144 国のなかの国よ……死なん　'Land of lands' ではじまるホイッティアー(John Greenleaf Whittier, 1807–92)の 'Our Country' と題した詩の第一節。

第六章

146 フリードリヒ大王　Friedrich II(1712–86). プロシア王(在位一七四〇—八六)。七年戦争(一七五六—六三)においてオーストリアとその同盟軍フランスを破ったが、フランスの啓蒙思想家ヴォルテールを招いたりした。

〃 ダニエル・ウェブスター　Daniel Webster(1782–1852). アメリカの政治家、雄弁家、国務長官。奴隷制度を排撃。

〃 ケルブとケルビム　ケルブの複数形がケルビム。旧約聖書では守護者、天使にひとしいものとみなされている。翼を有したりライオンや牛の像であらわされることが多い。

147 アーモンド形の目　両端がとがり楕円形をしているところから中国人、日本人の目をさす。

〃 パトリック・ヘンリー　Patrick Henry(1736–99). アメリカの政治家。独立革命の指導者。一七七五年ヴァージニア州会で行なった「我に自由を与えよ、しからずんば死を与えよ」の演説で著名。

〃 **ドロテア・ディックス**　Dorothea Dix(1802–87). アメリカの女性福祉事業家でユニテリアン。
〃 **スティーブン・ジラード**　Stephen Girard(1750–1831). アメリカの実業家、慈善事業家。
148 **およそ二十人の青年の一団**　日本人の同船者は十一人であり、中国人の移民が約三百五十人同船していた。
〃 **カミの長子**　旧約聖書出エジプト記第四章二二節。または新約聖書ヘブル書第一二章二三節など参照。カミを信ずる者、キリスト、キリスト信徒をさす。
149 **クリーヴランド**　Stephen Grover Cleveland(1837–1908). 民主党選出の第二十二代(のちに第二十四代もつとめる)大統領。のち内村は「全国慈善事業家の年会」出席の際、ホワイトハウスに大統領を訪ね握手する。
〃 **移民列車に……出発しました**　十一月二十七日。
〃 **第三戒**　旧約聖書出エジプト記第二〇章七節に「汝の神エホバの名を妄《みだり》に口にあぐべからず」とある。
150 **一行の一人**　のちの日本興業銀行総裁小野英二郎のこと。
151 **マタイ伝第一〇章三二節**　新約聖書の同所には「人の前にて我を言いあらわす者を、我もまた天にいます我が父の前にて言い顕《あらわ》さん」とある。
152 **執事**　deacon. この場合は牧師の仕事を助ける教会役員。
154 **銅《あかがね》色の皮膚をした森林の子**　北アメリカの原住民。
〃 **恥辱の世紀**　ジャクソン(Helen Maria Hunt Jackson, 1830–85)の小説 *A Century of Dishonor*,

1881による。

155 デボン種の肉牛　イングランド南西部のデボンシャー(Devonshire)産の肉牛。

〃 ジャージー種の乳牛　イギリス海峡にあるジャージー(Jersey)島産の乳牛。乳脂肪分が多いので知られている。

〃 ジョン・ブラウン　John Brown (1800–59). アメリカの奴隷解放運動者。

〃 ヤペテ人種　旧約聖書創世記第五章三二節に「ノア五百歳なりきノア、セム、ハム、ヤペテを生《うめ》り」とあり、セムの子孫がヘブライ人、アルメニア人、フェニキア人、アラビア人、アッシリア人、ハムの子孫がアフリカ北部の黒人、ヤペテの子孫がインド・ヨーロッパ語族とされる。

156 セルバンテスがユーモラスに描いた騎士道　スペインの小説家セルバンテス(Miguel de Cervantes Saavedra, 1547–1616)の『ドン・キホーテ(*Don Quixote*)』。

〃 凡《すべ》て人に……その如くせよ　新約聖書マタイ伝第七章一二節。

159 ケパ　新約聖書ヨハネ伝第一章四二節に「ケパ(釈《と》けばペテロ)」とあるようにペテロのこと。

〃 乳と蜜の流れる　旧約聖書出エジプト記第三章八節の「善き広き地乳と蜜との流るる地すなわちカナン人《びと》……」にちなむ。

160 ギベオン人　イスラエルの先住民。つまりギベオンに住むヒビ人のこと。旧約聖書ヨシュア記第九章参照。

〃 薪《たきぎ》を斬り水を汲《くむ》ことをする者　旧約聖書ヨシュア記第九章二一節。

〃 **チュートン族あるいはケルト族**　チュートン族はゲルマン民族の一派でドイツ人、オランダ人、北欧人をさし、ケルト族はだいたいアイルランド人、ウェールズ人、高地スコットランド人などの、原イギリス人にあたる。

161 **中国人排斥法**　中国人の移民禁止法は一八八二年に制定された。一八八四年、内村たちが渡米した船には三百五十人ほどの中国人が同乗していた。

〃 **スタンフォード**　Amasa Leland Stanford (1824–93). アメリカの政治家、実業家。スタンフォード大学の創立者。

162 **聖パトリック**　Patricius (387ころ–461). アイルランドに布教してほぼ全島を改宗させ、その守護聖人とされている。

163 **ブルックリン橋**　Brooklyn Bridge. ニューヨークのイーストリバーにかかっている吊り橋(中央支間四百八十六メートル)。このころ完成したばかりであった。

164 **アイルランド人と呼ばれたくなかった**　アイルランド系移民はヨーロッパ系移民の中で差別されていた。

〃 **ホッテントット人**　南アフリカの原住民。

第七章

168 **山にある者は山を見ず**　宋代の蘇軾《そしょく》「西林《せいりん》の壁に題す」詩に、「廬《ろ》山《ざん》の真面目《しんめんぼく》を識らざるは　只だ身の此の山中に在るに縁《よ》る」という有名な句がある。

168 **大英帝国女王陛下** 当時イギリスはヴィクトリア女王(Alexandrina Victoria, 1819–1901)が在位(一八三七—一九〇一)。

169 **ツヴィングリ** Huldrych(Ulrich)Zwingli(1484–1531). スイスの宗教改革者。

〃 **ノックス** John Knox(1513ころ–72). イギリスのスコットランドの宗教改革者。

〃 **アドルファス** Gustavus Adolphus(1594–1632). スウェーデン王。いわゆる三十年戦争でドイツのプロテスタントを支援し戦死。

173 **聖ジェームズ宮** the Court of St. James. イギリス宮廷の公式の呼称。そこに「派遣された大使」とは駐英大使のこと。

174 **ミデアン人の地** 旧約聖書出エジプト記第二章参照。

〃 **ベエルシバへの避難** 旧約聖書列王紀略上第一九章参照。

〃 **ホレブの穴に一人いたエリヤ** 旧約聖書列王紀略上第一九章九節。ホレブはシナイ山とみなされている。ここに引かれたのは、プリングル(Thomas Pringle, 1789–1834)の詩 'Afar in the Desert' の一節。

175 **アラビヤ** 新約聖書ガラテヤ書第一章一七節参照。

〃 **兄弟よ……黙示に由れるなり** 新約聖書ガラテヤ書第一章一一—一二節。

〃 **ペンシルヴァニアの医師** カーリン(Isaac Newton Kerlin)のこと。同州エルウィン(Elwyn)に知的障碍児養護院(the Pennsylvania Training School for Feeble-Minded Children)を開設し、アメリカの精神医学の先駆者としても名高い(本章扉参照)。内村はクリスマス近くに同院を訪問し年内は客として滞在、翌年一月一日より勤務。

〃 **それは、私に……積ませるためでした**　院長の「君は本館の雇人たるの意なきや、君は云ふ君は曽て日本政府の役人なりしと、然れども君の目的の如く慈善事業を学ばんと欲せば先づ最下等の位置より始むるの覚悟なかるべからず、君は此位置に下るの謙遜を有するや」との問いに対し、内村は「是れ余の最も欲する所、下賤の業を採るに於ては余の預《あらかじ》め期せし所なり、閣下にして余を使役せらるゝの意あらば余の幸福之に勝るなし」と答えた（「流竄録」、全集三）。

〃 **ナザレの大工の息子**　イエスの母マリアの夫は大工であったからイエス・キリストのこと。

176 **来《きた》らんとする怒《いかり》**　新約聖書テサロニケ前書第一章一〇節。

178 **ユニテリアン主義**　Unitarianism. 父なるカミと子なるカミ・キリストと聖霊の三位一体を主張する「正統主義」に対して、カミは単一（unity）であるとみてイエス・キリストの神性を否定する教派。

〃 **マサチューセッツ州から集められていました**　マサチューセッツ州ボストンはアメリカのユニテリアン主義の中心地でもあった。

〃 **院母**　matron. 内村は彼女のことを次のように述べている。「院長に次で勢力あるものを院母となす、彼女は女子部の総理にして全院の母なり、（中略）衣類、靴、帽は悉く彼女の撿閲を経ざるべからず、彼女の意に逆ふは危険なり、院長彼自身も時には彼女の譴責《けんせき》を蒙ればなり」（「流竄録」、全集三）。

179 **ものうき世界に……なんと静かなことよ**　William H. Furness 作の讃美歌。

179 **遠大な希望**　「一大白痴殖民地を起し、先づペンシルバニヤ洲の九千を移し、広く其制度を世界に知らしめ、万国をして彼に則り、社会の此災害を全然排除せん事を勉めたり」(「流竄録」、全集三)。

180 **悲惨さを嘆きはするが……はぐくむ**　コールリッジ(Samuel Taylor Coleridge)の詩 'Reflections on having the left a place of Retirement' の一節。

184 **青年医師**　後の一九二一年に来日し三十七年ぶりに再会するバー(Martin W. Barr, 1860–1938)。カーリンの後任院長。

〃 **スチュアート王家**　Stuart Kings. ロバート二世(Robert II)の一三七一年からジェームズ六世(James VI)の一六〇三年までスコットランドを支配し、その後アン(Anne)女王の一七一四年までイングランドもあわせて支配した王家。

〃 **クロムウェル礼讃**　クロムウェル(Oliver Cromwell, 1599–1658)は、いうまでもなくイギリスでピューリタン革命をなした政治家、軍人。「余の学びし政治書」(全集八)に聖書と並んで同書をあげていることでもわかるし、「不敬事件」もこの書を読んだ結果の影響ともいわれている。

185 **ジョナサン・エドワーズ**　Jonathan Edwards (1703–58). アメリカの神学者。カルヴィニズムに立つ信仰復興運動を起こし、のちプリンストン大学となる学校の学長。同名のその息子(1745–1801)も父と同じようにカルヴィニズムによってニューイングランド神学の建設者となった。

〃 **セオドア・パーカー**　Theodore Parker (1810–60). アメリカのユニテリアン派の神学者。社会問題に関心をもち奴隷廃止運動を指導。

186 **アビシニア**　Abyssinia. 東アフリカの王国。現在のエチオピアのこと。

〃 **エメラルド島**　Emerald Isle. 草木鮮かな緑(エメラルド)という意のアイルランドの別称。

187 **エリザベス・フライ**　Elizabeth Fry (1780–1845). イギリスの女性慈善事業家。クェーカー派に属し女性刑務所の改良に尽くした。

〃 **人の義と……信仰に由《よ》るなり**　新約聖書ロマ書第三章二八節。

〃 **ヨブ記**　旧約聖書ヨブ記。

〃 **ハヴァーガル**　Frances Ridley Havergal (1836–79). イギリスの女流詩人、讃美歌作者。

189 **フィリップス・ブルックス**　Phillips Brooks (1835–93). アメリカの聖公会主教。『イエスの感化(*The Influence of Jesus*, 1879)』は有名な主著の一つ。

190 **スウェーデンボルグ主義**　スウェーデンボルグ(Emanuel Swedenborg, 1688–1772)はスウェーデンの神秘主義者。

〃 **クェーカー主義**　フレンド派(基督友会)のこと。フォックス(George Fox, 1624–91)によってイギリスで始められ、「内なる光(Inner Light)」を重視し戦争を否定する。

〃 **βαπτίζω**　水に浸す意味のギリシア語。洗礼の語のバプテスマ(βάπτισμα)とは、この名詞形。頭部への滴水(礼)に対し、バプテスト派などは全身を水に浸す浸礼を今日でも行なう。

191 **エマーソン**　Ralph Waldo Emerson (1803–82). アメリカの思想家、詩人。一時、ユニテリアン派の牧師となる。

〃 **ガリソン**　William Lloyd Garrison (1804–79). アメリカの奴隷廃止運動者。内村は『愛吟』にローウェルの詩「ロイド、ガリソン」を収めている(全集四)。

191 ローウェル James Russell Lowell(1819–91). アメリカの詩人。社会改良運動に従いのちに外交官となる。

〃 マルチノー James Martineau(1805–1900). イギリスのユニテリアン派の神学者。

〃 ギボンズ枢機卿 James Gibbons(1834–1921). アメリカのカトリック司祭。一八八六年、枢機卿(cardinal)になる。『我が教父の信仰(*The Faith of Our Fathers*, 1876)』はプロテスタントに読ませる目的で著されたといわれる。

192 ギュイヨン夫人 Jeanne Marie de la Mothe-Guyon(1648–1717). フランスのカトリック神秘主義者。寂静主義(quiétisme)と敬虔で知られる。

〃 フリント博士 Austin Flint(1812–86). アメリカの医者、生理学者。

195 ジェームズ・B・リチャーズ James B. Richards(1817–86). エルウィンの養護院の基礎づくりに貢献。

197 躓きの石 新約聖書ロマ書第九章三二—三三節参照。

〃 ファーナルド Woodbury Melcher Fernald(1813–73). アメリカのユニテリアン、スウェーデンボルグ主義にも関心を示した。『真のキリスト信徒の生活(*The True Christian Life*)』は一八七四年刊。

〃 ドラモンド Henry Drummond(1851–97). イギリスの宗教思想家、自然科学者。『精神界における自然法則(*Natural Law in the Spiritual World*, 1883)』でダーウィンの進化論と啓示によるキリスト教信仰とが矛盾しないことを示そうとした。

〃 **黙示録**　新約聖書ヨハネ黙示録。

198 **『アルカナ・セレスチア』**　*Arcana Cœlestia*(1749–56). スウェーデンボルグの著で「天界の秘義」の意味。

〃 **『セルボーンの博物誌』の著者**　ホワイト(Gilbert White, 1720–93)のこと。ホワイトはイギリスの牧師で博物学者。その教区のセルボーンの自然を観察して同書 *The Natural History and Antiquities of Selborne*, 1789を著した。

199 **エレミヤ**　旧約聖書エレミヤ記に登場する預言者。

〃 **『キリスト教証拠論』**　*Evidences of Christianity*.「札幌農学校第二、第三年報」(英文)所収の蔵書目録には、C. P. M'Ilraine, W. Paley, A. Barnesらの同題の書がある。

201 **ネブカデネザル**　新バビロニア帝国の王。前五八六年ユダヤ王国を滅亡させ住民を捕囚として連れ去った(旧約聖書列王紀略下第二五章一―七節)。

〃 **カルデヤ**　ネブカデネザルの新バビロニア帝国のこと。

202 **アポリナリス水**　Apollinaris water. ドイツのレマゲン(Remagen)から得られる炭酸水。

203 **安らかにして……飽くことを得よ**　新約聖書ヤコブ書第二章一六節。

第八章

206 **漁村**　グロスター(Gloucester)。ここに滞在中、内村は 'Moral Traits of the "Yamato-Damashii"'

（全集一）を執筆。

206 ある有名な大学　アマスト大学（Amherst College）。本章扉参照。

〃 学長　シーリー（Julius Hawley Seelye, 1824–95）。牧師、教育者。一八七七年よりアマスト大学学長。著書 *The Way, the Truth, and the Life*, 1873（小崎弘道訳『宗教要論』一八八一）。

207 友人の一人　新島襄。

208 大学の寮　内村の部屋は北寮（四階建て）の最上階。

〃 前に住んでいた人　日本人の小谷野敬三。

209 ドイツ語の教授　リチャードソン（Henry B. Richardson）。内村は一九〇四年四月十三日付で同教授に十七年ぶりに手紙を出すとともに、出来たばかりのドイツ語訳の本書を送った。

〃 歴史の教授　モース（Anson Daniel Morse, 1846–1916）。一八七六—一九〇七年にアマスト大学で政治学と歴史学を担当した。

210 聖書解釈学の教授　フィールド（Thomas P. Field）。フィールドは、内村一人のためにこの科目を設けた。

211 この分野の教授　エマソン（Benjamin Kendall Emerson, 1843–1932）のこと。

214 カフィル人　南アフリカの原住民。

216 パウロやバルナバが……エルサレムに連れて行った　新約聖書ガラテヤ書第二章一節。テトスはギリシア人、テモテは父がギリシア人。

219 堕落前の原人　エデンの園を追放される前のアダムとエバ。

〃 **バニヤン**　John Bunyan (1628–88). イギリスの宗教文学者、牧師。『天路歴程（*The Pilgrim's Progress*, 1678–84）』はその代表作。

221 **シオン**　エルサレムの神殿のある山から、転じてカミの都を意味する。

222 **隅の首石**《おやいし》　建築にあたり隅に置かれて基礎となる石。旧約聖書詩篇第一一八篇二二節に「工師《いえつくり》のすてたる石はすみの首石となれり」とうたわれている。

223 **日々自己に死ぬこと**　新約聖書コリント前書第一五章三一節に「我は日々に死すと言う」とある。

225 **ライプニッツ**　Gottfried Wilhelm Leibniz (1646–1716). ドイツの哲学者。ここでは、人類の向上にアダムの堕落という悪も結局は役立つものとみて、カミの創造した世界に対するライプニッツの予定調和説をいう。

〃 **マルクス・アウレリウス**　Marcus Aurelius Antoninus (121–80). ローマ皇帝（在位一六一―八〇）。『自省録（*Ta eis heauton*）』で知られる。

226 **キリストの代理職**　教皇職をキリストの代理とみるカトリックの考え方。

227 **使徒承伝**　カトリックなどにおいて、教会の司教の教えと機能は、キリストが使徒に与えたものの継承とする考え方。

〃 **福音主義教会**　プロテスタント教会。

228 **感謝祭**　Thanksgiving Day. 当時は十一月最後の木曜日、一九四一年以後はその第四木曜日で祝日。

228 デヴィッド・ブレナード　David Brainerd (1718-47). アメリカの伝道者。原住民への伝道で知られる。

229 ルターの言葉　一五二一年、カール五世によって召集されたヴォルムスの帝国議会で審問されたルターによる結びの言葉。

234 紙幣　一八六二年に発行された紙幣。裏面が緑色であったので Greenback と呼ばれた。

〃 金貨　一八六五年に発行された金貨以来、硬貨には In God We Trust と刻まれている。

〃 マナ　イスラエル民族が食物に困ったとき天から降ってきたとされる天与の食物。旧約聖書出エジプト記第一六章三一節ほか。

235 アデレイド・A・プロクター　Adelaide Anne Procter (1825-64). イギリス(内村はアメリカとしているが)の詩人。ここに収めた詩は内村が『愛吟』(全集四)に収めた訳による。

241 実の息子と同じ地位を与えられました　理学士(Bachelor of Science)の称号。

242 神学校　第九章で述べるコネチカット州のハートフォード神学校(Hartford Theological Seminary)。

第九章

247 ヴォルテール　Voltaire. 本名 François-Marie Arouet (1694-1778)。フランスの文学者、啓蒙思想家。反教会的な啓蒙活動を行なった。

249 ジョン・ハンプデン　John Hampden (1594-1643). イギリスの政治家。王の専制に反対し、クロムウェルらとピューリタン革命に加わったが戦没。

〃 **ガスパル・ド・コリニイ**　Gaspard de Coligny (1519–72). フランスの軍人。ユグノー戦争の指導者。いわゆるサン・バルテルミーの大虐殺で殺された。

〃 **ダビデが……ペリシテ人の手から救った**　旧約聖書サムエル前書第四―七章、サムエル後書第六章参照。

251 **ジョージ・ピーボディ**　George Peabody (1795–1869). アメリカの実業家。慈善事業家。

〃 **ネアンダー**　Johann August Wilhelm Neander (1789–1850). ドイツの神学者。実証主義的教会史に対し、信仰的、実践的教会史を目ざした。

〃 **ユリウス・ミューラー**　Julius Müller (1801–78). ドイツの神学者。ヘーゲル哲学とキリスト教とが一致しないことを主張。

〃 **教会史の父**　前出のネアンダーのこと。「神学をするのは心である」と言ったために、その神学は「心の神学(pectoral-theology)」ともいわれた。

〃 **二つのD**　神学博士(Doctor of Divinity, またはラテン語で Divinitatis Doctor)の略号。

253 **ちとせの岩**　The Rock of Ages. 新約聖書コリント前書第一〇章四節に「その岩は即ちキリストなりき」とあってキリストをさす。前出の讃美歌作者トップレディによる「千歳の岩よ」を内村は「世々の磐」と題して「余の特愛の讃美歌」(全集一〇)にあげている。

254 **マムシの子**　新約聖書マタイ伝第二三章三三節。

〃 **カイン**　カインは、神への供え物のことで弟アベルを殺し、人類最初の殺人者といわれる(旧約聖書創世記第四章)。

256 汝ら之《これ》に聴け　新約聖書マタイ伝第一七章五節。

258 バウル　Ferdinand Christian Baur (1792–1860). ドイツの神学者。歴史的、批評的に聖書を取り扱い、いわゆるチュービンゲン学派を興した。

259 高山彦九郎　一七四七—九三。勤王家で蒲生君平、林子平とともに寛政の三奇人といわれた。引用した言葉は杉山忠亮「高山正之伝」による(金井之恭『高山操志』一八六九)。

260 クリソストモス　Johannes Chrysostomus (347ころ–407). コンスタンチノポリスの総主教。雄弁な説教によって「黄金の口の(Chrysostomos)ヨハネ」といわれた。

〃 アウグスチヌスが修辞術　アウグスチヌスはローマおよびミラノで修辞術の教師であった。

〃 ボシュエ　Jacques Bénigne Bossuet (1627–1704). フランスのカトリック神学者、モーの司教。雄弁で名高い。

〃 マシヨン　Jean-Baptiste Massillon (1663–1742). フランスのクレルモンの司教。名説教で知られる。

〃 いかけ屋のバニヤン　前出のバニヤンは親の職業であったいかけ屋を継いだ。

〃 ムーディ　Dwight Lyman Moody (1837–99). アメリカの大衆伝道者。

264 クローセット氏　Jonathan Fisher Crossett (1844–89). アメリカの長老派宣教師として中国で伝道。『福音新報』(九六号、一八九三年一月一三日)においても「模範的宣教師」として報道。

267 血なまぐさいメアリー　イギリスの女王メアリー一世(Mary I, 1516–58)。カトリックを復活してプロテスタントを迫害したため「血なまぐさいメアリー(Bloody Mary)」と呼ばれた。前出のスミスフィールドで多くの反対者を処刑した。

〃 **現在の不運**　帰国後、内村は宣教師と衝突したり「不敬事件」を頂点として日本人からもキリスト教界からも孤立し、経済的にも窮乏のどん底にあった。

第十章

270 **フェゴ諸島**　南アメリカの南端にある群島。

272 **清らかな露……創造を**　スペイン生まれでイギリスで活躍したホワイト(Joseph Blanco White, 1775–1841)の'To Night'と題した詩の一節。

〃 **最後に**　新約聖書マタイ伝第二〇章六節および九節。日本語訳では「五時」と訳されることが多いが、ここでは「最後」を意味する。

273 **三十九か条**　The Thirty-Nine Articles. 一五六三年に制定され最終的には一五七一年に至って定まったイギリス国教会の信仰要綱。

274 **「うつりゆく世にもかかわらで立てる」**　イギリスの外交官ジョン・バウリング(John Bowring)による一八二五年作の讃美歌。

〃 **ピラト**　捕えられたイエスの尋問にあたりローマの総督ピラトは「真理とは何ぞ」と聞いた(新約聖書ヨハネ伝第一八章三八節)。

〃 **ビシャ**　Marie François Xavier Bichat(1771–1802). フランスの生理学者。

274 トレヴィラヌス　Gottfried Reinhold Treviranus (1776–1837). ドイツの博物学者。医者で生理学者でもあり進化論の先駆者といわれる。

〃 ベクラール　Pierre Augustin Béclard (1785–1825). フランスの医者で解剖学者。

〃 ヘッケル　Ernst Heinrich Haeckel (1834–1919). ドイツの生物学者、唯物論者で進化論を支持。

275 十大宗教　当時では、ヒンズー教、仏教、ユダヤ教、キリスト教、イスラム教、ゾロアスター教に、エジプト、ギリシア、ローマ、スカンジナビアの宗教をいうことが多い。ただし、キリスト教を除いて儒教をいれる場合もある。

278 毀《こぼ》たんとて……成就せん為なり　新約聖書マタイ伝第五章一七節。

279 我をあおぎのぞめ然《さら》ばすくわれん　旧約聖書イザヤ書第四五章二二節。

〃 モーセ荒野《あらの》にて……永遠《とこしえ》の生命《いのち》を得ん為なり　新約聖書ヨハネ伝第三章一四—一五節。

280 ウェブスター　Noah Webster (1758–1843). 『ウェブスター辞典』の編纂者。アマスト大学の理事長もつとめた。

281 レオ教皇　Leo I (400–61). フン族のアッティラ王、ヴァンダル族のゲイセリクス王のローマ侵入を防いだ。

〃 戦う教会　Ecclesia Militans. 天国の教会が勝利の教会であるのに対して、プロテスタントでは地上にあって現実に立ち向かう教会をこう呼んだ。

〃 ロバート・インガーソル　Robert Green Ingersoll (1833–99). アメリカの法律家。反キリスト教的演説者として知られる。

282 有《も》てる人は……取らるべし　新約聖書マタイ伝第一三章一二節。

〃 グラント将軍　Ulysses Simpson Grant(1822–85). アメリカの軍人、南北戦争で北軍の総司令官を務め、後に第十八代大統領。世界視察旅行をした一八七九年に日本にも立ち寄った。

284 モロク崇拝　旧約聖書レビ記第一八章二一節、第二〇章二―五節、エレミヤ記第三二章三五節などにしばしばあらわれる土着の神に対する子供などの人身供犠。

〃 アンモン人　旧約聖書アモス書第一章一三節参照。

287 ジョン・B・ゴフ　John Bartholomew Gough(1817–86). アメリカの禁酒運動家。

288 ジェイ・グールド　Jay Gould(1836–92). アメリカの実業家。金の買占めや鉄道会社の株の買占めで知られる。

289 リシュリュー　Armand Jean du Plessis Richelieu(1585–1642). フランスの政治家。中央集権的絶対王制の確立につとめ、ユグノー派を弾圧した。

〃 マザラン　Jules Mazarin(1602–61). フランスの政治家。イタリアに生まれ、教皇大使としてパリに派遣されフランスに帰化。リシュリューの政策を継ぎ王権の拡張をはかった。

〃 モルモン教　正式には「末日聖徒イエス・キリスト教会(The Church of Jesus Christ of Latter-day Saints)」。アメリカ人ジョセフ・スミス(Joseph Smith, 1805–44)により一八三〇年に設立。聖典の *The Book of Mormon* のためにモルモン教と呼ばれる。ユタ州のソルトレイクシティーに本部をおき、初期には一夫多妻を主張したが、一八九〇年にこれは廃止された。

〃 ユタ州　モルモン教徒を中心にして開拓された地域。

290 右手の羊に対して左手のヤギ　旧約聖書エゼキエル書第三四章一七節、新約聖書マタイ伝第二五章三一―三三節参照。

291 ルナン　Joseph Ernest Renan (1823–92). フランスの宗教史家。『イエス伝(*Vie de Jésus*, 1863)』では歴史的、批判的研究によってイエスを人間として描いた。

292 ジャドソン　Adoniram Judson (1788–1850). アメリカの宣教師。インドに伝道を志したが拒まれてビルマで活躍した。

293 信仰と希望と愛　新約聖書コリント前書第一三章一三節。

〃 ブライアント　William Cullen Bryant (1794–1878). アメリカの詩人。引用された詩句は'A Forest Hymn.'の一部。訳文は内村が「生物学者を葬るの辞」(全集三一)のなかで引用したものによる。

294 デヴィッド・リヴィングストン　David Livingstone (1813–73). イギリスのスコットランドの宣教師。ロンドン伝道協会に属しアフリカの伝道と探検で名高い。

295 もし福音を……禍害《わざわい》なるかな　新約聖書コリント前書第九章一六節。

296 日本の花嫁　牧師田村直臣が、一八九三年アメリカにおいて*The Japanese Bride*(「日本の花嫁」)を出版したところ、日本の弱点を強調した書物として日本の基督教会から牧師の職を奪われた。

299 黄金国　スペイン人が南アメリカのアマゾン河畔にあると仮想していた黄金の理想国。

300 ムーディ＝サンキー方式　前出のムーディとサンキー(Ira David Sankey, 1840–1908)は一八七一年来コンビを組み、ムーディが説教をし、サンキーが讃美歌を歌うかたちで米英をまわった。その影響を受けた大衆伝道法。

〃 **「主はわが牧者」**　旧約聖書詩篇第二三篇にもとづくJames Montgomery作の讃美歌。

〃 **「今ぞ休みにつかんとす」**　Thomas Kelly作の讃美歌。

〃 **エスティのパイプオルガン**　エスティ・オルガン製造会社(the Estey Organ Company)で作られたパイプオルガン。

303 **ひげ武者よ……たくましい**　ブライアントの詩'The antiquity of freedom'の一部。

305 **深き淵より**　旧約聖書詩篇第一三〇篇の冒頭に「ふかき淵より汝をよべり」とある。悲惨のどん底からの叫びの意味。

306 **人生の悲しき経験**　最初の結婚の破綻などのこと。

308 **ユダヤ人《びと》に躓《つまずき》物となり、ギリシヤ人に愚《おろか》となれど**　新約聖書コリント前書第一章二三節。ただし日本語訳では「ギリシヤ人」が「異邦人」となっている。

〃 **我は福音を……神の力たればなり**　新約聖書ロマ書第一章一六節。

309 **一キリスト教主義の学校**　新潟の北越学館。この年(一八八八年)八月、仮教頭として赴任するが、当局と対立し十二月に辞職。

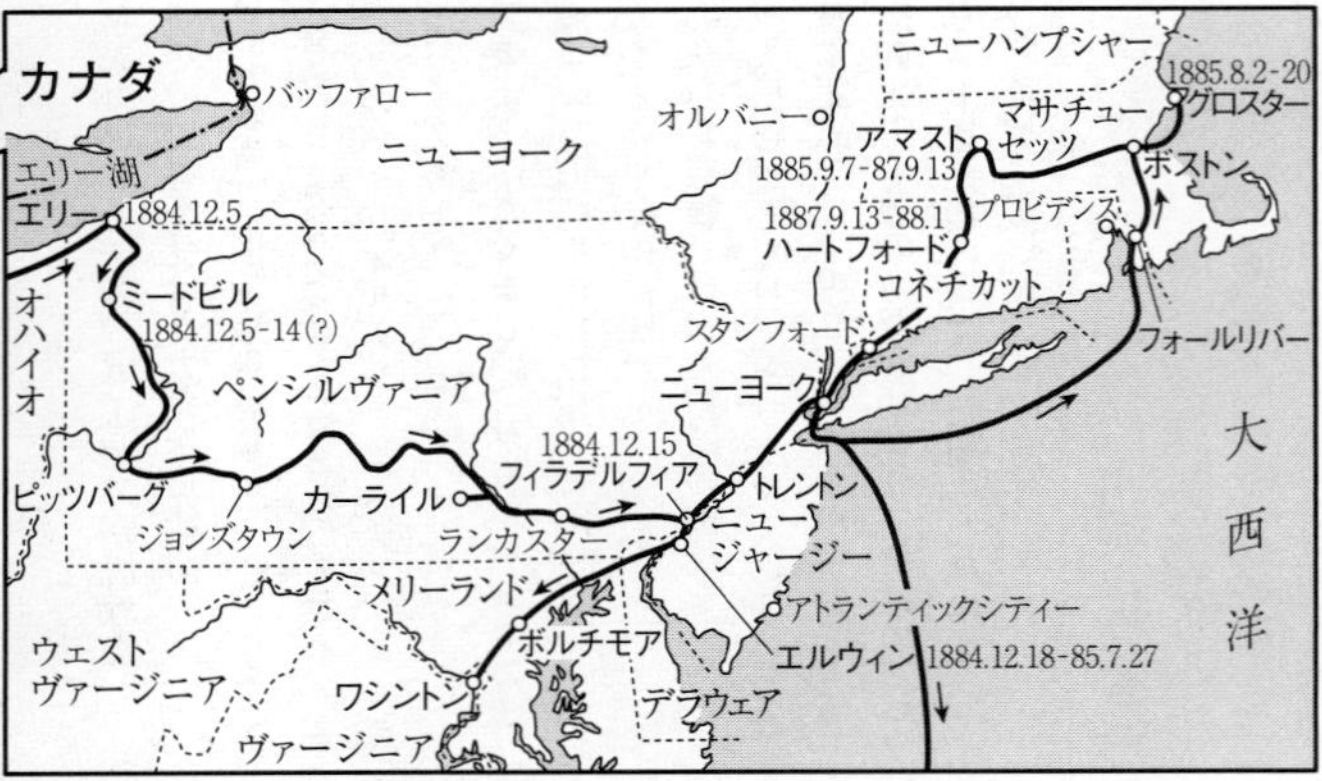
カナダ
バッファロー
エリー湖
エリー
1884.12.5
ニューヨーク
オルバニー
ニューハンプシャー
1885.8.2-20
グロスター
マサチューセッツ
アマスト
1885.9.7-87.9.13
ボストン
プロビデンス
1887.9.13-88.1
ハートフォード
コネチカット
スタンフォード
フォールリバー
オハイオ
ミードビル
1884.12.5-14(?)
ペンシルヴァニア
ニューヨーク
大西洋
1884.12.15
フィラデルフィア
トレントン
ピッツバーグ
カーライル
ニュージャージー
ジョンズタウン
ランカスター
メリーランド
アトランティックシティー
ウェストヴァージニア
ボルチモア
エルウィン
1884.12.18-85.7.27
ワシントン
デラウェア
ヴァージニア

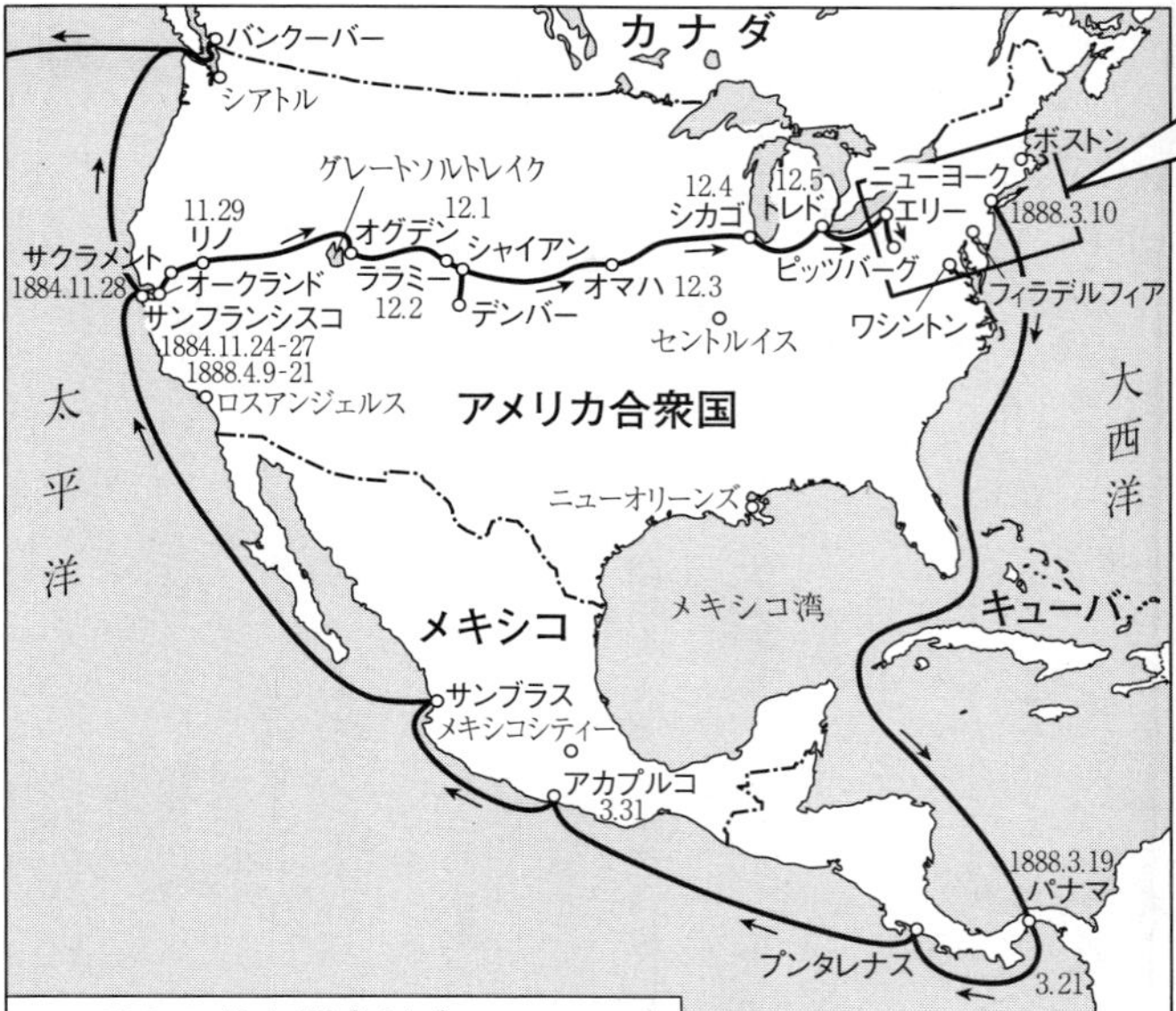

アメリカの旅と滞在地（1884-1888）

内村鑑三略年譜

（陰暦は陽暦に換算・年齢は数え年）

一八六一年（万延二）　一歳
三月二三日（陰暦二月一三日）、江戸小石川鳶坂上、高崎藩武士長屋に藩士内村宜之の長男として生まれる。

一八六七年（慶応三）　七歳
一月、父宜之、軍制改革を図り高崎に謹慎を命じられ家族高崎に移る。

一八六九年（明治二）　九歳
一〇月、父宜之、石巻県少参事に任じられ家族石巻に移る。

一八七一年（明治四）　一一歳
七月、父宜之、高崎藩少参事に任じられ家族高崎に移る。高崎藩の英学校に学ぶ。

一八七三年（明治六）　一三歳
三月、上京し有馬私学校英学科入学。

一八七四年（明治七）　一四歳

三月、東京外国語学校(のち東京英語学校、東京大学予備門)英語学下等第四級に編入。

一八七七年(明治一〇)　**一七歳**

九月、札幌農学校入学(第二期生)。一二月一日、クラークの残した「イエスを信ずる者の契約」に署名。

一八七八年(明治一一)　**一八歳**

六月二日、ハリスから受洗。

一八八一年(明治一四)　**二一歳**

七月、札幌農学校を卒業、開拓使(のち札幌県)民事局勧業課に勤務。一〇月、札幌教会を創立。

一八八三年(明治一六)　**二三歳**

五月九日、東京で開催された第三回全国基督教信徒大親睦会で「空ノ鳥ト野ノ百合花」と題し講演。六月、札幌県を辞任。一二月、農商務省農務局水産課に勤務。

一八八四年(明治一七)　**二四歳**

三月二八日、浅田タケと結婚(秋には別居、一八八九年離婚)。一一月、農商務省を辞しアメリカに渡る。

一八八五年(明治一八)　**二五歳**

一月、ペンシルヴァニア知的障碍児養護院(院長カーリン)に看護人として勤務。四月一五日、タケ、ノブを出産。七月、同所を去り、九月、アマスト大学(学長シーリー)に選科生として入学。

一八八六年(明治一九) **二六歳**

三月八日、回心を体験。

一八八七年(明治二〇) **二七歳**

六月、アマスト大学を卒業。九月、ハートフォード神学校に入学。

一八八八年(明治二一) **二八歳**

一月、ハートフォード神学校を退学、五月一六日、帰国。九月、新潟の北越学館に仮教頭として赴任。一二月、辞職して帰京。

一八八九年(明治二二) **二九歳**

三月、東洋英和学校、水産伝習所に教師として赴任。七月三一日、横浜かずと結婚。

一八九〇年(明治二三) **三〇歳**

九月、第一高等中学校嘱託教員となる。

一八九一年(明治二四) **三一歳**

一月九日、第一高等中学校教育勅語奉読式で「不敬事件」を起こす。二月、同校依願解嘱。

四月一九日、妻かず死去。

一八九二年(明治二五) **三二歳**

八月、千葉県竹岡に滞在中、天羽基督教会を創立。九月、大阪の泰西学館に赴任。一二月二三日、岡田しづと結婚。

一八九三年(明治二六)　**三三歳**

二月、『基督信徒の慰』刊。三月、「文学博士井上哲次郎君に呈する公開状」を発表。四月、熊本英学校に赴任。八月、『求安録』刊。京都に移る。

一八九四年(明治二七)　**三四歳**

三月一九日、ルツ生まれる。七月一六、一七日、箱根で開催された基督教青年会第六回夏期学校で「後世への最大遺物」と題し講演。八―一〇月、日清戦争の「義戦」を主張。一一月、*Japan and the Japanese*(『日本及び日本人』、のち『代表的日本人』)刊。

一八九五年(明治二八)　**三五歳**

五月、*How I Became a Christian*(『余はいかにしてキリスト信徒となりしか』)刊。

一八九六年(明治二九)　**三六歳**

九月、名古屋英和学校に赴任。一二月、『警世雑著』刊。

一八九七年(明治三〇)　**三七歳**

二月、朝報社に入社し『万朝報』英文欄主筆に就く。七月一五日、『夏期演説　後世への最大遺物』刊。一一月一二日、祐之生まれる。

一八九八年(明治三一)　**三八歳**

一一二月、東京基督教青年会館で毎月曜日に文学講演。五月、朝報社を退社。六月、『東京独立雑誌』を創刊。

一八九九年（明治三二）　**三九歳**

七月、女子独立学校校長に就く。

一九〇〇年（明治三三）　**四〇歳**

七月、『東京独立雑誌』を廃刊。第一回夏期講談会を開催。九月、『聖書之研究』を創刊。朝報社客員として再入社。

一九〇一年（明治三四）　**四一歳**

三月、『無教会』創刊。四月、足尾銅山鉱毒被害地を視察。七月、社会改良団体理想団を黒岩涙香、幸徳秋水、堺枯川らと設立。第二回夏期講談会を開催。このころ角筈聖書研究会を始める。

一九〇二年（明治三五）　**四二歳**

七月、第三回夏期講談会を開催。九月、札幌に伝道。

一九〇三年（明治三六）　**四三歳**

六月三〇日、日露開戦に反対し「戦争廃止論」を発表。一〇月、非戦論により朝報社を退社。

一九〇四年（明治三七）　**四四歳**

一一月一一日、母ヤソ死去。

一九〇五年(明治三八)　**四五歳**

九月、このころから『聖書之研究』の読者組織である教友会、各地に結成される。

一九〇六年(明治三九)　**四六歳**

八月、新潟県柏崎で夏期懇話会開催。

一九〇七年(明治四〇)　**四七歳**

四月一三日、父宜之死去。八月、千葉県鳴浜で夏期懇話会開催。一一月、角筈より柏木(いずれも現在の新宿区)に移り、同地に一二月、故今井樟太郎遺族の寄付による今井館成る。

一九〇九年(明治四二)　**四九歳**

一〇月、第一高等学校校長新渡戸稲造の読書会グループの学生、聖書研究会に入会、柏会と命名。

一九一一年(明治四四)　**五一歳**

一〇月二二日、聖書研究会で「デンマルク国の話」を語る。

一九一二年(明治四五・大正元)　**五二歳**

一月一二日、ルツ死去。一〇月、札幌に伝道。

一九一三年(大正二)　**五三歳**

二月二一日、『デンマルク国の話』刊。一〇月、今井館付属柏木聖書講堂成る。

一九一七年(大正六)　**五七歳**

一〇月、宗教改革四〇〇年記念講演会を村田勤、佐藤繁彦とともに開催。

一九一八年(大正七)　**五八歳**

一月六日、聖書の預言的研究演説会を中田重治、木村清松らと開催し再臨運動を開始。関西、北海道、東北など各地で講演活動。聖書研究会内の各組織合同し柏木兄弟団結成。九月から東京基督教青年会館で聖書講演会を開く。一一月、『基督再臨問題講演集』刊。

一九一九年(大正八)　**五九歳**

五月、『内村全集　第壱巻』刊。聖書講演会の会場として用いていた東京基督教青年会館の使用を拒絶され、六月、会場を丸の内の大日本私立衛生会館内講堂に移す。九月、同所の講演を東京聖書研究会と名付ける。

一九二一年(大正一〇)　**六一歳**

一月、ロマ書の連続講義を開始(一九二二年一〇月まで)。六月、東京聖書研究会を会員制とする。一二月、柏木兄弟団解散。

一九二二年(大正一一)　**六二歳**

九月、東京聖書研究会を内村(鑑三)聖書研究会と改める。

一九二三年(大正一二)　**六三歳**

九月、関東大震災により大日本私立衛生会館崩壊し、聖書研究会会場を今井館付属聖書講堂に戻す。

一九二四年(大正一三)　**六四歳**

六月、アメリカの排日法案に反対活動。

九月、『羅馬書の研究』刊。

一九二五年(大正一四)　**六五歳**

七月、『聖書之研究』三〇〇号記念感謝会を開催。

一九二六年(大正一五)　**六六歳**

三月、英文雑誌 *The Japan Christian Intelligencer* を創刊(一九二八年二月まで)。

一九二七年(昭和二)　**六七歳**

二月、宗教法案反対運動。九月、札幌伝道。一〇月、聖書研究会会場を神宮外苑の日本青年会館に移す(年末に今井館に戻る)。

一九二八年(昭和三)　**六八歳**

六月二日、受洗五〇年を記念し新渡戸稲造、広井勇らと青山墓地にハリスの墓を訪問。七―九月、札幌独立基督教会の支援伝道。

一九二九年(昭和四)　**六九歳**

一月、心臓肥大を指摘される。四月、心臓の精密検査の結果、静養生活に入る。一二月、聖書研究会助手塚本虎二を分離独立させる。

一九三〇年（昭和五）　**七〇歳**

三月二八日、午前八時五一分死去。三月三〇日、今井館付属柏木聖書講堂で葬儀。雑司ヶ谷墓地に埋葬（のち現在の多磨霊園に改葬）。

若き内村鑑三と心の世界

鈴木範久

本書は内村鑑三による半生の自伝 *How I Became a Christian: Out of My Diary*（警醒社書店、一八九五年五月一〇日刊）の全訳である。

著者の内村鑑三（一八六一―一九三〇）は近代日本の生んだ傑出した思想家の一人といってよい。日露戦争においては非戦論、信仰では日本独自の無教会キリスト教を唱え、青年たちに深く大きな影響を与えた。本書のほかに、『基督信徒の慰』『代表的日本人（英文）』『後世への最大遺物』『羅馬書の研究』などを遺し、その思想に対する要望は、時代と社会が危機を迎えれば迎えるほど高まり現在に至っている。

『余はいかにしてキリスト信徒となりしか』とは風変わりな題名である。それだけでは一見無縁な世界の書物と思われるかもしれないが、一人の青年の自分探しの旅とみると誰にも身近な課題である。自己とはなにか、愛とはなにか、罪とはなにか、救済とはなにか、真理とはなにか、使命とはなにか、国家、社会、職業……。ここには時代が変わっても常に変わらない青年の問いが凝縮されている。

のちに述べるように、当初はアメリカで刊行される目的で英文で執筆された本書には、重大な二つの事件と二つの課題が隠されている。二つの事件の一つは、最初の結婚とその破綻である。他の一つは、第一高等中学校の教育勅語奉読式における「不敬事件」である。後者は内容上は本書の対象時期から外れるが、本書の執筆が事件後のため、本人の蒙った痛切な傷痕が全体に消し難く反映している。残る一つの課題は、若き内村の直面した職業選択における葛藤であるが、主題が「キリスト信徒となりしか」のために本書ではその描き方が不十分になっている。

右の三点を念頭におきながら読むと、本書は、近代日本の一青年の心奥を深くえぐった書物として、夏目漱石の『こころ』とならぶ代表的な心の著作と称してよい。若き内村のたどった心の世界の旅を少しのぞいてみよう。

一

背　景

内村鑑三は一八六一年三月二三日(万延二年二月一三日)、江戸小石川鳶坂上にあった高崎藩の中屋敷に生まれた。御馬廻格五十石を与えられていた内村宜之の長男である。幼少期に居住していたとされる武士長屋が少し前まで遺っていた。見るからに質素な建物である。藩主大河内(松平)輝照(のち輝声)は跡目を相続したばかりの十三歳の少年だった。内村家の家格は、家臣全体を上中下に分けると中士であったが、漢学に造詣の深い父は藩主の御側頭取として重用された(『高崎藩近世史略』一九二三、『大河内文書』一九六四、など)。

内外の政治および外交情勢が緊迫するなかで旧式の軍隊編制の改革を主張した父は、一八六七(慶応三)年、解職され高崎に移る。五歳の内村は、高崎に向かう途中、駕籠《かご》のなかで父から孝経の素読を授けられた。王政復古が訪れると、父は仙台藩の旧領の権判県事に任命され赴任、やがて家族も移る。一八七一(明治四)年、版籍奉還により藩主が高崎藩知事に任命されると、父も同藩の少参事として帰った。しかし、まもなく廃藩置県により解任となる。

ふたたび高崎に帰った内村は、旧藩主により設けられた高崎英学校に通う。高崎英学校には尾崎行雄も通っていた。同校の所蔵品として遺された蔵書目録を見ると、歴史・経済・地理・理学をはじめ英書ばかりである。明治維新に際し藩と運命を共にし、その浮沈を身をもって体験した父と、その姿を直接目の前で見聞した内村は、福沢諭吉の言う「一身に二生」を共にくぐった父子といってよい。

『余はいかにしてキリスト信徒となりしか』では、その父が合理主義者であり宗教的素養のない人間として描かれる。それでも少年内村が父に見たものは、身分は中士であっても、学問により藩主に重用された姿であった。その父も時代の波からはじき出される。高崎藩は松平姓をもつ親藩系に属しながら、王政復古では官軍側に従った。にもかかわらず明治維新が実現すると、もはや佐幕系の時代でないことをまざまざと見せつけられる。父が子の鑑三に託するものは学問の世界しかなかった。のちに内村が東京英語学校に進む道も、やがて東京大学法学部進学を視野においた父の希望だった。

上京

一八七三(明治六)年、少年内村は、単身上京して赤坂にあった有馬私学校英学科に入学する。同校は旧久留米藩主有馬頼咸《よりしげ》により設立された私学であった。英学科のほかに皇漢兼学・数学・習字学の三科が設けられ、全員校内の寮に居住した。英語のテキストにはウィルソンのリーダーが用いられ、第三リーダーには旧約聖書物語、第四リーダーには新約聖書物語が登場する。日曜日には友人に誘われて築地の外国人居留地に出かけ、ユニオン・チャーチで開かれていた礼拝にはじめて出席するが、「日曜遠足」と呼んだ内村にはこれは単なる楽しみにすぎなかった。

翌一八七四年、官立の東京外国語学校英語学下等第四級に編入する。同年末には英語科は独立して東京英語学校になる。同校は一八七七年には東京大学予備門と改称されるように、東京大学進学の道が開かれていた。内村はここで一生の友人となる新渡戸(当時太田姓)稲造、宮部金吾を知る。

一八七七年六月、開拓使から役人堀誠太郎が同校を訪問、前年開校されたばかりの札幌農学校への入学を勧誘した。札幌農学校は北海道開拓のための人材養成を目的として設けられた官立の学校である。同校には教頭としてアメリカからマサチューセッツ農科大学学長クラーク(William Smith Clark)がすでに着任していた。堀は情熱をこめて北海道の大自然の魅力と開拓の意義と官費の支給を語り、内村・宮部・新渡戸の三人のほか、東京大学予備門から十二名が応募した。内村の応募は、政治や法律の世界に進む道に消極的になっていたうえ、少し前に東京に移り住んできた家族に対して、長男として早々に自立する責任を感じていたためとみられる。

東京大学への進学に代わり札幌農学校への入学という道は、現代からみると想像もつかない冒険に映じる。しかし他に大学の全くない時代、高等教育機関として両者が代表的な学校とするならば、その選択はさほど奇異ではない。札幌農学校の生活はほとんど官費でまかなわれる。とはいっても当時の札幌は、現在の大都市札幌と異なり、人口わずか二千人ほどの寒冷地であり、文明の風は函館や小樽のような港町からしか吹いてこない。そのような僻地にある学校を選択するところに、当時の日本の青年たちの冒険に挑もうとする果敢な精神を思い知らされる。

札幌へ

一八七七(明治一〇)年九月はじめ、内村たち一行は、札幌農学校第二期生として船で小樽に着き、そこから陸路学校に向かう。学校に到着した一行は、校内の異様な静けさに驚かされる。第一期生全員が、少し前に離任したクラークの影響でキリスト教に導かれ、前日、函館在住のメソジスト監督教会宣教師ハリス(Merriman Colbert Harris)から受洗、その感謝礼拝の最中のためだった。

翌日から空気は一転する。上級生によるキリスト教入信を迫るすさまじい勧誘が開始された。クラークの残した「イエスを信ずる者の契約(Covenant of Believers in Jesus)」への署名の強要に関しては本書の第二章にくわしい。内村が、ここで出会ったキリスト教は、築地の外国人居留地で接したキリスト教の雰囲気とはまったく別物だった(クラークおよび札幌農学校のキリスト教に関しては、大山綱夫『札幌農学校とキリスト教』二〇一二、参照)。

上級生の迫るキリスト教入信に、内村はかたくなに抵抗した。その背景には、高崎時代の神社信仰がある。本書でも描かれた少年内村の神社信仰は、新政府により神仏分離、神道の再興が奨励されたとはいえ、異常とも言える徹底ぶりである。内村は、この宗教的感受性は自分の家系にないものとするが、見方によれば物事に対する固着癖が、一家に流れている感がないでもなく、後の弟たちの長兄内村に対する実に執拗な反抗にも姿を現し、内村の長男祐之が精神医学の道を志すひとつの動機にもなった。

入信

入信に対して激しく抵抗した内村であったが、一八七七(明治一〇)年一二月一日、ついに「イエスを信ずる者の契約」に署名する。署名とともに、それまで塞ぎこんでいたその心に一転して明るい光が射し込む。本書の第三章には、入信を拒み仲間から孤立しはじめていた内村が、人が変わったように快活にふるまう姿が描かれている。

内村にとりキリスト教への入信とは何だったのか。ひとつには徹底癖により破綻寸前にまで陥っていた多神教崇拝からの解放である。一般の日本人たちは、長い間、多神教世界に住みながら、神々とは適当につきあうことによって生活を成り立たせてきたが、内村にはそれができなかった。精神を暗く消極的にしていた窮地からの解放は、生活を一変させた。

もう一つは新しい共同体との出会いである。前述したように当時の札幌は、開拓使と札幌農学校を中心にして成り立つ寒村だった。札幌農学校の生徒たちはみな寄宿舎に住み、授業の多くは外国人教師により英語で行なわれ、学生たちの残したノートは英語で書き留められている。制服も洋服である。あたかもアメリカの一部を切り取り、札幌の地に移し換えたような空間だった。信仰はキリスト教である。あえていえば、そのような共同体にあっては孤立は成り立たない。本書の日記部分には、入信とともに喜びとか楽しいとの言葉が急に目立つようになり、内村たちの受洗と信徒の集会が活き活きと描かれる。入信は札幌農学校という独自な社会への入社式であった。

独立教会

一八八〇(明治一三)年、学内で同じ集会を維持した仲間である第一期生の卒業は、残る第二期生の信徒たちに思いがけない課題を与えた。集会の分裂である。札幌にはアメリカのメソジスト監督教会とイギリスの宣教会(聖公会)の二つの教派が伝道に来ていて、農学校のなかには両方の信徒がいた。在校中は校内のひとつの集会で用が足りていたが卒業となると、一部は学外の宣教師による集会に出席するようになる。内村たちには教派から独立した自分たちの教会建設という問題が生じた(この前後の事情に関しては宮部金吾「札幌基督教会創立当時の状況」『聖書研究』九・一〇・一一、一九四七。『札幌独立キリスト教会百年の歩み』上下、一九八二・八三、参照)。

一八八一(明治一四)年七月、札幌農学校での三年を終えた内村たち第二期生も卒業する。全員で二十余名とはいえ、内村が卒業生を代表して別れの言葉を述べた。内村の成績は在学三年間を通して常に首席を保った。内村・新渡戸・宮部の親友三人は、卒業に際し近くの公園につどい、一生を「二つのJ(Jesus と Japan)」に献身することを誓い合った。卒業後、新渡戸と宮部は共に東京大学で研究をする道に入るが、首席で卒業した内村は開拓使勧業課の漁猟科に就職した。

卒業により、独立した教会建設の話が加速する。まもなく入手した一軒家を教会として「一つの教会」が実現する。第四章には、この教会を中心にした礼拝と信徒たちの生活、ついで独立を目指した苦闘が活き活きと描かれる。独立とはいずれの外国の教派にも属さず、経済的にも自力で維持される教会であり、聖書に記された原始キリスト教会の再現をみるような素朴な風景が展開する。血肉で結ばれた血縁共同体とも、地域で結ばれた地縁共同体とも異なる第三の共同体、信仰共同体である。

内村は、自分たちは「互いに兄弟よりも密接な関係でなければならない」と信じた。のちには「肉の兄弟の浅くして、霊の兄弟の深いもの」(「真正の兄弟」一九〇二年九月二〇日)という表現もたびたび用いられるが、その信仰共同体にあっては、身分や地位や性別や職業や財産という区別はない。これは札幌のような宣教師も職業的牧師も存在しない辺境において、はじめて実現した夢の共同体であり、そこでの生活は、原風景として内村の心の奥深く焼きつき、やがて無教会主義キリスト教へと展開する。

しばしば紹介されるものではあるが、海老名弾正《だんじょう》による次の回想は、内村たちの形成した教会の特徴をよく表現しているので、ここでも引用しておきたい。

内村君が私の方に向つて「お前ら（熊本の連中を意味する）の基督教はナシヨナリズム（国家主義）だ、植村（横浜の連中をいふ）のはエクレシアスチシズム（教会主義）だ、俺（札幌を意味する）などはスピリチユアリズム（精神主義若しくは信仰主義）だ」と斯う言うた。そこで私が「君、そんなことを言つちやいかんよ、それは自惚だ、植村も精神主義さ、我々も精神主義さ、精神主義を君一人モノポライズ（独占）するのは怪しからん、精神主義は皆なコンモン（共通）である、君のはインデイヴイヂユアリズム（個人主義）といふのだ」と言つたら、廻りのものはドツと笑つて「さうだ」と肯定した。内村君もこれには閉口したらしい。（「内村鑑三全集月報」一二、一九三三年三月）

内村の独立教会による札幌バンドに対し、植村正久らはアメリカの長老主義教会の宣教師に教えを受け日本基督教会を形成する横浜バンド、海老名らは熊本洋学校から同志社に進み日本組合基督教会を形成する熊本バンドをいう。日本における他の二大会派に対し、札幌教会は、小さいながら外国教派に属さず独立精神を重んじた。

天職を求めて

「いかにしてキリスト信徒となりしか」という題を掲げる本書は、内的な霊的精神の歩みが主題となり、職業選択の問題は影をひそめている。しかし天職探しの旅は、この時期の大きな課題であった。札幌農学校卒業とともに内村は開拓使に就職した。官費で養成された同学校卒業生の義務でもあり、一家の長男として大家族の家計の責任から生じる要請でもあった。就職当初は「三百万円をこす金額の一国の生産が私の手中にあるのだ」(宮部金吾あて書簡一八八一年一一月一〇日)と豪語する反面、同じ手紙で「御世辞と賄賂とが役人生活のもっとも大きな要素」と失望もしている。それでも魚類の乱獲をいましめたり、石炭山の採掘が河川を汚し不漁の原因となると指摘もする。自然と環境保護の先駆である。アワビの卵子発見という研究成果もあげている。

ともに「二つのJ」への献身を誓いあった新渡戸稲造、宮部金吾はそれぞれ研究の道に歩を踏み出していた。ともに受洗した広井勇も研究留学の希望を固めていた(『工学博士 広井勇伝』一九三〇)。あとに残された内村に、役人の腐敗に対する嫌気が昂じ、真剣に自己の職業すなわち天職への問いが高まったのも当然だった。「カミと人類のために、どうしたら自分はもっと役立つことができるか」を問い、当面、次の三者の進路を考えた。

生物学
水産学
伝道者

内村は自分の天職として三者の長短を吟味した。第一の生物学は、もっとも好きな分野であるが、自分の性格と能力を考えると天職ではない。第二の水産学は、関心もあり職業としてもっとも現実性があるが、波の上での作業については健康上の不安がある。第三の伝道者は、神経質な性格、訥弁《とつべん》、感受性の弱さの上で適さず、なによりも経済的に大家族を支えるには不足とする。結局、この天職の最終的な解決は持ち越され、その答えはのちに『後世への最大遺物』(一八九七)において改めて語られることになる。

ノスタルジア

内村たちが苦心して独立させた小さな教会が、どんなに理想的な共同体といっても、所詮相対的な人間により維持されるものであり、変化は免れない。外国教派に対する負債の返済が終わるとまもなく変化が訪れた。それは負債の返済という大きな目標の喪失、仲間の卒業、就職、転勤、結婚などによる移動によっている。

一八八二(明治一五)年、名実ともに教会が独立したことと、東京で開催される水産博覧会の担当を機に、内村は上京し、翌年には札幌県(前身は開拓使)の役人を辞職した。一生の自己の進路と職業を再考する目的もあった。同年五月に東京で開催された第三回全国基督教信徒大親睦会では「空ノ鳥ト野ノ百合花」と題して講演、一躍その名を全国の信徒間に知らしめた。一方で、東京で見た教会の現状には失望する。内村の心には常に原風景として仲間と創設したあたたかい札幌の教会があったからである。首都の教会で見たものは職業的な牧師と信徒たちの社交的雰囲気だった。

同じ年の夏、静養で伊香保におもむく途中、訪れた安中教会(牧師海老名弾正)に、内村は札幌の教会に似た親近感を覚えた。そのためかどうかはわからないが、安中教会で出会った女性との仲を深める。彼女は同志社女学校に学んだ才媛だった。内村の両親からは反対されるが、一八八四(明治一七)年春、なんとか結婚にまで漕ぎつける。結婚により理想的な教会同様、理想的なホームの形成を夢見たといってよい。

破綻

内村夫妻の生活に関し、注目すべき記録がある。前年一二月、役人を嫌って辞しながら、内村は農商務省に就職した。「ふたたび農商務省の泥棒(robber)になった」(太田稲造あて書簡、一八八三年一二月一六日)とあるように、生活のための本意に反する再就職である。同省でも水産課に勤め、各地への出張が重なる。内村の榛名湖への出張について現地に遺された資料を調べていたとき、現地の担当者の記録に、同伴者として「同人妻」とある記入が目をひいた。現地の担当者にとり「同人妻」の同伴は役人の出張として、よほど奇異に映じたのではないか。だから「同人妻」とわざわざ書き留めたのではないかという印象である。今日でも、公務での出張に妻を同伴することは首相でもない限り見られないが、就職して日も浅い役人内村が新婚の妻を出張に同伴させていた。ただし、出張に新妻をいつも同伴したわけではない。新妻は多くは家にあって結婚を強く反対していた両親と同居していたとみられる。想像するに彼女には耐えられないような暗く重苦しい日々であろう。やがて、そのような生活の破綻が突然訪れる。少なくとも内村には妻の不貞としか思われない出来事のためだった。親友宮部にあてた手紙で、内村は、妻をして「羊の皮を着た狼」とまで酷評している。こうなると、もはや結婚生活は成り立たない。二人の結婚はわずか半年にして破綻、妻は別居して安中の実家に帰った。

この事件が内村に与えた影響は甚大だった。「何かの助けが来らざりしならば狂か自殺か余は到底起《た》つ事が出来なかつたのである」(「聖書全部神言論」一九一八年一一月一〇日)。直後、宣教師ハリスを訪ねた。ハリスは、札幌農学校時代に内村たちに洗礼をほどこした人物であり、耐えきれず「山に入らん」との内村の決意を聴いて、二、三冊の書物を与えた。帰途の車中、そのなかの旧約聖書に記されたカミの言葉を読み、内村は大いに慰められた。ホセア書第二章一四節の「我れ彼女を誘ひて荒野に導き至り其処《そこ》にて慰安の言を彼女の耳に囁《ささや》かん」とのカミの言葉であった。「淫行」の妻をめとったホセア、その妻にあたるイスラエルの異教崇拝、それにもかかわらず「慰安の言」を囁くカミをホセアは知った。イスラエル、ホセアに対するのと同じ「慰安」の言葉が内村の耳もとにも囁かれたのである。こうして辛うじて「狂か自殺か」の思いだけからは逃れた。

ところが本書には、この結婚生活の破局は一言も書かれていない。当初、アメリカでの出版を予定していたためかもしれない。だが第五章の終わりには、渡米の理由として心の「真空」があげられており、その最大の原因は結婚生活の破綻とみてよい。他にも種々述べられる渡米の目的や理由はいずれも付随的である。すでに両親と弟妹をかかえ一家の中心人物となっていた内村の渡航は、船賃の工面をはじめ経済的には大きな犠牲をともなった。それをも厭わぬほど「真空」の闇は深かった。

流罪生活

本書とは別に内村のアメリカ生活を描いた記録に「流竄録」(一八九四—九五)がある。「流竄」とは罪を得ての島流し、流罪をいう。この題名による限り、内村はアメリカ時代を流罪者の生活とみなしていた。罪人が罪をあがなう再生の地としてアメリカに渡っていたのである。アメリカが選ばれた理由は、内村にとってキリスト教をもたらした源流国だったからであり、一種の幻想の対象だった。安息日には敬虔な信徒たちが鐘の音とともに小高い丘に建つ教会に集まり祈りを捧げる。メルヘン風のこの幻想は、本書の

第六章で描かれるように、アメリカに着くやいなや一瞬にして打ち壊された。人種差別といい盗難といい、およそ思い描いていたキリスト教国とは正反対だった。

内村のつぐなうべき罪とは何か。父あての手紙などによれば、それは、結婚生活とその破局が示すような、他をかえりみず自分のことばかりを考えた自己中心性ではなかろうか。期待された結婚生活は、のちに『貞操美談　路得記』(一八九三)にも描かれる姑と嫁とのうるわしい関係であった。だが内村の押し切った結婚はそれに反した(内村の日本的な家庭観の重視は、ハウズ(John Forman Howes)の『近代日本の預言者』にも強調されている。堤稔子訳、教文館、二〇一五。原題 *Japan's Modern Prophet: Uchimura Kanzō, 1861–1930*)。

内村が、まず生活していくために最初に出会ったペンシルヴァニア知的障碍児養護院の看護人の仕事は、当初はなによりも贖罪生活にふさわしい場だった。障碍児たちから「ジャップ、ジャップ」と侮蔑の言葉を投げかけられても、糞尿始末をする生活にじっと耐えた。昨日までの日本国家の農商務省の役人には全く異なる境遇である。施設における労苦は、その罪の克服とつぐないのためカミから与えられた罰、試練と当初みなされた。少年時代に父に教えられた「天将《まさ》に大任を是人に降さんとするや、必ず先づ其心志を苦しめ……」という孟子の言葉がある(「孟子を読む」一九二六年一一月一〇日)が、ここにようやく、個としての自己に試練を課す存在としての「天」にあたるカミが登場した。札幌における信仰共同体はたぶんに空間的な辺境性に依存する、ヨコの関係としての理想的共同体だった。その空間的・理想的共同体を離れ、異国の新世界に抛り込まれた内村は、個としてカミと向かいあう場に立たされ、キリスト信徒として、より重要なカミとのタテの垂直的な関係に直面する。

自己中心性という罪に課せられた罰としての試練は厳しく辛いものでなくてはならない。施設で児童を相手に生活を始めた当初こそ、昨日までとは一変した悲惨な生活を嘆いたが、施設における生活を続けるにしたがい、人間観に大きな転換が与えられる。施設の児童に対する人間観の転換である。内村は、ようやくにして施設の児童にも自分たちと変わらぬものがカミから与えられている事実に気付く。これは児童たちとの親身の接触の結果でもあった。この人間観に到達して後、看護人としての生活に意義と喜びさえ見出す。内村の人生にとって、のちの回心におとらぬ大きな出来事であった。ただし、そうなると試練は試練でなくなるから、それによる罪の克服は意味を失う。依然として罪の意識は残されたままであった。

施設のカーリン(Isaac Newton Kerlin)院長は内村に、帰国後同じような事業を興すことを期待していた。だが内村の健康は次第に悪化し、カーリンは離職を認めた。内村は、その事業も含めて一生の仕事につき改めて考えた。折しもアメリカに滞在中の新島襄とも相談し、新島の母校であるアマスト大学(Amherst College)への進学を決める。アマスト大学は新島のみならず、札幌農学校とゆかりの深いクラークの出身校でもあり、教養大学として、卒業者のなかから伝道者となるために別の神学校に進む人も少なくなかった。

一八八五年秋、アマスト大学に入学。だが内村の罪の苦悩は消えたわけではない。養護院時代には、苦難は罪をつぐなうための試練として耐えられたが、人間観の転換により苦難が苦難として受けとめられなくなると、試練の意味も消失する。罪の苦悩だけが続いていた。ここに大転換が訪れる。第八章の一八八六年三月八日の日記に記されるように、学長シーリー(Julius Hawley Seelye)が、自己の内のみをみつめて苦しんでいた内村に、その方向を変えキリストの十字架を仰ぎ見ることを勧めたのだった。この示唆により、内村の肩よりたちまち重荷が落ち、「信仰の大革新」が生じた。その後何度も語られることになるこの経験は、入信でなく回心(conversion)という心の方向転換を与えてくれた。

札幌時代に自分たちの手で築いた教会生活を、既存の共同体とは異なる理想的なヨコの共同体の経験とするならば、これは、人間とカミとの関係を垂直に位置づける新しい認識である。こうして文字通り「福音」を与えられた内村はアマスト大学を去る。私は本書のなかでも特に学寮を去る日の内村の文章に惹かれる。自室に迷い込んだツバメには今後の内村自身の姿が重なって映る。再掲しよう。

――私の部屋に戻ると三羽のツバメが迷い込んでいるのを見つけた。その夜、戸外は暗く荒れていたためだった。ツバメたちは羽をはげしく壁にたたきつけていた。私はそっとこの臆病な生き物たちをとらえた。暗闇のなかに放つのは心配であったが、ツバメにとっては私のいる方がこわいと察したから、あえて室内にとどめておかなかった。宇宙の父のいつくしみ深い保護に委ねられるように願って、ツバメたちを外に放した。(二四四頁)

決算

第九章、第十章は、本書の決算書といってよい。

アマスト大学に選科生として入学しながら本科生と同じ卒業の資格を与えられた内村は、他の多くの級友同様、キリスト教の教師となるためにハートフォード神学校(Hartford Theological Seminary)に入学する。だが、体の不調もあって中途退学し、キリスト教の教師の資格はえていない。そのためか神学校批判は手厳しい。これには、帰国して五年後という本書の執筆時期も関係している。帰国後の内村は、まず新潟において同神学校と同じ外国教派の宣教師と対立、辞職に追い込まれた。ついで「不敬事件」において、日本の諸教派に属する「正規」のキリスト教教師からも伝道の足を引っ張る人間のような扱いを受けた。キリスト教伝道がようやく認められ、文明開化の波にのって信徒の急激な増加を示していたとき、内村の「不敬事件」により、井上哲次郎を筆頭に非難がたかまり、改めてキリスト教は国家に反する宗教とみなされたからである。

本書にみられる強いキリスト教の教派批判は、帰国後から「不敬事件」に至るまでの間に増幅された産物であろう。たとえば本書の一八八〇(明治一三)年一〇月一七日の記述に、「はじめて教派主義の悪弊を感じた」とあるのは、日記本文ではなく補足説明文のなかである。札幌時代は独立精神こそ旺盛であったが、反教派主義が強まるのは帰国後の境遇の所産とみたい。独立精神と反教派主義とは必ずしも同一でない。

ただし、渡米直後のキリスト教国アメリカに対する絶望と異なり、キリスト教自体には深い意味を見出す。養護院院長カーリンやアマスト大学学長シーリーの存在があったからである。文字通り聖書のいう「信望愛」の確認だった。聖書本来の精神が衰弱を見せ始めていたアメリカにではなく、発展途上国日本に、キリスト教の新鮮な展開に大きな期待を寄せて帰国の第一歩を踏みしめたのである。

本書を結ぶにあたり、将来『余はいかにしてキリスト信徒として働きしか』を著したいとの希望が述べられるが、同時期の英文著作 *Japan and the Japanese*, 1894 のち *Representative Men of Japan*, 1908(『代表的日本人』)や、日本語の『基督信徒の慰』(一八九三)をその一つとみてよい。最終的には『内村鑑三全集』全四〇巻(一九八〇—八四、二刷二〇〇一)となる。伝記的な著述には、前述の『基督信徒の慰』「流竄録」に加え、上州、北海道、アメリカ時代の夏を回顧した「過去の夏」(一八九九年八—九月)がある。内面的な信仰上の模索は『求安録』(一八九三)にくわしい。しかし最初の結婚をはじめとする率直な表白は『内村鑑三全集』三六巻に収められた初期の書簡篇により補われる必要がある。

右の事情を考慮しても、その後、数十年にわたる内村の波瀾の生涯と思想の骨格は、この時期に形成されたと言ってよい。特に第七章で述べられている人間の真理の相対性と、第八章に示された信仰と救済に関する大転換は、その一生を通じ、心の奥深くに刻みこまれて内村の思想と行動の確固とした原点になっているとみたい。

次に掲げるのは、アメリカ時代に愛用した聖書の見返しに記された自身の墓碑銘と、別に記された自訳である。

I for Japan;
Japan for the World;
The World for Christ;
And All for God.

自分は日本の為に
日本は世界の為に
世界はキリストの為に

凡ては神の為に

二

執筆時期と日記

本書は、アメリカからの帰国で記述が終わるが、その後、本書の執筆と成立までの間に内村は、思想上でも生活上でも大打撃を与えられる事件に遭遇した。

一八八八(明治二一)年五月に帰国、九月には新潟の北越学館に仮教頭として赴任するも、教育方針をめぐり宣教師および教派と対立し年末には撤退、ついで東洋英和学校、水産伝習所、明治女学校などをへて、一八九〇(明治二三)年九月から第一高等中学校に勤める。翌年一月九日、教育勅語奉読式において名高い「不敬事件」を引き起こした。それによる退職に追い打ちをかけるように、結婚して間もない妻をも失う。

「不敬事件」に関しては、「国賊」とか「不敬漢」という非難があらゆる方面から寄せられ、文字通り地に「枕する場所」のない窮地に追い込まれた。旧約聖書のヨブ記をくりかえし読み、「山犬」のみを兄弟としたヨブに心を通わせる。この、精神的な大打撃と生活上の極度の窮乏時代に、活路を求めて著作活動に入る。一八九三(明治二六)年二月に『基督信徒の慰』と『コロムブス功績』を出版、前者は発行後三週間にして再版された。このことは文筆により糊口をしのぐ道に少々自信を与えた。

本書も含め、この時期の著作の資料となった内村の日記は、残念ながら現存していない。一九一四(大正三)年の夏、基督教青年会第二四回夏期学校で行なった講演「過去二十年」で、「此の間も当時の事を書いた私の日記を見ると」と語り、アメリカ滞在中の日記を資料として用いている部分があり、少なくとも同年までは手元に残されていたことになる。他方、一九二一(大正一〇)年一二月一八日にアメリカ時代の回心の記録につき、「あれは僕に失望が来た時に、京都で焼いてしまった」と語った言葉もある(石原兵永『身近に接した内村鑑三 中』一九七二)。後者は日記の一部を指すのかもしれないが、当時の日記がすべて現在見当たらないことだけは確かである。

本書の成立

英文『余はいかにしてキリスト信徒となりしか』と題する書への最初の言及は、一八九三年六月二五日、アメリカの友人ベル(David C. Bell)にあてた手紙に見られる。「今、

私は *How I Became a Christian: By a Heathen Convert* と題する英文の書物を執筆中です。最初の四章を書き終え、何人かの宣教師の友人に読んで聞かせたところ、できるだけ早く出版するがよいと皆強く勧めてくれました。秋までには書き終えて、できればアメリカで本のかたちで世に出したいと思っています」と報告している。当時、期限付きで熊本英学校の教師として赴任中であった。

同書は年内に完成、翌年早々、アメリカでの出版を目指してベルから紹介されたシカゴのフレミング・H・レベル社(Fleming H. Revell)に送られた。ただし文中のアメリカ批判ゆえの躊躇もあり、同国の友人たちに迷惑が及ぶことを危惧し、著者名を匿名とすることを希望している。

アメリカでの出版計画はなかなか具体化せず、一八九四(明治二七)年四月にはいったん返還を希望、返送された原稿受領の手紙には「辛辣(asperities)」な表現を和らげたのち、月末には東京に出かけて出版の話をまとめる予定と記されている。結局、日本語の著書および英文の *Japan and the Japanese* をも刊行していた警醒社書店が引き受け、本書は *How I Became a Christian: Out of My Diary* の題名を付して、翌一八九五(明治二八)年五月一〇日に刊行された。発行部数は千部である。表紙の著者名は"A Heathen

Convert"（異教の回心者）となっているが、奥付には「編纂者　内村鑑三」と明記されている。

警醒社書店から出版された本書をベルに送付し、その助言もあってアメリカ版刊行の話も進んで序文を送り、すべてベルに一任した。同年一一月ころにはアメリカ版が刊行された。*The Diary of a Japanese Convert* と題して Kanzō Uchimura の名で前述のレベル社から刊行された。警醒社書店版と比較すると、ウェスタン・リザーヴ大学学長スウィング（Chas. F. Thwing）と同志社のデーヴィス（Jerome Dean Davis）による序文、およびベルのノートが付されている。文字の上での細かい相違はみられるものの内容に大きな変更はない。ただしアメリカ版のために記し、遅れてベルあてに送られた内村本人の序文は掲載されなかった（本解説に後掲）。著者名は表紙・中扉とも Kanzō Uchimura であり、発行部数は五百部である（アメリカ版と日本版との相違については『内村鑑三全集』三巻に収められた松沢弘陽による解題を参照）。ベルおよび内村自身の期待に反し、アメリカ版は初版どまりで終わった。

書　評

右に述べたような状況のなかで出版された英文の書物であったが、読者はどのように受けとったか。

植村正久の創刊した週刊紙『福音新報』は、文章に「少しく気取り過ぎたる所」があるが外国人宣教師は「一読して学ぶ所」が多いだろうと評する(『福音新報』二一九、一八九五年五月二四日)。

徳富蘇峰の雑誌『国民之友』では、評者山路愛山が、本書を読んで飽くことがなかったとし、なかでも第三章は「圧巻」、第七・八章は「真気人を動かす」と評価する(『国民之友』二五三、一八九五年六月一三日)。

『基督教新聞』は、彼得生《ペテロ》の名で長文の読後感を掲載、「虚偽」の支配する精神界において「彼の思想は事実を語り、彼の文学は事実を画き、彼の宗教は事実を顕はす」とする(『基督教新聞』六二一、一八九五年六月二一日)。

同じ『基督教新聞』の次号の広告は、右の彼得生の批評の紹介とともに、英文紙『ヒヨーゴ・ニュース』紙の宣教医のゴルドン(Marquis Lafayette Gordon)などの批評を転載する(同紙六二二、同年六月二八日)。ゴルドンは「内村氏の脳髄は感情的にして科学的なり。其行文は直截なり、簡潔なり」に始まり「方今基督教界の文学者、気魄の大、て書簡)。

議論の雄なるに至つては氏を推して第一流となさゞるを得ず」と評し、みずから批評文を『ニューヨーク・インデペンデント』紙に送ったという(一八九五年六月六日付ベルあ

アメリカ版についても、現地における五つの批評が、『基督教新聞』六六一号(一八九六年四月三日)に載った警醒社書店版の広告のなかで紹介されている。警醒社書店版は、一八九九(明治三二)年に重版された。そのとき『東京独立雑誌』三三号(六月五日)に出された広告にも、外国雑誌などにあらわれた批評が翻訳してかかげられている。『ミネアポリス・タイムズ』以外の評は新たに出た評である。ここにはその広告の訳文の部分のみをあげておく。

紐育《ニューヨーク》『評論』The Critic

独特の書なり、若し他に是に類する書ありとするも吾人は未だ曽て之に接せず

ミネアポリス『時事』The Times

近来世に顕はれたる最も著しき書の一なり

シカゴ『進歩』Advance

全然独特の書にして非常の趣味を有す

紐育『国民』Nation
基督教国と異教国との関係開けてより異教徒の側より未だ曽て此の如く有益にして趣味多き書の出でし事なし
『評論の評論』Review of Reviews
神学上の問題より離れて著者の公平なることと純朴なることとに一種の興味あり

広告に用いたものであるから好意的ではあるが、五百部を売り尽くすのに三、四年を要し、英米の宣教師からは嘲笑されたという（「大阪講演の要点」一九〇六年一二月一〇日）。

警醒社書店版は、四年後の一八九九年に再版、その後二、三年ごとに版を重ね、著者が世を去る一九三〇年までに十一版を数える。内村が主筆をつとめた『万朝報《よろずちょうほう》』英文欄と同じく、日本人の読者のなかには英語の学習の一助として購入する学生もあったと受け取られる（書評の詳細に関しては鈴木範久『内村鑑三日録4　後世へ残すもの』に収録）。

外国語版

ヨーロッパ諸国では、皮肉にも内村が反対した日露戦争とその勝利の結果、日本への

各国語版(左より，フランス語訳，ドイツ語訳，デンマーク語訳，日本語訳，フィンランド語訳，アメリカ版，スウェーデン語訳)

関心が高まり、次々と翻訳が相次いだ。著者生前の出版年次と題名を示すと次のとおり(題名表記は各書のまま)。

【ドイツ語訳】

Kanso Utschimura, *Wie ich ein Christ wurde*, 1904. 改版 1923

ドイツで神学を学んでいた青年グンデルト(Wilhelm Gundert, 1880–1971)が英文 *How I Became a Christian* を読み感激、翻訳家のエーラー(Luise Oehler)と協力して訳し、父の経営するグンデルト出版より刊行。グンデルトは内村を慕ってまもなく来日し新潟の村松で伝道、のち旧制高等学校のドイツ語教師などをへて帰国。ハンブルク大学で日本学を教え学長もつとめた。ドイツ語訳の初版三千部はただちに売り切れ、同年中にさらに数千部の増刷をしている。その後も増刷を重ね一九一〇年に新たに序文を付した改版も一万数千部出版された。

【フィンランド語訳】

KANZŌ UCHIMURA, *Mitenkä minusta tuli kristitty*, 1905

出版をめぐって著者と訳者のあいだで交わされた手紙のうち、訳者カールロ・スオマライネン(K. Suomalainen)からの手紙が、「我書芬蘭土《フィンランド》に入る」(一九〇五年九月一〇日)と題され『新希望』(『聖書之研究』の一時的改題)に収められた。折しもフィンランドはロシア領に属し、ロシアと日本は交戦中であった。日露戦争に非戦を唱えた内村は言う。

日露両国は今や開戦中に在り、然れども日露両国のキリストに在る真の兄弟は平和と一致とを以て遠く互に相交はる、戦争は斯世《このよ》の事なり、キリストの事にあらず、キリストにありては我等戦はんと欲するも能《あた》はざるなり

スオマライネンはドイツ語訳で読み「外国伝道に就ての最良の説教」と述べている。あわせて内村の返事を訳書の序文として掲載を希望、その希望は受け入れられた。フィ

ンランド語訳書は一九〇六年暮に病中の内村のもとに届けられ、このクリスマスの贈り物を喜び、次のように感謝した。

訳者は同国ソルタバラ市高等学校教授カールロ・スオマライネン氏である、斯《か》くて露西亜《ロシア》帝国中最も教育ある、且つ最も多く自由を享有する二百五十万の民に余輩の自由思想の幾分かゞ伝へらるの機関は備へられた、此事を思ふて病中また感謝に堪えなかつた。（「病中雑記」一九〇六年三月一〇日）

【スウェーデン語訳】

KANSO UTSCHIMURA, *HURU JAG BLEF KRISTEN*, 1905

クリスマスにストックホルムで出版され、フィンランド語訳と相前後して病中届き、内村を大いに慰めた。ただ著者が翻訳権を与えた訳者ではないことは、遺憾とされた。

【デンマーク語訳】

KANZÔ UCHIMURA, *HVORLEDES JEG BLEV EN KRISTEN*, 1906

翻訳家マリア・ウルフ（Maria Wolff, 1848–1918）により、またもクリスマスを迎える頃、デンマーク語訳が届けられた。内村は「クリスマスの大贈物」(『聖書之研究』一九〇六年一二月一〇日)と歓迎、英文執筆時を回顧して感慨に打たれた。

余は近年に至り、クリスマス毎に神より大なる贈物を賜はるを常とす、昨年は小著『余は如何にして基督信徒となりし乎』の芬蘭土語訳を賜はりて多大の感謝を以て聖誕節を迎へしが、今年は又同じ書の丁瑪《デンマーク》語訳を賜はりて讃美の声を揚げんとす、印刷已《すで》に成り今や読者の手に渡らんとしつゝ、ありと其訳者なる丁瑪国コリング市マリア・ウルフ嬢より通知ありたり、茲《ここ》に於てか余は丁瑪国のみならず、那威《ノルウエー》国に於て、アイスランド島に於て又多くの教友を与へられんとす。

翌年にはウルフは『代表的日本人』のデンマーク語訳も刊行する。エンリコ・ダルガスによる敗戦国デンマークの復興を題材にして刊行した『後世への最大遺物』(一八九七)には、ウルフに頼んで送ってもらった参考写真が掲載されている。

【フランス語訳】

KANSO OUCHIMOURA, *La Crise d'âme d'un Japonais*, 1913

ジュール・ランボー(Jules Rambaud)訳。パリ大学のアリエー(Raoul Allier)の序文と末尾に著者の略歴が付されているが、内村自身による言及は知られていない。

これらヨーロッパの諸国語による翻訳は、ドイツの哲学者オイケン(Rudolf Eucken, 1846–1926)、スイスの神学者ラガッ(Leonhard Ragaz, 1868–1945)、スウェーデンの神学者にしてキルケゴールの研究者ルディン(Waldemar Rudin, 1833–1921)らによって読まれ、生前の内村に反響が届けられた。特にキルケゴールについては、「余輩の先導者」ともみなし(「無教会主義の前進」一九〇七年三月一〇日)、日本におけるキルケゴールの紹介のうえでも内村は先駆者となる。

ヨーロッパの諸国語への翻訳は、経済的にも内村を支えた。その印税については次のような記述がある。

米国に於ては「余は如何にして基督信徒となりし乎」は僅かに五百部を売りしに止まり、余輩の手許に達せし印税僅かに三十余円に過ぎず、独逸《ドイツ》国に於てはや、成功し数千部を売尽すを得て其発行者より三回に分ちて余輩の許に四百余円を送来りしは事実なり、而して是れ筆硯業の報酬として余輩が受けし最大額にして、余輩をして感謝措く能はざらしめし者は実に此思掛けなき天よりのマナにてありき、他に丁瑪国《デンマーク》は余輩の英文二著の丁瑪訳に対し二回の寄贈を為したり(凡そ金百円)、其他芬蘭土《フィンランド》と瑞典《スウェーデン》と和蘭《オランダ》とは一銭一厘をも送らざりき、和蘭訳の如きは余輩は其成りしを聞きしのみにて未だ曽て之れを手にせしことなき程なり。(「貪婪の弁明」一九一〇年六月一〇日)

ここに触れられたオランダ語訳は、刊行は確認されていない。現在は、中国語訳・韓国語訳もあると聞くが、著者没後の刊行については省略したい。

以下に、アメリカ版に付されぬままベルのもとに保管されていた「アメリカ版への序文(Preface to the American Edition)」と、「フィンランド語版への序文(訳者への手紙)」と、ドイツ語訳改版への内村自身による序文の訳を掲げる。

アメリカ版への序文

アメリカにおけるこの小著の刊行は、ミネソタ州ミネアポリス在住の敬愛する「長兄」デーヴィッド・C・ベル氏の援助と奨励とに全面的に負うものであります。

およそ十年前、ポトマック河畔において実に偶然に始まった私たちの友情は、それ以来、たがいの間に大きく波打つ広大な大洋があるにもかかわらず、絶えることなき文通を通じて続けられてきました。このようにして築かれた強い絆の永続性が、著者の心にとっては相互の信頼の別の証でありました。そのなかにあって相互の年齢や国籍のすべての相違は溶けこみ、昔のダビデがヨナタンに対するような密接な関係に互いになっていました。もし本書の内容から生じる長所があるとするなら、すべての賞賛はベル氏に帰していただきたい。ベル氏は苦しむ人々の変わらぬ友とし、アメリカの有するもっともすぐれた日曜学校教師として、今や頼りなき異教の回心者に自己をささげ、自己愛の人々にはわからない喜びと心の充実を見出しています。

この世において「キリスト信徒の心を結ぶきずな」* にまさるうるわしいものがあるでしょうか！

内村鑑三

一八九五年十月四日　日本の京都にて

＊メソジスト派の讃美歌 'Blest be the tie that binds' の一節

フィンランド語版への序文

一九〇五年八月二一日　日本・東京にて

親愛なる友へ

私は、この小著が貴国語に翻訳されることを大変うれしく思います。貴国と貴国民とに関する私の知識によれば、我々日本人とフィンランド人は、血族的に近い関係にあります。お互いにウラル・アルタイ系に属しているので、我々の言語は似通った構造をもっているのです。私は、蒙古人と血のつながりのある自分を恥ずかしいと思ったことは、一度もありません。また、私の国語である日本語が、キリスト教のもっとも繊細な情操を表現するのに不適当だと感じたことも、未だかつてありません。傲慢な英米宣教師達は、我々を「黄色人種」と呼びます。彼らには、我々のもっている崇高で深遠で愛慕に価するものが、何も見えないのです。私は彼らに、キリスト教信仰に支えられたウラル・アルタイ系民族の、内なる力の多大さの証しとして、フィンランド人とマジャール人をよく例に挙げます。私は、日本国民が陸軍はドイツを、海軍は英国を模範としたように、信仰に関する限り、フィンランドとハンガリーを手本とするよう同胞に呼びかけるつもりです。

ここに原著英語版二冊を贈呈します。この本が貴国の美しい言葉に翻訳されて、愛される出版物として世に出ることを切望します。また、私の発行している雑誌の最新号も一部お送りします。

私は今日の戦争に際して、終始一貫平和を唱えてきました。この点では、今までも、また、これからも、私は全く孤独な立場に立つことになります。私の信仰上の兄弟達は皆、偏狭な愛国心をもつ戦争賛成派の味方となってしまいました。私の宗教的、哲学的見地からは、全面的にトルストイ伯の弟子となることはできませんが、心から戦争を憎悪することにおいては、彼と同じ見解を持っています。

キリストの御名と平和の下にある貴下の兄弟
内村鑑三

（『内村鑑三全集』三、稲垣美晴氏訳）

ドイツ語訳改版への序文

余の独逸国の友人に告ぐ

余の小著『余は如何にして基督信者となりし乎』の新版が新らしき独逸に於て出んとするとは大に感謝すべき事である。世界戦争中に余の同情は常に独逸と共にあつた。余が之に同情せしは独逸として之に同情したのである。軍国的カイゼル主義の独逸としてゞはない、福音的信仰と唯心的哲学の起源地なる独逸としてである。然るに今や旧き制度は去りて新しき制度の代る所となりて独逸に対する余の愛と信頼とは少しも変らない。独逸は其過去の歴史に於て大なる悲境に陥《おちいり》し時に常に偉大であつた。彼はまた其甚大なる今日の悲境に処して偉大であるであらう。独逸は其海軍と海外植民地とを剝《はが》れて余の眼には真の独逸に成つたやうに見える。そは独逸特有の活動の区域は陸又は海に於て在らずして、心又は霊に於て在るからである。而して此新しき復活せる独逸の運命に、余が余の此小著の新版を以て縦令微少《たとへすこし》なりと雖も参加し得るとは余に取り如何に大なる名誉たるよ。余は茲《(ここ)》に復《(ま)》た詩人ワルト・ホイットマンの言《(ことば)》を引き、余の愛する古き独逸に向けて余の新たにせる愛を送る。曰く

汝は戦《たたかひ》に勝つは善事《よきこと》なりと云ふを聞いた。
我は言ふ負《まけ》るも亦善事《よきこと》なりと。我等は戦に勝《かつ》と同じ精神を以て負るのである。

一九二二年十一月三日　　　　日本　東京　内村鑑三

（『内村鑑三全集』二七）

日本語訳とその題名

著者生前の日本語訳は、逢坂信忢による「余は如何にして基督信者となりし乎」と題された連載が、『聖書之研究』一二五号（一九一〇年一一月一〇日）から開始されたが、訳者の病気により第三章を同誌一二七号（一九一一年一月一〇日）に掲載して終わった。内村の没後今日に至るまで数種の翻訳本が刊行されている。訳者も同じく一書（『余はいかにしてキリスト信徒となりしか』白凰社、一九七二）を刊行したが、それ以来数十年も経過しているため、今回のものは訳文、注記、解説とも、全面的に改めた新訳とみていただきたい。

書名については、著者自身が、「余は如何にして基督信徒となりし乎」と題して、主筆として発行していた『東京独立雑誌』二四号（一八九九年三月五日）の広告に用いている。当時内村は「余は如何にして余の母を葬りし乎」とか「如何にして我が天職を知らん乎」などの表現を好んで用いていたこともあり、今では少し大げさであるが、本文庫でも踏襲した。ただし漢字の一部を仮名にした。

本書の文庫版としての刊行にあたり、特に松沢弘陽氏、相田昭氏、寺本功氏、宮崎修二氏、および岩波書店の清水愛理氏と校正の方に深く感謝申し上げます。

二〇一六年秋

参考文献（訳者が特に関与したものなど）
内村鑑三全集　全四〇巻、岩波書店、一九八〇―八四（第二刷、二〇〇一）
内村鑑三研究資料集成　全九巻、クレス出版、二〇一五
鈴木範久著『内村鑑三日録』全一二巻、教文館、一九九三―九九
同　『内村鑑三』岩波新書、一九八四
同　『内村鑑三の人と思想』岩波書店、二〇一二
同　編『内村鑑三談話』岩波書店、一九八四

同監修・藤田豊編『内村鑑三著作・研究目録』教文館、二〇〇三
松沢弘陽責任編集『日本の名著38　内村鑑三』中央公論社、一九七一

読書子に寄す

――岩波文庫発刊に際して――

岩波茂雄

真理は万人によって求められることを自ら欲し、芸術は万人によって愛されることを自ら望む。かつては民を愚昧ならしめるために学芸が最も狭き堂宇に閉鎖されたことがあった。今や知識と美とを特権階級の独占より奪い返すことはつねに進取的なる民衆の切実なる要求である。岩波文庫はこの要求に応じそれに励まされて生まれた。それは生命ある不朽の書を少数者の書斎と研究室とより解放して街頭にくまなく立たしめ民衆に伍せしめるであろう。近時大量生産予約出版の流行を見る。その広告宣伝の狂態はしばらくおくも、後代にのこすと誇称する全集がその編集に万全の用意をなしたるか。千古の典籍の翻訳企図に敬虔の態度を欠かざりしか。さらに分売を許さず読者を繫縛して数十冊を強うるがごとき、はたしてその揚言する学芸解放のゆえんなりや。吾人は天下の名士の声に和してこれを推挙するに躊躇するものである。このときにあたって、岩波書店は自己の責務のいよいよ重大なるを思い、従来の方針の徹底を期するため、すでに十数年以前より志して来た計画を慎重審議この際断然実行することにした。吾人は範をかのレクラム文庫にとり、古今東西にわたって文芸・哲学・社会科学・自然科学等種類のいかんを問わず、いやしくも万人の必読すべき真に古典的価値ある書をきわめて簡易なる形式において逐次刊行し、あらゆる人間に須要なる生活向上の資料、生活批判の原理を提供せんと欲する。この文庫は予約出版の方法を排したるがゆえに、読者は自己の欲する時に自己の欲する書物を各個に自由に選択することができる。携帯に便にして価格の低きを最主とするがゆえに、外観を顧みざるも内容に至っては厳選最も力を尽くし、従来の岩波出版物の特色をますます発揮せしめようとする。この計画たるや世間の一時の投機的なるものと異なり、永遠の事業として吾人は微力を傾倒し、あらゆる犠牲を忍んで今後永久に継続発展せしめ、もって文庫の使命を遺憾なく果たさしめることを期する。芸術を愛し知識を求むる士の自ら進んでこの挙に参加し、希望と忠言とを寄せられることは吾人の熱望するところである。その性質上経済的には最も困難多きこの事業にあえて当たらんとする吾人の志を諒として、その達成のため世の読書子とのうるわしき共同を期待する。

昭和二年七月

余《よ》はいかにしてキリスト信徒《しんと》となりしか

2017年2月16日　第1刷発行
2021年11月25日　第2刷発行

著　者　内村鑑三《うちむらかんぞう》
訳　者　鈴木範久《すずきのりひさ》
発行者　坂本政謙
発行所　株式会社 岩波書店
〒101-8002 東京都千代田区一ツ橋 2-5-5
案内 03-5210-4000　営業部 03-5210-4111
文庫編集部 03-5210-4051
https://www.iwanami.co.jp/

印刷・理想社　カバー・精興社　製本・中永製本

ISBN 978-4-00-381512-0　Printed in Japan

索　引

I　頭文字索引
（アルファベット順）

A（足立元太郎＝エドウィン）　38, 39, 42, 44, 48, 65, 68, 77, 81, 86, 90, 99, 103
A（アマスト大学）　243
A製材所（厚別製材所）　113
C（クラーク）　105, 108, 109
D（デヴィッドソン）　73, 77, 78, 86, 107, 108, 109
Den（デニング）　74, 79, 100
F（フィールド）　232, 234, 248
F（藤田九三郎＝ヒュー）　36, 38, 39, 43, 45, 47, 48, 54, 65, 66, 77, 83, 86, 87, 99, 100, 103, 109, 114
F（藤村信吉）　100, 110
H（ハリス）　39, 53, 73, 107
H（平野弥十郎）　113, 114
H（広井勇＝チャールズ）　36, 38, 39, 46, 48, 49, 56, 58, 65, 66, 83, 86, 90, 99
I（市郷弘義）　55
K（伊藤一隆＝ジョン）　68, 72, 79, 92, 103, 111
K（角谷省吾）　99, 103
K（黒岩四方之進＝パタゴニア人）　72, 80
M（宮部金吾＝フランシス）　36, 38, 39, 42, 44, 49, 54, 60, 62, 65, 86, 90, 118
N（中村守重）　74
O（大島正健＝ミッショナリー・モンク）　36, 37, 51, 70, 72, 77, 82, 83, 84, 85, 99, 103, 105, 106, 110, 111, 119
Ot（太田稲造＝パウロ）　36, 37, 38, 39, 43, 45, 48, 53, 54, 65, 66, 67, 75, 86, 90, 99
P（パイパー）　74
S（佐久間信恭＝カハウ）　36, 47, 49, 65, 87
S（札幌）　33, 61, 64, 70, 79, 107, 117
S（佐藤昌介＝長老）　51, 69, 70, 72, 77, 80, 82, 83, 85
S（佐渡島）　136
S（ソーパー）　116, 117
S・A学校（札幌農学校）　31
S教会（札幌教会）　110, 111, 116, 118, 126

II　人名・事項索引
（五十音順）

ア

イ

ウ

エ

オ

カ

キ

ク

ケ

コ